급진사회복지실천

Janis Fook 저

김성천 · 박순우 · 장혜림 · 이현주 · 이해령 공역

학지사

Radical Casework: A Theory of Practice
by Janis Fook

역자 서문

　미국에서 발전한 사회복지실천은 전통적으로 개인과 환경의 공유 영역에 초점을 두고 시대와 상황에 따라 인간과 환경 중 어느 한편을 상대적으로 강조하여 왔다. 원래 사회복지실천의 초기 모습은 클라이언트의 문제 해결을 위한 환경의 역할을 강조하는 급진적 성격을 띠었으나 1930년대 이후로 사회복지실천의 전문화가 이루어지면서 개인의 변화를 강조하게 되었다. 그러나 개인에게 초점을 두는 심리적 모델의 한계는 급진주의자에 의해 비판을 받게 되었고 1970년대에 와서 인간과 환경의 중요성을 같이 중시하는 통합방법론이 대두되었다. 그러나 더욱 가속화된 전문화 추세 속에서 통합방법론 또한 그 분석틀과는 달리 실제의 적용에서 여전히 개인 중심적이고 거시적인 구조보다는 미시적인 환경에 더 많은 관심을 갖고 실천하고 있다는 비판을 받아 왔다.

　미국의 영향을 받아 한국에 도입되고 적용되어 온 사회복지실천은 그것이 비록 인간과 환경을 공히 중시하는 통합적이고 생태체계적 관점에 기초하고 있어도 본질적으로는 기존의 사회구조에 순응하는 기능적 성격을 지님으로써 클라이언트 문제의 분석과 해결에 있어서 사회구조적 요인을 간과하는 근본적 한계를 지니고 있다고 비판받고 있다. 따라서 이러한 한계를 보완할 수 있는 급진사회복지실천 모델에 대한 소개와 적용 및 연구의 필요성은 예전부터 늘 제기되어 왔었다.

급진사회복지실천은 자본주의에 대한 이해와 사회주의를 받아들이는 정도에 따라 다르게 나타나서 초기에는 혁명적 마르크스주의, 짐진적 마르크스주의, 사회민주주의자 또는 진보주의, 개혁주의, 사회주의, 마르크스주의 등으로 이념적인 접근이 주를 이루었다. 그 후 급진사회복지실천은 좀 더 구체적인 모습을 갖추며 영국의 베일리와 브레이크, 코리간과 레너드, 미국의 갈퍼, 호주의 스로셀, 리스, 드마리아, 푹으로 대표되는 급진사회복지실천과 모로와 물라이의 구조주의 사회사업 그리고 구조적 관심으로 젠더가 고려된 페미니스트 접근으로 발전되어 왔다(Fook, 2003). 라이쉬와 앤드류스(2001)는 1990년대의 급진사회복지실천 개념의 혼란성을 지적하면서 위에서 제시된 개념 외에, 역량강화와 다문화주의를 표방하는 전문주의, 지배와 저항을 다루는 반억압–반차별 운동, 푹의 생태체계 이론에 입각한 급진개별사회사업, 포스트모더니즘에 입각한 비판사회사업 등을 급진사회복지실천 이론의 유형에 추가하였다.

이러한 급진사회복지실천의 방법은 기존의 심리사회적이고 통합적 사회복지실천 모델의 기능적 한계를 잘 비판하고 있지만 실제의 사회복지실천에서 활용될 수 있는 급진방법을 구체적으로 제시하는 연구를 찾기는 힘들었다. 따라서 그동안 한국에 소개된 급진사회복지실천은 매우 미미할 뿐만 아니라 실천에 적용할 수 있는 구체적인 모습이 소개된 경우는 없었다.

이러한 아쉬움 속에서 만난 책이 푹(Jan Fook, 1993)의 『급진사회복지실천』이다. 그의 저서는 생태체계이론에 기반한 기존의 사회복지실천의 방법을 인정하면서 그 확대선상에서 급진사회복지실천을 주장하고 있다. 그

간의 급진사회복지실천 관련 저서가 주로 이념적 주장과 기존의 기능적
사회복지실천 방법에 대한 비판에 머무르면서 그 대안으로 거시적 방법의
방향 제시에 머물러 있는 데 반해 푹의 저서는 임상에서도 활용 가능한 구
체적인 급진적 방법과 기술까지 제시하고 있다. 푹은 급진방법의 비교적
새로운 영역을 제시하면서 자신이 제시한 급진방법이 전통방법과 어떻게
다른가를 사례 분석을 통해 비교하여 제시함으로써 급진사회복지실천 방
법을 알기 쉽게 제시하고 있다.

  급진사회복지실천은 우리에게 익숙하지 않아서 그 내용이 어렵게 다가
올 수 있다. 따라서 역주를 통하여 이러한 문제를 보완하고자 하였고, 급진
사회복지실천의 최근 동향과 한국사회의 적용 가능성 등과 관련한 내용을
부록에서 역자의 글 정리를 더하여 보완하고자 하였다.

  모국어가 아닌 남의 나라 글을 번역함에 있어서 늘 겪는 어려움과 함께
우리에게 친숙하지 않은 푹의 저서를 번역하는 데 어려움이 많았다. 이러
한 문제를 해결하기 위해 다양한 노력을 하였지만 아직도 미흡한 부분이
많다고 생각한다. 앞으로 많은 독자의 충고와 제언을 기대한다.

  끝으로 이 책의 출간을 기꺼이 맡아 주신 학지사 김진환 사장님과 편집
과정에서 수고해 주신 편집부 관계자 여러분께 감사의 마음을 전한다.

2007년 2월
역자 일동

저자 서문

왜 급진사회복지실천인가?

1960년대와 1970년대에 이르러 급진사회복지실천에 대한 논의가 좀 더 정치적이고 집단적 형태를 띠었음에도 불구하고, 이 관점이 실천에 미친 영향력은 미미했다. 1970년대에 훈련을 받은 사회복지사로서 필자는 이 새로운 접근법을 첫 직장에서 장애인과 가족을 돕는 데 적용하고자 했다. 필자의 업무는 기술적인 측면에서 볼 때 일반적인 것이었지만, 심리학자와 지역사회간호사, 정신과 의사와 함께 협력해야 하는 중요한 역할이었다. 심지어 지역사회개발의 측면마저도 민감한 대인관계를 해결해야 하는 개인과 소집단을 대상으로 하고 있었다. 이들은 오랫동안 부적절한 자원의 문제를 경험하고 있었기 때문이다. 1990년대에도 대부분의 사회복지사는 직접적인 실천, 즉 대인 사회복지실천에 많은 에너지를 쏟고 있었다. 이에 따라 급진사회복지실천과 같은 새로운 접근법을 사회복지실천에 접목시켜 더욱 폭넓은 수준의 실천으로 발전하도록 지속적으로 노력해야 할 필요성이 제기되었다. 또한 전문사회복지사는 인간과 사회에 대한 자신의 분석방법과 이론을 실제 현장에서 적용할 수 있는 원칙으로 전환시킬 수 있도록 노력해야 한다. 이러한 맥락에서 이 책은 급진사회복지사의 실천에 지침을 제공하는 이론적 원칙의 틀을 구축해야 하는 과제를 안고 쓰였다.

많은 사람이 필자에게 왜 구조적 관점이나 사회주의 페미니스트 관점보다 급진사회복지실천에 대해 끊임없이 이야기하는지 물어본다. 나는 이러한 관점을 급진적이라고 규정하고 싶다. 왜냐하면 사회복지실천이 어떻게 1960년대와 1970년대에 등장한 급진접근의 비판과 설득력 있는 분석으로부터 직접적인 영향을 받을 수 있는지를 처음부터 파악하는 것이 중요하기 때문이다. 또한 이는 우리의 실천을 급진화시키고 변화시켜야 하는 중요한 이유를 제시한다. 이와 동시에 좀 더 최근에 나타난 지적, 사회적 운동이 사회복지실천에 깊은 영향을 미치고 있다는 사실 또한 인식해야 한다. 가부장주의 제도와 그것이 개인의 삶에 미치는 영향에 대한 페미니스트 분석과 운동이 대표적인 예다. 따라서 만약 급진사회복지실천이 오늘날의 사회에서도 적절하고 의미 있는 접근이 되기 위해서는 페미니스트 접근이 반드시 초기의 급진적 주제와 통합되어 개인을 둘러싼 환경에 접근하고자 하는 사회복지실천의 기초가 되어야 한다. 따라서 이 책에서 제시하고 있는 급진사회복지실천의 틀은 사회주의 페미니스트 이론에 확고히 기초하고 있다고 볼 수 있다.

불행하게도 급진사회복지실천이 실제로 무엇을 의미하는지에 대한 논쟁이 여전히 남아 있다. 따라서 우리가 이를 실천에 효과적으로 적용하려면 우선 이러한 논쟁을 분명하게 해 두어야 한다. 이런 맥락에서 이 책을 두 부분으로 나누어 구성하였다. 제1부에서는 급진사회복지실천이 무엇인가를 명확히 밝히고, 급진사회복지실천의 구체적 모델을 제시하는 데 필요한 이론을 고찰하였다. 이를 위해 급진사회복지실천의 모델에 기여할 수 있는 급진접근과 전통접근 간의 차이를 밝혔다. 제1장은 급진적 비판주의와 사회복지실천 이론의 역사를 고찰하고, 사회주의 페미니스트의 틀이 급진실천의 가장 타당한 기초가 된다고 결론짓는다. 제2장에서는 급진적 성격을 띨 수 있는 잠재적 요소를 고찰하였으며, 이들이 진정으로 급진적인 성격을 갖추기 위해서는 사회주의 페미니스트 이론에 의해 확대되어야 함을 밝혔다.

제2부에서는 급진사회복지실천의 구체적 모델 혹은 이론을 기술하였다. 제3장의 전반부는 이론과 실천의 근본적인 네 가지 요인을 고찰하며 후반부는 급진사회복지실천 이론의 거시적인 요소를 살펴보았다. 제4장에서 제7장까지는 이 네 가지 요인을 더욱 구체적으로 기술하였다. 이 책의 종반부에서는 사례 제시를 통해 실천적, 윤리적, 이론적 쟁점에 대해 논의하였다. 이와 더불어 학생과 교육자에게 도움이 될 만한 구체적인 연습문제와 지침을 부록으로 첨부하였다.

저자 Janis Fook

차 례

제1부 급진사회복지실천의 이론적 기초

제2부　급진사회복지실천: 실천 이론

제3장　실천 이론 ──────────────── 67

제4장　사회적 요인 ──────────────── 91

제5장　사 정 ──────────────── 119

제6장　목 표 ──────────────── 137

급진사회복지실천의 이론적 기초

Radical Casework: A Theory of Practice

제1장

급진사회복지실천

급진사회복지실천은 지난 30년간 사회복지실천의 한 형태이자 아이디어로 광범위하게 논의되고 있다. 급진사회복지실천은 사회복지실천에서 자주 비판과 오해를 받는 관점이었다. 급진사회복지실천을 활용할 것인가의 여부(Mowbray, 1981)와 더불어 이러한 접근에 대해 논하는 것 자체가 의미 있는지를 의심하는 시각도 다소 존재해 왔다(Smid & Van Krieken, 1984). 또한 급진사회복지실천의 성격에 관한 명확한 합의도 존재하지 않았다. 그러나 급진적 비판이 탈근대적인 사회복지실천의 유형에 미친 영향이 크기 때문에, 이 용어의 사용을 회피하기보다는 우리의 이해를 명확히 하기 위한 노력이 필요하다고 본다. 이를 위해 먼저 지난 30년간 급진적 논쟁을 둘러싸고 진행된 핵심 논의를 중심으로 살펴보고자 한다.

1. 급진적 비판

사회복지실천 관련 문헌에서 급진적 비판이 중요하게 대두되기 시작한 것은 1960년대 후반이다. 따라서 급진적 비판은 1960년대의 사회적, 정치적 격동과 결부시켜 이해해야만 한다(Galper, 1980). 이후 반(反)정신의학, 일탈의 사회학(Walker & Beaumont, 1981), 빈곤과 복지에 관한 사회학적 비판(Piven & Cloward, 1971) 등과 같은 지적 운동이 급진적 비판의 발달을 촉진시켰다.

이렇듯이 급진적 비판주의가 서로 다른 학문 분야의 영향을 받았기 때문에 표면적으로는 분절된 모습을 띤 것으로 비칠 수 있다. 일부 사회학적 비판에서는 원조 전문직 자체에 문제가 있다고 보는데(Mills, 1943; Halmos, 1965; Illich, 1970; North, 1972), 이 전문직이 표면상 돕고 있는 집단(클라이언트)에 대한 지배력을 영속화하는 이데올로기(사고방식 및 이와 관련된 실천의 체계)를 창출하기 때문이다. 다른 비판에서는 (사회복지실천전문가를 포함해서) 전체 사회복지제도는 사회 통제의 수단이기 때문에 사회복지제도가 클라이언트의 이익에 반대되는 것으로 보았다. 사회복지실천은 직접적으로는 사회변화를 방해하고(Pemberton & Locke, 1971; Galper, 1975), 간접적으로는 현재 자본주의 체계가 가지는 본래적 억압에 기여하는 것으로 간주된다. 이러한 논쟁의 대부분은 사회복지실천과 제도에 대한 사회적 분석에 집중되었으며, 상당 부분 마르크스주의에 기반을 두었다(Skenridge & Lennie, 1978).

사회복지전문직 내부에서도 비판이 제기되었다. 사회복지실천이 내포하는 '바람직한' 가치와, 이러한 실천이 이루어지는 사회의 '바람직하지 못한' 가치 간에는 해소될 수 없는 딜레마가 존재한다는 것이다(Miller, 1968).

이러한 비판의 대부분은 사회복지실천의 전통적 유형인 사회복지실천에만 집중되었다. 그 결과 1970년대 중반에 들어서면 사회복지실천이 효과적인가, 검증될 수 있는가, 만약 검증될 수 없다면 사회복지실천이 지속될 가치가 있는가 등의 논쟁이 증폭되었다(Fischer, 1976).

이 외에도 기본적으로 개별화를 강조하는 사회복지실천 접근은 '희생자 비난'을 야기하기 때문에(Ryan, 1971) 문제의 원인이 되는 사회에 대해서는 관심을 갖지 못한다는 비판도 있었다. 일차적으로 개인 문제의 원인이 사회구조에 있는데도, 위와 같은 이유로 개인 중심의 사회복지실천 원조는 개인의 문제를 더욱 악화시켰다는 주장이 제기되었다(Skenridge & Lennie, 1978).

불행하게도 이러한 비판은 너무나 광범위했기 때문에 많은 사회복지사는 기존의 어떤 사회복지실천도 이를 모면하기 어렵다고 느꼈다. 그래서 일부 사회복지실천가는 노동조합과 정당에 가입하여 사회복지전문직 외부에 있는 기존의 정치적 경로를 통해 사회변화를 도모하고자 했다. 또 다른 사회복지실천가는 이러한 비판이 너무 모호하기 때문에 거의 현실에서 실천될 수 없으며(Clapton, 1977) 심각하게 받아들일 필요도 없다고 주장했다. 심지어 급진사회복지실천의 의도 자체가 부적합할 뿐만 아니라 더 나아가 보수적인 성격을 또 다른 형태로 신비화시키는 것이기 때문에(Considine, 1978) 사용하지 말아야 한다는 주장도 제기하였다.

따라서 급진사회복지실천가가 직면하게 되는 명백한 도전은 급진적 분석의 광범위성이 급진사회복지실천의 구체성으로 통합 가능한지 여부를 파악하는 것이 된다. 많은 사람이 각자 다른 자신의 관점으로 이를 해결하려고 시도했다.

코리간과 레너드(Corrigan & Leonard)는 마르크스주의적 관점에서 이 문제를 해결하고자 했다(1978). 어떤 학자는 좀 더 보편적인 사회주의적 관점을 선호하였으며(Bolger et al., 1981), 또 다른 학자는 페미니스트 운동을 통해 급진적 실천이 영향을 받을 가능성이 있다고 주장했다(Dominelli & McLeod, 1982).

이 외에도 다양한 가치와 철학적 접근 그리고 기본 전제 중에서 어떤 것이 통합적인 급진적 접근에 적합할지에 대해 논의하는 학자도 있었다(Statham, 1978; London-Edinburgh Weekend Return Group, 1978). 뿐만 아니라 이러한 아이디어를 발전시켜 실제 어떻게 적용될 수 있는지에 대한 논의도 계속되어 왔다(Bailey & Brake, 1978; Galper, 1980).

1980년대에는 급진사회복지실천에 관한 문헌이 거의 없지만 페미니스트 관점이 좀 더 대중화되면서 일부 급진적 문헌이 이 시기 후반에 재등장하기 시작했다(Marchant, 1986; Langan & Lee, 1989; Fook, 1990). 이러한 문헌에는 급진사회복지실천 이론 구축의 기초가 될 수 있는 공통의 주제가 제시되었다.

2. 급진사회복지실천의 공통 주제

급진사회복지실천 문헌에서 공통으로 등장하는 주제는 다음 다섯 가지로 정리할 수 있다.

① 구조적 분석으로서, 개인 문제의 원인을 사회·경제적 구조에서 파악할 수 있게 한다. 따라서 사회구조적 문제로 인한 개별 '희생자'는 문제의 원인 제공자로서 '비난받지 않아야 한다.'

② 사회복지전문직과 사회복지제도의 사회통제 기능에 대한 지속적인 분석

③ 기존의 사회, 정치, 경제 제도에 대한 지속적인 비판

④ 더 많은 권력을 가지고 있는 개인, 집단 혹은 구조로 인한 억압에서 개인을 보호하려는 노력

⑤ 개인해방과 사회변화를 달성하려는 목표

1) 개인 문제에 대한 구조적 분석

사회복지실천에서 급진적 관점의 가장 중요한 전제는 개인 및 사회 문제의 원인을 개인이나 사회에서 불이익을 받는 소수자 집단의 타고난 결점으로 돌리기보다는 사회·경제적 구조의 문제와 지속적으로 결부시키는 분석방법을 취하는 것이다. 이러한 분석은 급진적 접근의 근간이자 사회주의 페미니스트 접근(socialist feminist approaches)과 공통적인 것으로, 사회분석의 범위를 넓히기 위해 성 억압적 제도를 다양한 사회구조적 문제 중 하나의 측면으로 포함시키는 데에서 그 특징을 찾을 수 있다. 따라서 개인이 경험하는 문제는 개인적 특성에 의해서만 전적으로 설명되지 않는

다. 급진사회복지사는 사회 · 경제적 구조에 항상 관심을 갖고 이것이 어떻게 문제 상황을 야기하는지를 판단해야 한다.

2) 사회복지실천의 사회통제적 분석

급진사회복지사는 사회복지전문직은 물론 더 넓게는 사회복지제도가 기존의 사회적, 권력적 분화를 유지하기 위해서 어떻게 특정 집단과 그 집단의 구성원을 통제하는지에 대해서도 인식해야 한다. 이러한 인식이 있어야만 사회복지사는 자신이 원조하고 있다고 생각하는 사회적 약자를 희생시키면서 기존의 권력집단의 이익에 기여하는 활동에 참여하지 않게 된다. 이와 더불어 급진사회복지사는 사회복지전문직이 가지고 있는 잠재적 통제 기능에 대해 자각함으로써 이를 최소화할 수 있는 방법을 모색해야 한다.

3) 기존 사회제도에 대한 비평

급진사회복지사는 사회복지전문직뿐만 아니라 그 외의 제도나 집단 그리고 더 큰 규모의 경제제도가 어떻게 권력집단의 이익에 기여하는지에 대해서도 인식해야 한다. 간단히 말하자면, 급진사회복지사는 개별사회복지사인 동시에 전문가 집단의 구성원으로서 자신이 활동하게 되는 광범위한 사회 · 정치적, 경제적 맥락을 인식해야만 한다. 그리고 이러한 맥락이 일상의 실천에 어떻게 영향을 미치는지도 인식해야 한다. 이 같은 더 넓은 구조가 직접적으로 클라이언트의 이익에 역효과를 가져오는 방식으로 자신의 업무와 클라이언트의 상황에 영향을 미칠 수 있다는 가능성에 대해서도 인식해야 한다.

4) 억압 혹은 착취로부터의 개인 보호

앞서 제기한 비판적 인식을 갖춘 급진사회복지사는 더 많은 권력을 가진 사람에게서 착취와 억압을 받는 개인의 이익을 보호하는 데 최선을 다해야 한다. 이러한 반(反)억압적 입장은 다양한 방법을 통해 실천에 적용된다. 즉, 반(反)전문적(예를 들어 Laursen, 1975) 혹은 반중산층적 편향, 반성차별적 혹은 반문화적 편향 등이 있다. 또한 권력의 남용이나 지나치게 관료적이고 비인간적인 구조와 제도에서 개인을 보호하는 것을 의미할 수도 있다. 옹호를 강조하는 '복지권적' 접근이(Terrell, 1973) 이러한 방법 중 하나며 규칙의 유연한 적용(London-Edinburgh Weekend Return Group, 1978)과 같이 일탈자를 원조하기 위해 해방적 접근('bandit' approach) (Means, 1979)을 취하는 것도 여기에 해당한다.

5) 개인해방과 사회변화

개인의 복지를 성취하는 과정에서 사회구조가 개인의 삶에 방해가 된다면 문제가 있는 사회구조는 변화가 필요하다. 따라서 개인의 해방과 변화는 사회변화와 불가분의 관계가 있다.

3. 최근 사회복지실천 이론과 급진사회복지실천

지난 20년 동안 사회복지이론가는 이러한 급진적 주제에 대해 어떻게 반응해 왔는가? 급진적 주제를 좀 더 새로운 실천적 접근으로 통합하기 위한 시도 중 성공한 것이 있는가? 지금부터 최근의 이론적 발전을 살펴봄으로

써 오늘날 급진사회복지실천에 적절히 이용될 수 있는 특성으로는 어떤
것이 있는지 검토해 보자.

1) 기술적 해결책

급진적 비판이 견지하는 주장에 대응할 수 있는 가장 쉬운 방법 중 하나
는 지금의 사회복지실천이 전면적으로 개선되지 않는다 하더라도 사화복
지실천에는 커다란 문제가 없다고 주장하는 것이다. 심킨(Simpkin, 1982)은
이것을 '기술적 해결책' 이라고 부르고 있다. 이 관점을 지지하는 사람들에
따르면 사회복지사는 기본적인 가정을 변화시키려고 하기보다는, 더 유능
하고 전문적이 되어야 하며 독점적인 사회복지 지식을 개발해야 한다. 물
론 급진주의자도 이러한 주장에 대해 전적으로 반대하지는 않을 것이다.

사회복지전문직에 어느 정도 기술적 개선이 필요하다는 것은 명백한 사
실이다. 만약 기술적 개선을 통해 사람들에게 제공하는 사회복지 서비스
의 질이 증진된다면, 우리는 좀 더 유능해지고 사회복지 지식을 정교화시
키며, 경우에 따라서는 우리의 전문성을 향상시킬 수도 있다. 그러나 급진
주의자는 우리가 전문가로서 스스로에 대해 갖는 기본적인 이해와 클라이
언트 문제의 원인을 보는 관점 역시 변화시킬 필요가 있다고 주장한다. 이
러한 발상의 전환 없이 전문직은 개선될 수 없다. 따라서 어떠한 기술적 해
결책을 강구하더라도 궁극적으로 급진적 실천의 이상에 부응해야 한다.

2) 절충주의

절충주의는 사회복지실천의 급진적 비판에 대한 또 다른 대안으로 제시
될 수 있다. 전통적 사회복지실천은 정신역동모델에 지나치게 의존하는

문제가 있었다(Fischer, 1976). 이에 대한 하나의 해결책은 다양한 범주의 접근을 활용하는 것이다(Chamberlain, 1975). 실제로 지난 몇 십 년 동안 사회복지실천에 있어서 매우 다양한 새로운 접근(행동수정, 가족치료, 의사소통이론, 위기개입, 과업중심 사회복지실천, 역할이론 등)이 출현했지만(Cornwell, 1976), 정신역동적 틀의 배타성으로 인해서 다양한 접근의 특성이 무시되었다. 사회복지사는 자신이 문제에 맞는 적절한 접근을 고르고 선택할 수만 있다면 비판에 대해 걱정할 필요가 없다고 느낀다.

　절충주의 접근을 취할 경우 급진사회복지사도 몇 가지 이점을 얻을 수 있다. 더욱 광범위한 해석과 개입방법을 취함으로써 개인 원조의 잠재력을 극대화시킬 수 있다. 또한 사회복지사는 다수의 이론적 관점을 숙지함으로써 자신의 가정에 대한 비판적 입장을 유지할 수도 있다. 반면 급진적 관점에서 바라볼 때 절충주의 접근에 대한 반대도 상당수 존재한다. 일반적으로 절충적 접근은 이론적으로 체계화되어 있지 않다. 왜냐하면 절충적 접근에서는 전통적인 '희생자 비난' 이데올로기가 구조적인 분석만큼이나 아주 쉽게 사용될 수 있기 때문이다. 절충주의의 또 다른 결점은 사회적 순응을 가져올 수 있는 개념을 혼란스럽고 무비판적으로 사용하는 것이다. 단편적인 선택으로 인해 각각의 이론과 학문이 지닌 고유한 의미와 가치가 축소되어 구체적인 개념이 너무나 쉽게 일반적 지식으로 폄하되어 버리는 경우가 많다. 불행히도 이러한 일반적 지식은 부분적으로는 특정 장소와 시대를 지배하는 사회적 통념에 의해 결정될 것이다. 이로 인해 절충주의적 견해는 현재의 문제 상태에 대한 비판을 심화시키기보다는 보수적인 경향을 강화시킬 수 있다.

　절충적 가르침은 모든 학문을 하나의 동의점을 향해 수렴시키는 현상을 너무나 자주 발생시킨다. 이 분명한 수렴점이 바로 사회적 관습(social convention)이다. 이론의 기능은 축소되어 학문의 역동성이 상실된다. 이렇게 되면 사회적으로 의식적인 행동을 설명하는 이론과 무의식적 행동을 설명하는 이론 간에 차별성이 사라진다. 구체적인 정신분석적 의미에서 사용된 용어가 일상화된 용어로 흡수되어 확대되며, 이에 따른 혼란은 가중된다(Statham, 1978: 76).

이 같은 지적은 급진사회복지사의 활동을 이끌 수 있는 명확하고 체계적인 기초가 중요함을 강조한다. 이론과 실천이 더 밀접하게 연결될수록 급진적 목적을 달성할 가능성은 더욱 커진다.

3) 반(反)정신의학

우리가 반정신의학 운동을 논하는 이유는 이 운동에서 주장하는 아이디어가 급진사회복지실천 운동에 반영되고 영향을 미치기 때문이다. 이 운동의 핵심 견해는 의료 모델 혹은 일탈에 대한 병리학적 관점에 대한 공격으로, 특히 정신질환에 대한 병리적 관점을 비판했다(Pearson, 1975: 15-17). 반정신의학자는 일탈을 '질병'으로 규정하고 그 결과 때문에 고통을 겪는 사람에게서 권리를 박탈하는 것에 반대했다. 그 대신 광기는 비정상적인 세상에 대해 할 수 있는 건강한 반응으로 설명되었다. 이러한 주장은 두 가지 이유에서 급진사회복지실천에 중요한 의미를 지닌다.

첫째, 개인이 현실에 대해 갖는 고유한 인식 능력을 옹호하며, 전문가의 박식(博識)에 의문을 던지는 것이다. 만약 급진사회복지사가 세계에 대한 개인의 주관적 경험을 지지한다면, 전문적 거리두기(professional distancing)와 권위 구조를 극복해야 한다. 이렇게 함으로써 전문직 구조로 인해 발생할 수 있는 '억압'에서 개인을 보호할 수 있다(Davies, 1982: 181). 둘째, 체계이론과 마찬가지로 반정신의학의 주장 역시 인간의 사회 환경과 실제 경험한 문제 간의 정확한 관련성을 설명하지는 못하지만, 문제의 원인에 대한 관심을 개인의 사회 환경으로 돌리는 것이다.

4) 낙인과 일탈 이론

낙인과 일탈 이론은 반정신의학자가 가한 비판에 또 다른 차원을 더해 준다. 이런 이론은 특수한 사회적 과정, 즉 문제시되는 행동을 강화하고 영속화시키는 일종의 사회적 범주화를 통해 사회적 일탈의 존재를 설명하고 있다. 사회가 일탈자를 분리된 계급에 속한 사람이라고 낙인찍고 나아가 일탈자라고 규정하는 데 기준이 되는 행위를 기대하고 이끌어 냄으로써 일탈은 유지된다. 일종의 사회관행적인 자기수행적 예언과정을 인식함으로써 사회복지사가 직면하는 많은 사회적 문제가 설명될 수 있으며, '희생자 비난'에 대한 명쾌한 대안이 제시될 수 있다. 이에 따르면 오히려 일탈자를 낙인찍는 사람이나 사회가 비난받게 된다.

급진사회복지사는 낙인이론에서 큰 의미를 찾을 수 있다. 특히 낙인이론이 낙인 없는 비처벌적인 예방적 복지 프로그램의 필요성을 강조한다는 점에서 의미가 크다(Pearson, 1975: 73). 그러나 다른 한편으로 낙인과 새로운 일탈이론이 급진사회복지사에게 큰 의미를 갖지 못하는 이유는 이런 이론에서 일탈은 도덕과 무관하다고 분석하기 때문이다. 모든 일탈집단이 똑같은 신뢰성을 가진다고 보는데, 이를 논리적으로 확대해 보면 일탈적인 것과 일상적인 것 간에 도덕적 차이가 없다는 의미가 된다. 비주류에 속한 사람의 생활양식에 대해 가치 판단을 하지 않는 것은 중요하지만, 그들이 다른 집단이나 개인에게 줄 수 있는 고통과 아울러 사회적 차이 때문에 그들이 겪게 되는 고통을 비판하는 것도 중요하다. 초도덕적 관점은 억압적인 사회제도에 대한 비판을 관습적으로 회피하는 경향이 있으며 간접적으로 그런 것에 순응하도록 돕기 때문에 문제가 있다(Gouldner in Pearson, 1975: 72). 이러한 유형의 관점은 '급진적 비(非)개입'이라는 입장을 지지하는 것이라 할 수 있겠지만(Cohen, 1975), 좀 더 정확히 보자면 일종의 도피다. 만약 우리가 현 체계에 정말로 실재하는 문제를 조금이라도 시정하려 한다면, 해서는 안 될 일이 무엇인가에 대해서뿐만 아니라 해야 할 일이 무엇인가에 대해서도 알아야만 한다.

5) 일원적 혹은 일반주의 사회복지실천

급진적 비판의 관점에서 볼 때 일원적, 일반적 혹은 통합적 접근은 사회복지실천의 이론적 기초를 재공식화(再公式化)하기 위한 또 하나의 시도다. 이 접근에 따르면 사회복지실천은 자기결정권이나 사회적 기능수행 개념과 같은 핵심적인 공통 가치와 가정에 의해 일원화되어 다양한 수준에서 다양한 방법으로 적용된다(Bartlett, 1970). 따라서 일반주의 실천접근에서는 개입의 수준과 방법을 문제에 따라 조절하는 전문적 방식을 사용한다. 일반주의 접근에서 보편적인 이론적 기초는 체계이론이다(Pincus & Minahan, 1973). 일반주의 틀에서는 통상 원조의 방법이 직접적인 것과 간접적인 것으로 범주화된다(Hepworth & Larsen, 1982). 사회복지실천은 일반주의 사회복지사의 실천목록(repertoire) 가운데 대인관계적 차원을 의미하는 '대인적 원조'로 종종 간주된다.

급진사회복지사가 일반주의 틀을 사용할 경우 몇 가지 이점을 얻을 수 있다. 사회복지사가 원하는 성과를 이루기 위해서 개인, 집단, 지역사회의 각기 다른 차원에서 직·간접적인 활동을 해야 할 수도 있음을 명심해야 한다. 또한 급진사회복지사가 어떠한 사회복지활동도 단독으로 행하지 않

으며 행해서도 안 된다는 점을 기억하는 것이 중요하다. 그리고 급진사회
복지사는 개별 사례 혹은 사회 어느 쪽에 초점을 두든지 간에, 사회를 변화
시키기 위해 사회복지사로서 자신의 행동이 다른 집합적 노력과 연계되도
록 노력해야 한다.

일반주의 접근이 갖고 있는 주요 결함은 내용에 대한 설명이 매우 부족
하다는 것인데, 특히 계급과 갈등 분석에 대한 설명이 매우 부족하다
(Armstrong & Gill, 1978). 예를 들면 체계이론은 사회복지실천이 모든 차원
에서 연결되어 있고 체계 내에서 사람들이 서로 연결되어 있다는 것을 알
려 주지만, 정확히 어떻게 그리고 왜 특정한 방식으로 연결되었는지에 대
해서는 적절하게 설명하지 못한다. 이는 일반주의 접근이 행동의 지침이
되기에는 매우 빈약하다는 것을 의미한다. 더 심각한 우려를 자아내는 또
다른 문제는 사회복지실천에 대한 일반주의 접근의 관점이 지나치게 단순
화되고 제한되어 있다는 것이다. 사회복지실천을 단순히 일반주의 사회복
지실천 중 직접적 혹은 대인적 차원일 뿐이라고 생각하게 되면, 사회복지
사가 필요한 변화를 성취하기 위해 개인의 상황 속에서 다른 사람이나 체
계와 수행해야 할지도 모르는 간접적인 실천 활동이 제외된다. 또한 대인
관계적 기술에 대한 지나친 강조는 사회복지실천이 가정하는 이중적인 사
회심리적 초점을 약화시킬 수 있으며, 그로 인해 사회복지실천을 다른 심
리치료나 상담 구조와 구별하기 어렵게 된다.

6) 생태학적 접근

사회복지실천에 대한 생태학적 접근은 체계이론을 사회복지실천의 요
구사항에 직접적으로 적용하려는 시도를 보여 준다. 생태학적 접근의 기
본 가정은, 사람은 환경과의 상호 관련성을 통해서 가장 잘 이해될 수 있으

며, 사람과 환경 간의 적응 혹은 '적합성'을 위해 반드시 노력을 기울여야 한다는 것이다. 저메인과 지터맨(Germain & Gitterman, 1980)은 생태학적 관점의 중요한 대표 인물로서, 생태학적 접근을 '생활' 모델이라고 지칭하였다. 그들은 이러한 상호작용을 통해 나타나는, 성장을 향한 잠재력을 강조하며, 스트레스는 적합성이 흔들릴 때 발생한다고 생각한다.

생태학적 접근에서는 개인과 환경의 관계에 주안점을 두기 때문에 개인에게만 문제의 초점을 두고 비난하는 기존의 접근보다는 급진사회복지사가 활용할 여지가 더 많다. 또한 상호작용에 초점을 둠으로써 사회복지실천의 심리사회적 특성이 재확인되고 개입을 위한 명확한 지점이 밝혀질 수 있다. 그러나 급진사회복지사에게 생태학적 접근의 한계는 이 접근이 집단 간의 그리고 개인 간의 권력 차이를 인식하지 못한다는 점이다. 이로 인해 생태학적 접근에서는 사회의 모든 구성원이 노력을 기울이는 하나의 공동선이 존재한다고 믿는 것 같이 보인다. 또한 생태학적 접근은 개인의 적응을 약화시키는 제도적 조건을 간과하고 있다(Naper & George, 1988). 따라서 생태학적 모델은 급진사회복지실천의 이론적 기초가 되기에는 부족한 점이 많다.

7) 마르크스주의와 사회주의 사회복지실천

이러한 접근은 아마도 과거에 급진적 성향을 가진 사회복지사가 견지했던 가장 대중적인 이론적 접근일 것이다. 일반적으로 마르크스주의와 사회주의 사회복지실천에 관한 연구물은 사회주의적 분석에 과도하게 의존하고 있다. 초기에는 주로 사회복지와 사회복지실천이 가지고 있는 사회통제 기능에 관한 비판의 형태를 띠었다. 마르크스주의적 이데올로기 개념은, 사회복지제도가 불리한 집단의 최상의 이익에 반하는 체계를 어떻게 유지하는지에 대한 구체적인 방법을 지적하는 데 광범위하게 활용되었다 (Pemberton & Locke, 1971; Skenridge & Lennie, 1978). 이후 연구에서는 실천의 패러다임에도 이러한 분석을 계속 적용하고자 하였다(예를 들어, Corrigan & Leonard, 1978; Bailey & Brake, 1980; Galper, 1980).

이러한 패러다임에 대해 급진사회복지실천이 취하는 입장은 이 장의 앞에서 상술된 급진사회복지실천의 다섯 가지 공통 주제를 고수하는 것이다. 급진사회복지실천에서는 이 중에서 분석을 강조하고 있으며 또 그렇게 하는 것이 적절하다고 생각된다. 급진사회복지실천이 기술보다는 태도의 변화에 주안을 둔다고는 할 수 없지만, 기술 변화에 못지않게 태도 변화가 중요하다는 주장은(Bailey & Brake, 1980: 18-19; Simpkin, 1983: 144) 확실히 마르크스주의 비판과 논리적으로 일치한다. 왜냐하면 마르크스주의 이론이 강조하는 것은 사회적 의식이 형성되는 방식과 이렇게 형성된 사회적 의식이 기존의 사회체계를 유지하는 데 기여하는 방식을 밝혀 주기 때문이다. 사회제도를 극복하기 위해 필요한 첫 번째 단계는 어떻게 이것이 발생하는지를 인식하는 것이다. 레너드(Leonard, 1984)는 사회적 이데올로기가 실제로 어떻게 개인의 인성을 형성하는지를 설명하려는 매우 드문 시도를 하였다.

대부분의 마르크스주의나 사회주의 사회복지사는 지역사회 활동, 사회행동과 정치행동, 노동조합결성과 같은 단체 행동에 집중적으로 관심을 가졌다(Corrigan & Leonard, 1978; Simpkin, 1983). 개인 차원에서는 프레이리(Freire, 1972)의 의식화 접근을 발전시키려는 일부 시도(Leonard, 1975; Keefe, 1980; Webb, 1985; Howe, 1987: 121-133)가 있었다. 옹호 역시 급진사회복지사가 채택해야 할 적합한 역할로 일찍이 제시되었다(Terrell, 1973).

마르크스주의나 사회주의 관점이 가진 주요 문제는 그런 관점을 실천에 적용하는 데에서의 어려움, 즉 이러한 관점과 긴밀히 연결된 일련의 실천

원칙이 부족하다는 것이다. 구체적인 기술이 채택되고, 이러한 기술을 사회복지실천과 연결 짓기 위한 시도(옹호, 의식화, 복지권과 같은)가 이루어졌지만, 이러한 기술이 광범위한 급진운동과 사회복지실천 양자의 목적과 어떻게 연결되는지에 관한 설명은 거의 없었다.

8) 페미니스트 관점

가장 최근에 발달한 사회복지실천 접근 중 하나는 페미니스트 사회복지실천이다. 페미니스트 사회복지실천은 많은 남녀 사회복지사의 상상력을 사로잡고 불을 지피면서 매우 짧은 시간에 확고히 자리 잡았다. 페미니스트 분석은 기존의 사회 비판에 젠더(gender)라는 중요한 차원을 더함으로써 급진주의 지평을 실제적으로 확장하였다(Marchant, 1986). 또한 페미니스트 분석과 급진주의 분석 간의 유사성은 현재 잘 입증되었다(예를 들어 Wilson, 1980). 이미 페미니스트 사회복지실천에 관한 문헌은 상당수에 이른다(Brook & Davis, 1985; Marchant & Wearing, 1986; Dominelli & McLeod, 1989).

급진주의처럼 페미니즘 역시 일련의 입장, 즉 자유주의, 사회주의 그리고 급진주의(Bouchier, 1983)를 통합한다. 그렇지만 페미니즘의 이론적 분석에는 가부장적 혹은 성차별적인 사회구조가 체계적으로 여성에게 불이익을 주는 방식을 비판하고, 이러한 불이익을 폐지하고자 하는 주장이 필수적으로 존재한다. 초창기에 성역할 정형화(성역할 정형화는 특히 핵가족과 같은 제도 내에 존재함)는 이러한 차별의 주요한 형태 중 하나로 생각되었다. 따라서 정형화된 성역할과 경직된 핵가족 제도가 공격을 받았다. 그러나 경직된 정형화 때문에 전통적인 여성의 특성(주관성, 양육, 비경쟁적 성격과 같은)이 평가 절하되는 것을 바로잡기 위해 페미니스트의 분석은 더욱 발전하였다. 특히 페미니스트 분석은 여성에 대한 사회적 평가 절하와 여성 자신의 자기비난적 신념 간에 직접적 연관이 있다는 것을 성공적으로 밝혀 왔다. 또한 페미니스트는 여성의 개인적 경험은 정치적 맥락을 반영하며 개인적 경험은 정치적인 것이라고 단호히 주장한다(Hanisch, 1971). 페미니스트는 이러한 사회적 한계를 극복하고 개인해방과 사회변화를 위해 변화가 필요한 주요 영역 중 하나는 바로 자기와 사회정치적 세계에 관한 여성의 신념이라는 것을 자각하였다. 따라서 새로운 자각을 실천으로 옮기는 능력과 결부된 의식고양(consciousness-raising)은 페미니스트 운동의 필수적 부분이다. 이러한 분석과 실천화(praxis)의 연결은 페미니스트 사상의 초석이 된다.

페미니스트 관점과 초기 급진적 아이디어 간에는 상당한 유사성이 존재한다. 그러한 유사성 중 하나는 이론과 실천을 끊임없이 연결하고자 하는 욕구다. 그러나 무엇보다도 개인적 경험을 가부장적인 사회구조와 연결시키는 분석이 중요하다. 또한 개인해방과 사회변화의 목표가 함축된 것처럼 경각심 있는 사회적 비판도 필요하다. 실제로 페미니스트가 관심을 갖는 분야는 바로 급진적 비판에서 방치된 분야라고 말하기 쉽다. 페미니스트는 개인적인 것과 사회적인 것을 잘 연결한 것처럼 이론과 실천의 연결에도 매우 성공적이었다. 또한 페미니스트는 개인적 차원(예를 들면, Fook, 1986)과 집합적 차원 양쪽 모두에서 효과적인 실천전략을 제공해 왔다.

9) 구조적 사회복지실천

'구조적 사회복지실천'이란 용어는 사회복지실천 문헌에서 보편적으로 사용하지는 않지만 급진사회복지실천과 유사한 원칙을 지지하는 사람들이 사용하는 용어다. 본질적으로 구조적 관점이란 개인의 상황을 이해하기 위해 사회구조에 대한 분석을 우선시한다(예를 들면, Middleman & Goldberg, 1974; Moreau, 1979). 이는 급진적 접근의 초석 중 하나이기 때문에 구조적 관점과 급진적 관점은 동일한 것이라 말할 수 있다. 또한 구조적 관점은 페미니스트 관점을 포괄할 수 있으며, 이러한 의미에서 이 용어는 '급진'이라는 용어보다 더 보편적이다. 그러나 구조적 관점이라는 용어가 광범위하게 사용되지 않으며 급진사회복지실천의 뿌리를 급진의 역사와 발달 그리고 최근의 페미니스트 논의에 두는 것이 중요하다고 믿기 때문에, 일반적으로 필자는 '급진'이라는 용어를 사용하는 것을 선호한다.

10) 담화 이론

이 이론은 가장 최근에 발전한 이론으로 로젝 등(Rojek et al., 1988)의 연구가 대표적이다. 담화 이론은 기본적으로 사람들이 가지고 있는 생각이 대화와 대담, 즉 사회 내의 다양한 집단의(예를 들면, 사회복지사와 클라이언트) 담화에서 출현한다는 관점을 가지고 있다. 로젝은 사회복지사, 클라이언트 그리고 문제 상황에 대해 좀 더 비판적인 관점을 취하기 위해 이러한 '주입된 생각(received ideas)'을 분석하는 것이 매우 유용하다고 본다. 급진사회복지실천에서 담화 이론은 클라이언트, 문제, 사회복지사의 상호작용에 대한 생각을 사회환경이 결정한다는 방식으로 재해석하게 해 주는 귀중한 방법이 될 수 있다.

그러나 이러한 후기구조적 관점의 문제는 인간경험의 구조적이고 물질적인 차원을 무시한다는 것이다. 급진사회복지사는 자신과 클라이언트가 가지고 있는 주입된 생각에 대해 논의할 필요가 있다. 그러나 급진사회복지사는 사회적 제약이 수반하는 물질적, 행동적 그리고 구조적 특성에 대해 논의할 필요도 있다.

급진사회복지실천의 지침이 더욱 확고해진다면, 담화 이론을 활용하는 것은 미래를 향한 의미 있는 지향이 될 수 있을 것이다. 이 시점에서 이데올로기의 모든 특성, 즉 '신화적' 신념과 기대가 개인의 행동에 미치는 영향, 그리고 어떻게 이러한 것이 구조적 및 물질적 제도에 의해 지지되고 유지되는지를 살펴보는 것이 유용할 것이다. 이러한 포괄적인 초점이 중요한 이유는 개인과 사회구조 간의 인과석 연결을 제공하기 때문이며, 이 인과적 연결은 사회복지사가 개인의 문제를 이해하는 데 있어서 강력하고 일관된 이론적 기초가 된다. 이데올로기 개념이 가지는 묘미는 행동의 방향을 명확히 지시해 주고, 실천 원칙을 제시하는 데 있어서도 이상적이라는 데 있다. 현재로는 사회복지실천에서 담화 이론에 대한 깊이 있는 탐구의 욕구가 그리 높지는 않다. 실제로 이러한 새로운 후기 구조주의의 영향은 주로 사회학 분야에서 계속 발전 중이기 때문에, 이 책에서 후기 구조주의의 영향을 더 자세히 분석하는 것은 급진 이론의 직접적 실천 적용을 명확히 하기보다는 혼란스럽게 할 것이다.

이와 같이 최근에 발달한 여러 이론에 대한 검토는 이론이 가진 어떤 특성이 급진사회복지실천에 매우 적절하다는 것을 보여 주고 있다. 그러나 반면 단 하나의 접근만을 전적으로 채택할 경우 급진사회복지실천의 다섯 가지 주요 주제에 적절하게 접근할 수 없을 것임을 보여 주고 있다.

또 다른 새로운 경향인 역량강화(Furlong, 1987), 사회변화, 사회정의, 불이익(Chamberlain, 1988) 같은 특정 개념을 강조하는 접근 역시 급진 지지자가 신중히 접근해야 할 분야다. 외견상 이러한 개념은 급진적 접근과 잘 맞아 보인다. 그러나 이 접근의 사용자는 이러한 개념을 형성하는 데 있어서 반드시 구조적 관점을 토대로 하고 있지는 않다. 일부 사람은 구조적 관점의 기여에 대해 비판적인데, 특히 사회복지실천에 구조적 관점이 기여한다는 점에서 그러하다(Furlong, 1987; Crawley, 1989). 급진적 접근에서는 구조적 분석이 중요하므로 위에 언급한 역량강화 등과 같은 접근은 급진실천의 발전에 도움이 되지 않는다(Fook, 1987, 1989). 급진적 분석의 모든 특성을 직접적이고 지속적으로 실천과 연결시키는 것은 확실히 필요하다.

4. 미래의 방향

급진적 분석과 사회복지실천을 통합하려는 시도에도 불구하고, 많은 동일한 문제가 계속해서 되풀이되고 있다. 무엇보다 실천 모델과 전략에 대한 관심이 부족한데(Petruchenia & Thorpe, 1990: 11), 특히 개인적 차원에서 더욱 그러하다. 급진사회복지실천은 초기 급진적 비판의 수준에서 여전히 머물고 있다(Langan & Lee, 1989: 4). 이에 대해 급진사회복지실천이란 근본적으로 기술의 변화라기보다는 분석틀의 변화라는 주장으로는 충분한 해명이 되지 못한다. 이데올로기 역시 실천적 측면을 가지기 때문에(Albury, 1976), 이데올로기의 변화는 실천의 변화를 가져와야 한다. 실제로 급진사회복지실천은 사회적 문제가 있는 사람의 개인적 상황과 심리적 욕구를 다루는 실천적 측면이 상당히 결여되어 있다(Pearson, 1989). 페미니스트는 급진사회복지사가 성적 억압을 무시했다는 것을 당연히 지적했으며, 최근 들어서는 인종적 억압에 대한 무관심이 주목받기도 하였다(Langan & Lee, 1989: 3). 호주의 사회복지사가 주목하는 특별한 문제는 호주 상황에 적합하게 개발되거나 연관된 자료가 부족하다는 것이다(Petruchenia & Thrope, 1990: 11; Healy, 1991).

호주의 상황에는 급진사회복지실천이 잘 맞지 않는다는 이런저런 비판에도 불구하고(Pemberton, 1982), 1960년대와 1970년대부터 시작된 신랄한 비판은 여전히 오늘날의 많은 복지 현장에서 사실임이 확인되고 있다. 이러한 접근을 촉진하기 위한 확실한 지지 모임이 있다(Langan & Lee, 1989; Healy, 1991). 최근 『호주 사회복지 저널(*The Journal Australian Social Work*)』은 이 주제에 대한 논문을 모집했으며(Fook, 1991), 만약 이 같은 관심이 재개된다면 1970년대 급진사회복지실천에서는 미흡했던 특성을 보완하는 것이 중요하다. 따라서 최신의 급진실천접근을 페미니스트 사회복지실천과 연계시키고, 사람들의 경험에 대한 우리의 이해에 (사회주의 접근에서 개발된) 계급 제도에 대한 분석과 젠더를 결합시키는 것은 매우 중요한 사안으로 여겨진다. 이러한 의미에서 사회주의 페미니스트 접근(socialist feminist approach)(Wearing, 1986: 47-52)은 급진적 주제와 가장 잘 부합된다(Marchant, 1986). 오늘날 급진사회복지사에게 던져진 명백한 도전은 바로 개인을 대상으로 하는 직접적 실천에 맞는 사회주의 페미니스트 모델을 개발하는 것이다.

제2장

사회복지실천이
급진적일 수 있는가

급진 이론의 기본 가정이 분명해졌기 때문에 다음 단계는 급진접근을 사회복지실천에 적용해 보고자 한다. 사회복지실천의 전통개념은 급진주의자에게 큰 비판을 받고 있다. 그러나 이전 장에서 논의된 급진철학과 전통개념은 놀랄 만큼 많은 공통점을 갖고 있다. 지난 시기 동안 이해되어 온 전통사회복지실천과 급진접근의 공통 주제를 비교해 보면, 전통사회복지실천과 아직까지 충분히 발달되지 않은 급진접근의 관념이 기본적으로 유사하다는 것이 확실하다. 전통사회복지실천이 이러한 혹평을 받는 이유는 사회복지실천의 최초의 이중적(심리와 사회) 특성을 최근에 잃어버렸기 때문이다. 그 결과 사회적인 면은 거의 언급하지 않는 상담과 심리치료 기법에 현저하게 의존하게 되었다. 이러한 의존은 변화를 위한 전략과 개인 문제에 대해 지나치게 개별화된 관점을 갖게 하였다.

1. 개인 문제에 대한 구조적 분석

사회복지실천의 전통적 개념에서 볼 때, 사회경제적인 구조는 개인의 문제에 얼마만큼 영향을 주는가? 역사적으로 사회복지사는 개인 문제에 관한 사회적 맥락을 강조하였다.

1922년 리치몬드(Mary Richmond, 1922: 98-99)는 사회복지실천을 '개인과 개인, 인간(원문 그대로)과 그들의 사회환경(필자 강조) 간에 의식적인 적응노력을 통해 인성을 개발하는 과정'으로 기술하고 있다. 바우어스(Bowers, 1949: 417)는 클라이언트와 그들의 환경 간에 더 나은 조정(adjustment)을 도모하기 위해 개인 역량과 지역사회 자원을 활용하는 예술(art)로 사회복지실천의 특성을 규정하였다. 그 후 펄먼(Perlman, 1957)은 '사회적 기능수행(필자 강조)에서 나타난 개인의 문제에 개인이 더 효과적으로 대처하도록 돕는…과정'으로 사회복지실천을 규정하였다. 1960년대 브레넌과 파커(Brennan & Parker, 1966: 16)는 개인이 일상의 문제를 해결하도록 돕는·것이 사회복지실천의 목적이라고 강조하였다. 그리고 갬브릴(Gambrill, 1983)은 능력 있는 사회복지실천에서 사회적 요인이 고려되어야 한다는 것을 다시 한 번 확인하였다. 해밀턴(Hamilton)은 사회복지실천의 이중적(개인과 사회) 특성을 '상황 속의 인간(person-in-situation)'으로 가장 잘 요약하였다(Mailick, 1977).

그러나 문제의 사회적 맥락을 강조하는 것은 개인 문제의 구조적 원인을 인식하는 것과 동일한 것인가? 그 답은 '사회적 맥락'이 의미하는 것에 따라 결정된다. 만약 우리가 초기 사회복지사가 제시한 '사회적'이란 의미를 면밀히 검토한다면, 그들은 인간의 근접한 사회 환경, 즉 '인접환경(social milieu)'을 언급하고 있다는 것이 분명해진다. 인접환경에는 정치, 이념, 경제적 요인 등의 넓은 의미의 사회구조적 요인보다 개인에게 영향을 미치는 매우 제한된 영역의 사회적 환경이 고려된다. 또한 인접환경에서는 상호작용의 분석이 잘 발달되지 않고 혼란스럽게 이루어진다. 개인의 사회적 인접환경(전통적 이론가가 제기한)은 개인이 속해 있는 가족, 집단 혹은 지역사회 내 다른 사람과의 모든 상호작용을 포괄하는 것이다(Wootton, 1959: 287; Perlman, 1971a: 31-32).

그런데 이러한 상호작용을 규명하려는 노력이 다양하게 이루어져 왔음에도 불구하고 그 상호작용의 정확한 **사회적** 성격은 아직까지도 명확하게 규명되지 않고 있다. 물론 이러한 문제를 시정하는 것이 사회복지실천전문직만의 책임은 아니다. 개인과 사회 간의 정확한 관계를 설정하는 것은 사회이론가에게 오랫동안 딜레마였기에(Plant, 1970: 1), 궁극적으로 이러한 관계를 명확히 설명하기 위해서 사회복지사는 사회이론가에게 의존해야 한다. 그러나 이러한 무책임의 이유가 무엇이든지 간에 개인과 사회 간의 관계에 관한 세부적인 이론의 부재로 사회적 상호작용이 다른 넓은 의미보다 대인관계의 상호작용으로 개념화되었기 때문에 이러한 간극은 사회복지사에게 중요하다(Hamilton, 1951: 22; Towle in Perman, 1969: 250).

이 점은 사회복지사가 문제에 대한 초점과 원조를 함에 있어 좁은 시각을 갖는다는 것을 의미한다. 사회복지사는 대인관계의 상호작용에 초점을 두면서 직장 내 개인의 의사소통 유형이나 가족규범이 가족성원의 자기정체성을 결정하는 방법에 관심을 갖는다. 사회구조에 대한 분석과 사회구조가 개인에게 어떻게 영향을 미치는가를 활용하는 대신에 사회복지사는 직업과 가족이란 사회제도가 어떻게 타인에 대한(그들의 역할과 타인과 관련한 지위에 의존하여) 올바른 행동과 가치 기대를 갖게 하는지에 초점을 둔다. 물론 이러한 영역은 급진적 비판가가 의지하고 있는 사회이론가에 의해 많은 것이 제공될 수 있다. 예를 들어 개인 간의 사회적 관계는 일반적으로 결혼의 신성한 의무, 남성과 여성으로서의 역할 그리고 노동 윤리 등과 같이 '역사적이고 구조적인 측면의 역할 기대'와 관련이 있다(Webb & Evans, 1978: 22). 또한 관계의 다른 측면은 사회적, 경제적 정책이 개인이 결혼생활의 기회를 갖는 데 영향을 미친다는 것이다.

사회적 개념을 개인 간의 상호작용으로 한정하게 되면 인간문제의 사회구조적 요인은 무시되고 '희생자 비난'이 될 가능성도 있다. 이러한 경우에 문제가 되고 비난을 받아야 되는 사람보다 오히려 사회구조에서 소외된 다른 사람이 비난을 받게 된다.

이러한 측면에서 전통사회복지실천에서 언급하는 인접환경의 개념은 전혀 급진적이지 않다. 사회복지실천에서의 인접환경은 급진이론가가 개인의 문제를 일으키고 유지한다고 주장하는 사회구조와 다를 수 있으며, 사회변화를 억제하는 기능을 할 수도 있다. 그러나 사회적 인접환경 개념 안에 적어도 급진주의를 수용할 수 있는 근거가 없는 것은 아니다. 왜냐하면 인접환경은 개인의 문제를 개인에게 외재하는 요인으로 설명하고자 했기 때문이다. 급진주의자는 사회복지실천의 사회환경에 대한 개념을 '가족'이나 '타인'보다 넓은 개념으로 확장할 것을 주장한다. 급진사회복지실천에서는 개인문제에 접근할 때 계급과 권력이해 그리고 이데올로기적 신념과 같은 사회경제적 요인을 강조해야 한다. 물론 여기에는 두 가지 도전이 포함된다. '초점을 확대하기'와 '확대된 초점을 사회복지실천에 활용할 수 있는 능력을 획득하기'다. 지금부터 우리는 사회복지실천의 몇몇 측면에 대해 살펴보기로 한다.

1) 사회력

사회복지실천에서 오랫동안 중시되어 온 진단 전략 중 하나는 클라이언트의 사회력을 조사하는 것이다. 사회력에는 가족, 친구, 동료, 직업, 사회적 지위, 친목 모임, 문화적 배경 기타 등과 같은 정보가 포함된다(Milford Conference, 1974: 20-21). 사회적 정보를 모으는 것은 문제를 야기하는 사회적 원인을 찾는 첫 단계라고 생각했다.

불행하게도 이러한 사회력은 사회적 요인과 개인에게 나타나는 문제 간의 관계를 규명하기보다는 단지 개인의 사회적 측면을 범주화하거나 사례 범주의 유형화에만 관심을 두었다(Mailick, 1977: 404). 그 과정은 일차적으로 분석적이기보다 기술적이었다. 그러므로 사회경제적 원인이 개인의 문제를 유발시킨다는 급진적 원칙은 전통사회복지실천에서는 전혀 발달되지 않았다. 왜냐하면 전통사회복지실천에서 개인과 사회적 요인은 인과관계라기보다 기술하는 수준에 머물러 있기 때문이다. 그래서 사회복지실천에서 급진접근은 기술의 범위를 확대하여 개인과 사회에 관한 구체적인 분석을 제시해야만 한다. 예를 들어 개인이 경험하는 구체적 문제의 원인은 사회구조의 특정 측면에 기인할 수 있다는 것이다.

비급진적인 다수의 관점에서 개인과 사회 간의 관계에 대한 분석을 확대하고자 하는 시도가 있어 왔다. 이러한 시도는 사회복지실천의 모든 방법에 기초가 되는 체계 이론과 일반적(generic) 이론의 개발에서 주로 활용되었다. 광범위한 일반주의 접근이 갖는 문제는 특히 **사회복지실천**에서 구조적인 이론을 적용하고자 하는 요구를 무시하려 한다는 것이다. 일반주의적 접근은 개인의 문제에 초점을 덜 두는 방법을 개발하는 데 더 많은 노력을 하여, 의도적이지 않지만 사회복지실천의 역할을 평가 절하하고 있다. 사회복지실천에서 일반주의 접근은 다양한 측면에서 볼 때 진정한 심리사회적 개입으로 평가되기보다 대인관계 원조 수준으로 축소되었다(Fook, 1989a). 만약 우리가 사회복지실천에서 진정한 급진접근을 발달시키려 한다면, 초기 사회복지실천이 간과한 것을 적시하고, 사회경제적 구조와 개별 경험 간의 관계를 이론적으로 연결시키는 방법을 적용하고 발달시킬 필요가 있다.

2) 환경에 대한 수정

전통접근은 사회복지실천의 주요 목표를 클라이언트와 그들 환경 간의 조정으로 본다(Biestek, 1957: 19). 이러한 측면에서 조정을 단순히 사회에 대한 개인의 순응으로 본다면, 이는 명백한 비급진적 입장이다(Rein, 1970: 19-21). 그러나 대다수 전통사회복지실천 문헌은 조정을 두 가지 측면으로 보고 있다. 즉, 인간은 환경에 맞춰 조정할 필요가 있지만 환경도 인간의 욕구에 적합하게 수정되어야 할 필요가 있다는 것이다. 이것은 개인에게 초점을 둔 기법(심리적 원조, 통찰, 명확화 등)이 옹호되고 있음에도 불구하고 환경적 기법('환경에 대한 수정', '자원동원' 등)도 제시되고 있다는 사실로 나타나고 있다(Bowers, 1949: 417). 홀리스(Hollis, 1950)는 양쪽 범주의 개입에 대해 논의하였다. 그 이후 사회복지실천의 전통접근은 환경에 대한 개입의 필요성을 인식했고, 개인의 문제를 일부 환경의 책임으로 넌지시 돌리게 되었다. 그러나 급진적 비판주의 입장에서 보면 전통적 접근에는 수많은 한계가 있다.

첫째, '환경에 대한 수정'은 개인의 변화를 목표로 하는 개입만큼 많은 관심을 받지 못하였다(Perlman, 1971a). 1969년에 직접실천에서 환경에 대한 수정이 언급되었지만, 이는 점차 부차적인 것이 되었다. 사회복지사는 대인관계 기능수행의 역동에 점점 숙련되어 갔다(The Ad Hoc Committee on Advocacy, 1969: 20). 이러한 경향은 다수의 전통사회복지실천 교과서에 제시되고 있는데, 심리적 방법과 기법이 사회와 환경을 변화시키는 방법보다 중시되었다는 것이다. 대부분의 교과서에서 사회치료보다 심리적 방법과 기법을 많이 다루었고, 좀 더 명백하게 규정하고 세분화하였다(Hollis, 1964; Nursten, 1974; Hepworth & Larsen, 1982; Gambrill, 1983; Zastrow, 1985).

또한 사회복지실천 이론가 자신도 이러한 불균형에 대해 보고하였다(Briar & Miller, 1971: 4). 홀리스는 사회복지실천에서 환경적 요인이 덜 강조되고 있다는 것에 동의하였지만, 이러한 경향은 1940년대부터 1950년대까지 제한되어 있다는 점에서 낙관적인 입장을 취하였다. 이는 사실일 수 있다. 그러나 이 시기를 포함하여 이전의 사회복지실천 문헌은 미미하지만 심리치료와 사회복지실천을 동일하게 보려 하였고 이러한 시각은 그 시기에 상당한 논란을 야기하게 되었다(Kasius, 1950). 그리고 최근에도 이러한 견해는 여전히 남아 있다. 예를 들어 브라이어와 밀러(Briar & Miller, 1971: 4)는 "사회복지실천과 심리치료의 구분은 단지 전문성에 있다."라고 이야기하였고, 리드와 엡스테인(Reid & Epstein, 1972)은 양자가 대인관계 원조체계하에서 같이 범주화될 수 있다는 견해를 피력하였다.

일부 경험적 결과도 이러한 점을 증명해 주고 있는데, 피셔(Fisher)의 사회복지실천의 효과성에 관한 연구(1976)가 한 예다. 또한 최근 영국의 조사에서도 다양한 활동이 사회복지실천으로 제시되고 있지만(Stevenson & Parsloe, 1978), 대인관계 특히 정신역동 모델을 사용하는 원조는 다른 실제적 활동보다 가치 있게 간주되거나(Rees, 1878: 54-55), 전문성의 정도의 측면에서 다른 활동과 매우 차이가 있다고 인식되었다(Stevenson & Parsole, 1978: 105).

심리치료적 사회복지실천 활동이 높이 평가되는 것은(Irvine, 1966: 38-46) 전통사회복지실천 이론가가 그러한 방법을 강조한 결과다. 전통적 문헌에서 사회복지실천의 심리와 사회라는 이중적 특징을 이론과 실천에서 계속 강조하였지만, 실천현장에서는 심리치료 접근을 선호하였다. 여기서 심리치료 기법이 반드시 비사회적이라는 것은 아니다. 나중에 살펴보겠지만, 최근 많은 작업이 페미니스트에 의해 수행되면서 사회적 설명과 심리치료 기법이 연합되고 있다. 그러나 사회복지사가 전통적으로 수행하고 있는 대부분의 심리치료는 성격과 행동의 구조적 설명이나 비사회적인 설명에 의존하려는 경향이 있다.

사회복지실천의 전통개념의 이중적 특징에 대한 더 심각한 문제는 사회복지사의 일차적 초점이 인간과 환경 간의 상호작용 혹은 관계에 있는 것이라고 가정되지만 실제적인 초점은 양쪽이 분리되어 있다는 것이다. 그 결과 중요한 문제의 증상을 피상적으로만 완화시키는 분리된 전략을 자주 채택하게 된다. 이를 예증해 보면 개인과 사회를 분리하여 다루는 사회복지사는 실직자의 우울은 상담으로, 실직은 고용기관에 의뢰하는 것으로 다루게 된다. 그러나 만약 사회복지사가 개인과 사회요인 간 관계에 관심을 갖는다면, 실직이 어떻게 우울감을 가져왔고 반대로 이러한 감정이 클라이언트가 적합한 일을 찾고 얻는 데 어떻게 어려움이 되는지를 클라이언트와 논의할 것이다.

개인과 사회의 관계와 양 요소를 분리하여 접근하는 것 간의 차이를 이끌어 내는 것은 중요하다. 개인과 사회를 분리하게 되면 심리기법이 환경적 개입보다 우월성을 얻게 되는 이유를 쉽게 알 수 있기 때문이다. 학교와 실천현장에서 심리치료의 분명하고 구체적인 발달, 상담과 대인관계 기술은 쉽게 가르치거나 배우게 할 수 있다. 그리고 이를 둘러싼 과도한 연구, 이론, 매뉴얼, 실험 등은 과학적이고 학문적으로 보이게 한다. 이러한 측면에서 두 가지 항목이 제시될 수 있다. 첫째, 사회복지실천의 사회/환경의 변화 전략에 대해 더 많은 관심이 필요하다. 둘째, 사회복지실천에서 인간과 사회의 상호작용 영역의 중요성을 다시금 강조해야 한다. 첫 번째 항목은 이 책 후반부에서 다룰 예정이다. 지금부터 두 번째 항목을 살펴보도록 하자.

상호작용

사회복지실천의 전통적 관점은 개인의 '사회적 기능수행'에 적절하게 초점을 두는 것이다. 적절한 초점이란 사회적 기능수행에 영향을 미치는 사회 환경이나 심리 구성의 측면을 의미한다. 그러나 콜먼(Coleman, 1951: 386)은 사회복지실천의 주요 목적이 '클라이언트의 상황적 문제를 돕는 것'이라고 보았고, 클라이언트의 성격, 태도, 신경증적 적응을 수정하는 것이라고는 보지 않았지만 이러한 것이 부가적으로 수반될 수 있다고 보았다.

이는 사회복지실천의 목적은 개인과 환경의 관계에 영향을 주는 한도 내에서 개인의 사회적 환경을 변화시키는 데 있다는 논의로 확대될 수 있다. 이러한 견해를 바탕으로 최근의 많은 사회복지실천 저자는 사회복지실천의 주 영역이 개인과 환경이 직접적으로 활발하게 관계하는 지점에 개입하는 것이라고 주장하였다(Rosenfeld, 1983; Martinez-Brawley, 1986). 우리가 인

식할 수 있는 것처럼 여기에는 옹호와 같은 행동이 포함될 수 있지만, 사회
복지사의 주요 목적이 되는 큰 규모의 환경 변화는 배제될 수도 있다. 일반
주의 사회복지실천에서 사회복지사가 큰 규모의 환경 변화를 시도해서는
안 된다는 것은 아니다. 더불어 사회복지사의 실천이 다른 사회복지실천
행동과 따로 분리된다는 것도 아니다. 그러나 사회복지사로 확실히 실천하
려면 개입의 초점은 인간의 사회적 상황과 관련이 있는 직접적이고 즉각적
인 활동이 되어야 한다. 따라서 '사회적인 것' 은 개인이 표명하는 대로(예
를 들면, 인간의 사회적 기대와 신념, 개인이 받아들인 규범, 경험한 사회적 압력,
개인의 가치와 행동에 영향을 미치는 사회 이데올로기) 변화될 수 있다.

　개인의 사회 환경에 초점을 두는 변화는 다음과 관련될 것이다. 개인의
삶에서 개인의 기대와 다른 사람에 대한 권리를 재해석하는 것, 규칙을 자
의적으로 적용하는 것, 자원과의 연결, 물질적 원조, 특정한 상황에 맞는
그 밖의 것을 수반한다. 이러한 방법에서 개인에 대한 원조를 주요하게 생
각하고 있지만 사회복지실천의 상호작용적 본질도 중시한다. 더불어 광범
위한 사회복지실천 접근에서 명백한 사회복지실천의 역할(단순히 대인관계
원조 이상을 의미)이 존재하게 된다.

　급진주의자에게 있어 이러한 '사회적인 것' 의 해석에는 이미 부분적으
로 급진적인 요소가 포함되어 있다. 그러나 이는 사회복지실천 문헌에서
제시된 이론적 개념에서 더 명백하고, 심리치료 개입에서는 급진적 부분
이 덜 강조되고 있다. 인간과 사회를 분리하여 보기보다 양쪽을 보는 관점
으로 이 둘 간의 상호작용에 관심을 갖도록 변화되어야만 한다. 급진사회
복지실천에 관한 일관적인 모델이 부상할 수 있도록 개인과 사회구조 간
에 더욱 분명하고 구체적인 관계를 만들어야 한다.

3) 개별화: '희생자 비난'인가?

이미 우리가 이해하고 있는 것처럼, 사회복지실천의 심리·사회적 특성에 대한 언급에도 불구하고 원조의 초점은 더욱 개인의 개별적인 상황에 집중되고 있다. 이러한 개별화된 초점 혹은 '개별화'로 명명되는 것은 '희생자 비난'과 동일한 것인가?

제1장에서 알아보았듯이 '희생자 비난'은 문제를 가진 일탈집단의 특성에 의거하여 사회 문제를 설명하는 과정이다(Ryan, 1971: 8). 예를 들어 빈곤의 존재는 교육과 동기의 부족, 낮은 욕구불만 수준 혹은 빈민에게 종종 나타나는 빈곤의 문화 등으로 설명될 수 있다. 결국 이것이 의미하는 것은 빈곤이 이러한 특성의 결과이기 때문에 빈민을 교육하고, 그들에게 동기를 향상시키도록 상담하고, 그들을 주체화하는 행동수정으로 욕구불만의 수준이 향상되도록 노력해야 한다는 것을 의미한다. 이러한 방법으로 교육과 실업기회를 배척한 사회와 경제 구조에 대한 관심이 다른 데로 전환된다. 빈곤의 '희생자'는 그 존재 자체로 비난받는 것이다.

그 과정을 좀 더 자세히 살펴보면, 다른 원인보다 일탈집단의 특징과 그들의 문제 간의 인과 관계만이 중시된다는 것이 분명해진다. 게다가 인과적 연결은 오직 일방향적이다. 개인적 특징은 사회문제의 원인이 되지만 그 반대는 아니다. 문제를 제거하기 위한 행동은 개인(혹은 일탈집단)을 변화시키는 것이지 환경 혹은 구조를 변화시키는 것이 아니다.

사회복지실천의 전통적 개념에서 보면, 문제의 원인에 대해 이러한 직접적인 일방향적 원인을 가정해서는 안 된다. 역사적으로 사회복지사는 사회개혁에 관심이 있었고(Briar & Miller, 1971: 4), 오랜 기간 동안 사회복지실천은 심리·사회적 성격에 관심을 가져왔기 때문에 다양한 학문을 차용하여 문제를 설명하고자 하였다. 그러나 전통적으로 우리가 행하는 사회복지실천은 개인(혹은 인접한 사회환경의 측면)에 대한 개입에 초점을 두고 있다.

이러한 '초점을 두는 것'은 '희생자 비난'에 대한 은폐가 아니다. 특정 상황으로 인한 희생자의 고통을 완화시키는 것은 문제를 만든 희생자를 비난하는 것과 같지 않다. 이는 자동차 사고의 희생자를 돕는 것도 가능하고 자동차사고를 유발한 다른 운전자, 도로 상황, 날씨, 주정부, 신(God) 등을 비난하는 것도 전적으로 가능하다는 것이다. 덧붙여 여기에는 분명히 박애주의적 이유가 아니면서 희생자의 원조에 전념할 수 있는 훌륭한 이유가 있을 수 있다. 이러한 것은 즉각적이고 유용한 자원이 될 수 있다. 그리고 나중에 다른 운전자를 법정에 보내거나 도로 상황에 항의하거나 정부에 반대하여 투표를 하거나 날씨와 신의 불공정함에 대해 신에게 기도하는 기회를 갖도록 희생자를 도울 수 있다.

또한 개별화에는 왜 급진사회복지실천이 개인 희생자의 고통을 경감시키는 데 필요하고 도움이 되는지를 알려 주는 다른 치료적 요인이 존재한다. 희생자는 일단 시급한 고통이 없어지거나 줄어들어야만 자신의 문제 상황에 대해 더 넓은 시각을 갖고 관심을 가질 수 있다. 그들은 고통이 감소된 상황에서만 변화를 지각할 것이다. 따라서 그들이 문제를 지각하는 방식을 변화시키기 위해서는 희생자의 고통을 치료할 필요가 있을 것이다. 다른 말로 하면, 희생자가 스스로를 비난하는 것을 막기 위해 개입을 개별화할 필요가 있다.

만약 문제에 대한 비난을 개인 한 사람만 받게 된다면 사회복지실천은 '희생자 비난'으로 비난받을 수 있다. 예를 들어 사회복지사가 빈민에게 재정 상담만을 제공하고 대안적 수입원을 찾는 것과 같은 다른 서비스를 제공하지 않아 빈곤에서 벗어나지 못했다면, 결과적으로 문제를 분석하고 개입을 선택하는 양 과정에서 사회복지사가 행한 분석으로 빈곤에 대한 책임은 클라이언트에게 간다. 그러나 사회복지사가 물질적 원조, 격려, 대안적 기회를 제공하면서 빈곤에 대한 정서적 증상(불안과 우울과 같은)을 완화시키고, 사회적 어려움이 개인의 빈곤을 야기했다고 인식하게 한다면, 이러한 사회복지사는 잠재적으로 급진접근을 취한 것이다. 문제의 원인은 개인을 둘러싼 사회환경에 있으므로 희생자는 특정한 사회 상황을 관리하도록 도움을 받는 존재가 된다.

'희생자 비난'으로 혼돈될 수 있는 개별화의 다른 측면은 사회복지실천의 윤리―개별인간이 가치 있고 존엄하다는 신념과 전통사회복지실천의 기본이 되는 인간존중의 가치―에서 채택된 개별화의 개념이다(Biestek, 1957; Plant, 1970: 8-12). '희생자 비난'은 본질적으로 문제의 원인을 개인에게 부여하는 것이지만 개별화는 인간을 가치 있게 대해야 한다는 전문직의 윤리다. 후자는 규범적(prescriptive) 신념이고 전자는 기술적(descriptive) 신념이다. 이 둘은 다른 신념이어서 직접 비교할 수는 없다.

그러나 개별화란 윤리적 실천이 여전히 '희생자 비난'이라는 이데올로기를 이끄는 것이 아닌지에 대한 의문을 제기할 수 있다. 개별적인 관심의 대상으로 클라이언트를 인식하는 것이 결국 그들을 비난하게 된다는 것인가? 그러나 이는 필요한 연결로 보이지 않는다. 현실적으로 사회복지사는 개인이 동일한 사회적 경험을 해도 다르게 이해한다는 결론을 내리게 될 것이다. 이러한 결론은 사회복지사의 도덕이나 윤리에 기초한 것이 아니라 사회복지사가 활용하는 이론에 의한 것이다. 다른 말로 하면, 문제 원인에 대한 사회복지실천의 가정에 의해 이러한 결론이 나온 것이지 희생자를 비난하는 데 결정적인 요인이 되는 인간권리라는 신념에서 이러한 결론이 나온 것은 아니다.

그럼에도 불구하고 사회복지사와 관련된 개별화의 측면은 문제의 '해결책'을 개인이 갖는 독특한 특성에 맞춘다는 것이다. 브라운(Brown, 1966:

11)은 "사회복지실천의 기술은 다양한 사회환경에 처한 상이한 욕구를 가진 사람을 이해하고 그에 맞는 적절한 원조를 다양하게 제공하는 것을 의미한다."라고 지적한다. 이러한 측면에서 개별화는 동일한 서비스가 항상 동일한 사례에 적절하지 않다는 것을 인식하는 것이다. 사회복지실천은 개인의 문제 상황과 제공되는 서비스가 서로 적합하게 해 주는 중재적인 기능을 한다. 더욱이 이러한 사회복지실천은 개인의 욕구에 맞추어 서비스가 제공되고 개인이 '체계에 의해 억압되지' 않도록 원조한다는 점에서 잠재적으로 급진입장을 취하는 것이다.

사회복지실천은 비록 미약하긴 하지만 문제의 원인을 광범위한 시각에서 보고자 한다. 사회복지사는 이러한 급진적 잠재력을 더욱 심화시키면서 희생자를 비난하는 것을 피하기 위해 문제의 원인을 광범위한 요인에서 찾으려는 노력을 해야 할 필요가 있다. 또한 개인 문제와 사회적 원인 간의 관계를 잘 연계시킬 수 있는 실천을 위한 이론이 필요하다. 이러한 측면에서 사회복지사는 전적으로 급진적이 되기 위해 환경을 '비난'하는 요소를 사용해야 한다. 개인을 존중하면서 특정 상황에 맞게 사회복지실천이 제공되도록 해 주는 급진주의 사상은 계속적으로 유지되어야만 한다.

2. 사회복지실천과 사회통제

예상하고 있는 바와 같이, 사회복지실천 문헌에는 전문직과 그들의 통제 기능에 대한 사회학적인 분석이 빈약하다. 제1장에서 논의한 대로 1960년대까지 어느 전문직에서도 이러한 통제 기능에 대한 문제가 제기되지 않았다. 그럼에도 불구하고 사회복지실천에서는 이보다 10년 전에 '사회통제'란 세련되지 않은 개념이 제시되었다. 이 개념은 주로 사회와 사회질서에 대한 사회복지실천의 책임을 인식한 것이다. 사회복지실천의 기능주의 접근의 주창자는 서비스의 관료주의적 맥락에 대한 놀랄 만한 인식을 보였고(Hamilton, 1950: 7-23), 후기 저자는 사회복지실천의 권위주의적 기능에 대한 문제를 제기하였다(Foren & Bailey, 1968). 이러한 기능에 대한 잠재적 갈등은—사회복지실천이 개인에 대한 책임과 사회에 대한 책임 그리고 다수에 반하는 한 개인의 이익 간에 발생하는 갈등—끊임없이 지적되고 있다(Perlman, 1971b: 36).

그러나 이러한 사회적 통제 개념은 급진주의 분석의 시작을 어둡게 할 뿐이다. 사실 초기 비판가는 사회복지실천 전문직의 통제적 기능과 개인의 복지에 대한 책임 간의 잠재적 갈등을 인식하였지만, 이러한 딜레마는 사회복지실천 전문직이 전체 사회의 복지를 위해 일함으로써 해결될 수 있다고 생각하였다(Bruno, 1957: 289). 비록 완전한 사회통제 분석은 사회복지실천의 전통적 개념으로 개발되지 못했지만, 최소한 그러한 분석방법에 의해 야기되는 갈등의 씨앗은 되었다고 말하는 것이 옳다. 진정한 급진사회복지실천에서는 사회복지전문직의 통제 기능을 완전하게 분석하여 사회복지사가 갖는 이념적 기초로 포함시키고, 통제 기능을 인식하고 줄이기 위한 특정 전략을 개발해야 한다.

3. 기존의 사회적 장치에 대한 비판

급진사회복지실천이 현상유지에 의문을 제기하려면^{역주} 적절한 사회적

역주 | 급진주의의 비판적 특성 중 하나는 대부분의 사회복지사가 하지 않는 방식으로 전문직의 내·외부에서 현상유지에 도전하는 것임

기능수행이라는 전통사회복지사의 관심에서 논리적인 확대를 하는 것이어야 한다. 만약 사회복지사가 진정으로 개인의 사회복지에 대해 관심을 갖는다면, 개인의 복지를 도모하는 데 있어 기존의 사회적 장치가 적절한지에 대한 의문을 제기해야만 한다.

그러나 다른 급진 전제와 마찬가지로, 이론적으로만 현상유지에 대해 잠재적인 의문을 제기하고 실천에서는 그렇지 않다면 문제가 된다. 사회복지실천의 활동은 일차적으로 개인의 조정에 참여하는 것으로 광범위한 사회적 환경보다는 개인의 적응에 대한 의문을 제기하는 것이 필수적이다.

불행하게도 사회복지실천 문헌은 이러한 의문에 대해 거의 답하지 않고 있다. 기존의 상황에 대한 비판이 적합한 것인지 아닌지는 확신할 수 없다. 비스텍(Biestek)은 "사회복지사는 … 반드시 사회적, 법적, 도덕적 선과 협력해야 한다."(1957: 94)라고 주장한다. 해밀턴(1950: 7-23)과 타울(Towle, 1954: 364)은 사회복지실천이 본질적으로 가지고 있는 민주주의적 특성을 강조하며 오직 민주적인 사회에서만 의미 있게 실천될 수 있다고 본다.

여기서 '민주적인 선(democratic good)'이 구성하는 것이 무엇인지는 자세히 설명되지 않는다. 필자는 민주적인 선이란 것이 현재의 사회체계 내에 존재한다고 인정하기도 하고 그렇지 않기도 한다. 그러나 플랜트(1971: 51-70)는 이런 것이 아직 세련되지 않은 개념이긴 하지만 사회복지실천 이론의 본연의 도덕적 측면을 강조하는 것이고, 현 사회질서를 비판하는 데 기초가 되는 도덕적 측면임을 강조한다.

사회복지사의 목적은 사회적 환경에 대한 조정을 통해 인성을 개발하려는 것으로, 이를 위해서 사회복지사는 반드시 전문직의 기본적 목적을 이행하기 위한 비판적 사회이론을 형성하도록 노력해야 한다(Plant, 1971: 69-70).

그 다음으로 중요하게 요구되는 것은 사회에 대한 비판적 이론이다. 이는 사회복지실천 문헌에서 아직 발달되고 않았고 급진사회복지실천의 이론에서 여전히 필요한 부분 중 하나다.

사회에 대한 비판이론에서는 현 제도하에서 사회복지실천전문직이 갖는 권력의 한계를 실제적으로 사정하는 것이 특히 중요하다. 급진사회복시사는 기존의 구조 내에서 가능한 행동이 무엇인지 알아야 하고, 현재 기존 구조를 변화시킬 수 있는 행동이 무엇인지도 알아야 한다. 예를 들어 급진사회복지사는 고용과 관료적, 정치적, 경제적 한계는 물론 심지어 개인적 한계가 자신을 어느 정도 구속하는지도 알고 있어야 한다. 또한 급진사회복지사는 주어진 상황에서 전문적이고 개인적인 재량권이 무엇인가를 알아야 할 것이다.

4. 개인을 보호하기

사회복지실천은 억압과 착취에서 개인을 보호하려는 사상과 일치하는 전문가의 가치를 갖고 있다. 특히 자기 결정권이라는 전통적 윤리는 개인의 자율성에 대한 신념을 반영하는 것이다. 이는 클라이언트는 자기 주도적인 권리를 갖는데, 사회복지사는 이를 촉진하고 존중해야 한다는 것이다. 그러나 이에 대한 물질적, 사회적 한계가 있음이 인정되면서 일부 학자는 그러한 권리는 오직 현재의 현실과 사회적 한계 안에서 보호받을 수 있다고 생각하였다(Biestek, 1957: Williams, 1982:27). 이는 제도에 반하여 개인을 보호하는 경우는 거의 없다는 것을 시사한다. 제도 내에서 그들은 제한적으로 보호하는 경우가 더 많다. 따라서 플랜트(1971: 37)는 사회복지실천이 적극적 자유(positive freedom)라는 위약한 이론에 의지한다고 말한다.

그 이론은 클라이언트가 합리적인 자기주도와 자기실현을 위한 개인의 역량을 갖추었다고 믿는 것이다. 그럼에도 불구하고 웹(Webb, 1981: 151)은 이러한 노력이 자신의 환경을 변화시키려는 인간의 잠재력을 최소화하는 보수적인 결정론적 모델과는 상당히 다른 것이라고 지적하고 있다.

케이스 루카스(Keith-Lucas, 1953: 1076-1091)는 이러한 결정론적 경향이 정신분석이론에 지나치게 의존하고 있는 사회복지실천의 접근과 더욱 강력하게 연합하고 있다고 주장한다. 이것이 바로 '진단주의' 학파다. 반대로 기능주의 접근에서는 좀 더 큰 범주에서 인간의 자유의지 실행을 허락하는 입장으로 더욱 민주적이다. 만약 기능주의 학파의 입장을 따랐다면 인본주의 심리학과 관련된 실존주의 치료자(Cornwell의 내담자 중심치료, 1976)의 유입이 억압적인 환경에서 클라이언트를 보호하고 그 환경을 변화시키려는 사회복지사의 급진적 가능성을 증진시켰을 것이다.

5. 사회적 변화와 개인 해방^{역주}

사회복지사는 오랫동안 사회를 개혁하고자 하는 목표를 가져왔다(Plant, 1971: 51-70; Mailick, 1977: 403). 그러나 공통적으로 주장된 것처럼(Pritchard & Taylor, 1978), 사회개혁이 언제나 사회변화와 동일한 것은 아니다. 제안되

역주 │ 사회복지실천에서 급진적 사고가 미친 영향은 이들에게서 영감을 얻어 해방적이고 인간중심적인 전문직 분위기가 조성되었다는 것이다. 그러나 급진적 노력이 모두 단명하였고, 이제는 힘이 약해지거나 주류 혹은 보수적 관점에 통합되었다는 사실에는 모두 동의한다. 이러한 현상을 낙관적으로 조망하는 측에서는 적어도 급진적 관점이 1980년대 이후 전통적 사회사업을 개혁하는 동력이 되었으며, 사회복지실천이 보수화되는 성향을 막는 역할을 했다고 지적하고 있다(The road not taken, Reish & Andrews, 2001).

는 변화의 정도는 중요한 요소가 된다. 여기에는 기본적으로 두 종류의 학파가 존재한다. 그들은 기존의 자본주의 구조 내에서만 일어날 수 있는 변화를 주장하는 사람(자유주의 급진주의자로 부름)과 '현재 존재하지 않는 구조를 창조함으로써 혁명적 변화'를 하려는 사람(Pritchard & Taylor, 1978)인 마르크스주의 급진주의자다. 양쪽이 동일한 목적을 갖고 있지만(기존 체계의 변형) 원하는 변화를 불러일으키기 위해 필요한 기본적인 '근본' 전략은 다르다. 자유주의자는 근본적 개혁(drastic reform)을 옹호하고 마르크스주의자는 근본적 혁명(drastic revolution)을 옹호한다. 프리처드와 테일러(Pritchard & Taylor, 1978)의 저서에서 두 진영에 대한 논의를 충분히 소개함으로써 차이점을 잘 제시하였다. 양측의 관점은 서로를 비판하는 것이다. 마르크스주의자는 자유주의적 접근이 부적절하고, 활동이 너무 단편적이어서 대부분 비효과적이며, 너무 개방적이라 결국 보수주의 관점에 합병된다고 주장한다(Simpkin, 1979: 138-139). 자유주의 옹호자는 마르크스주의가 너무 급진적인 도전을 제공하여 현재의 사회복지실천 활동에서는 비현실적이고(Rolston & Smyth, 1982), 마르크스주의라는 것이 특정한 역사적 기원에서부터 발달한 것이라고 간주한다(Webb, 1981: 147).

'개혁이냐, 혁명이냐'라는 논쟁이 완전히 해결될 수는 없는 것이지만, 급진사회복지실천 모델은 사실 자유주의 급진 진영에 맞추는 것이 옳다고 말할 수 있다. 왜냐하면 급진사회복지실천은 사회복지실천의 전통적인 실천모델을 변화하도록 고안되었기 때문이다. 급진사회복지실천에 대한 이러한 유형의 접근은 현 실천유형에 대해 직접적인 영향력을 미침으로써 급진적 비판의 기여를 극대화하는 잠재력을 갖는다고 믿는다.

전통사회복지실천에서 개인 해방의 목표가 전적으로 간과되는 것은 아니다. 앞서 '개인을 보호하기'에서 논의한 바대로 자기 결정권이라는 윤리 속에 개인해방의 가능성이 존재한다. 이러한 것은 특히 1970년대 인본주의, 실존주의, 내담자중심 모델과 같은 일부 심리치료에서 개인의 책임성을 강조하기 위해 활용되었다. 하지만 이는 개인의 권력을 강조하는 것과는 다르다. 그러나 최소한 아이디어만큼은 비슷하다고 할 수 있다. 그러나 사회복지실천이 더욱 급진적인 성격을 띠려면 이러한 측면을 더욱 개발해야 한다.

6. 급진사회복지실천을 향한 방향 제시

사회복지실천 이론의 주요 전통을 조망해 보면, 기존의 전통개념 안에 있는 급진주의의 잠재력이 매우 설득력이 있어 보인다. 전통개념에는 사회복지실천을 잠재적으로 급진적이게 만드는 급진 목표와 본질적으로 일치하는 개념과 아이디어의 역사적인 근간이 존재한다. 그러나 이러한 잠재력은 실천 현장보다 이론에서 더 많이 찾을 수 있고, 일부 이론은 실천의 분명한 지침으로 사용하기에는 충분하지 않다. 〈표 2-1〉에서는 전통사회복지실천에서 잠재적으로 가지고 있던 급진적인 면을 구체화하기 위해 개발해야 할 영역과 이미 논의했던 단점을 정리하였다. 또한 이러한 작업은 전통사회복지실천에서 존재하는 더욱 보수적인 경향과 우리가 나아갈 방향에 대해 분명하게 변별할 수 있게 해 준다. 전통사회복지실천이 나아갈 방향을 크게 요약해 보면 다음과 같다.

① 통합적 실천 이론을 구축하기 위하여 개인과 그들의 사회경제적 구조를 연계시킨다. 만약 진정으로 급진사회복지실천을 발전시키려 한다면, 개인 문제에 대한 분석과 전략을 강구하는 데 있어서 개인과 사회 간의 상호작용에 관심을 두어야만 한다. 특히 이것은 개인의 문제와

사회구조 간의 인과적 연계를 밝히는 분석을 강조하고, 실천에서는 전통적인 사회적 인접환경에 대한 초점이 사회구조적 이해로 확대되어야만 한다는 것을 의미한다. 또한 사회복지실천의 목표 중 하나는 사회환경에 순응 혹은 조정하도록 조장하기보다 개인의 상황과 그 상황에 관련한 방식을 변화시키는 것을 더욱 강조하는 것이다.

② 사회복지실천은 사회적으로 클라이언트를 통제할 수 있는 방법을 자

〈표 2-1〉 사회복지실천에서 잠재적인 급진 요소를 확인하기

비급진	급진
사회적 요인에 관한 개념이 사회적 인접환경으로 제한된다.	사회적 요인의 개념이 사회구조로 확대된다.
사회적 요인이 배경으로만 강조되고 문제의 원인을 설명하는 데 사용되지 않는다.	사회적 요인이 강조되고 문제를 설명하는 데 활용된다.
사회적 요인은 분석에만 활용되지 실천에서는 활용되지 않는다.	사회적 요인이 분석과 실천에서 활용된다.
환경에 대한 개인의 순응과 조정을 강조한다.	개인과 환경 간의 변화를 강조한다.
심리적 그리고/혹은 사회적 요인에 관심을 두지 이들을 연결하지 않는다.	심리적 요인과 사회적 요인 간의 상호작용에 관심을 갖는다.
문제에 대한 유일한 원인으로 개인을 비난한다.	개인적인 원조형태에 초점을 두면서 개인을 존중하고 사회구조를 비난한다.
사회복지실천의 사회적 통제기능을 무비판적으로 순진하게 수용한다.	사회복지실천의 사회적 통제기능에 대한 상당한 수준의 비판적 분석을 한다.
현상유지에 대한 무비판적 수용한다.	사회에 대한 잘 다듬어진 비판 이론
제도 내에서 개인의 권리와 자율성을 보장한다.	제도와 무관하게 개인의 자율성과 권리를 보장
사회적 변화를 금지한다.	사회적 변화에 기여한다.
사회복지실천은 유일한 혹은 고립된 형태로 실천된다.	사회복지실천의 광범위한 형태의 부분으로 실천된다.

의 변화를 수용하고 구조의 변화에 필요한 자원을 지지하는 동시에 비난의 방향을 개인에게서 사회적 구조로 돌리는 것이 가능하다. 자기결정권과 개인의 자율성이라는 오래된 윤리는 억압적이고 통제적인 사회에서 개인의 권리를 보호하려는 노력과 쉽게 조화를 이룬다.

③ 사회복지실천이 광범위한 사회복지 실천방법과 함께 실천되도록 한다. 사회복지실천이 더욱 급진적이기 위해서는 사회변화를 위해 가능한 한 많은 노력이 이루어져야 하고 지역사회나 정치적인 활동과 연계되어야 한다. 사회복지실천은 일반주의 사회복지실천의 하나의 수준(개인적인)으로 간주되어야 한다. 개인 수준의 실천에서 얻어진 정보와 이해는 사회적인 많은 어려움에 대한 가치 있고 독특한 통찰을 제공할 수 있고 이러한 상황을 변화시키기 위한 노력에 직접적으로 기여할 수 있다.

제2부

급진사회복지실천: 실천 이론

Radical Casework: A Theory of Practice

지금까지 우리가 살펴본 것은, 사회복지실천 대한 급진적 접근이 이론상 가능하지만 진정으로 급진적인 성격을 갖추기 위해서는 이론과 실천 양자 모두에 있어 반드시 개인의 문제를 사회구조와 적절히 연계시켜야 한다는 점이었다. 하지만 우리는 아직 실천현장에서 이러한 접근을 가능하게 할 수 있는 모델을 고찰하지 못했다. 지금까지 급진사회복지실천에 관한 문헌은 주로 두 가지 방향에 초점을 집중해 왔다. 하나는 비판적 분석을 아주 자세히 다루는 것이며, 다른 하나는 상황에 대한 이론적 분석내용을 연계시키지 못한 채 행해지는 일련의 실천활동을 단편적으로 기술하는 것이었다. 이러한 두 가지 접근방식은 한계를 갖는다. 제1부에서 주장한 바와 같이 이론에 지나치게 집중하게 되면 기대하는 사회변화를 달성할 수 없다. 이와 더불어 전략에만 초점을 맞추게 되면 원하는 목표를 달성할 수 없다. 왜냐하면 이러한 전략은 비급진적 목표로 쉽게 전환될 수 있기 때문이다. 이제 우리가 필요로 하는 것은 하나의 기본적 틀이다. 이를 통해 실천가는 새로운 상황에 직면할 때 자신의 실천을 급진적 분석을 통해 성찰할 뿐만 아니라, 역으로 급진적 분석이 실천가의 실천을 통해 성찰될 수 있을 것이다. 따라서 이러한 틀은 이론도 실천도 아니며, 오히려 실천이론이라고 지칭해야 할 것이다. 즉, 급진적 분석과 구체적인 실천전략을 연결시키는 일련의 지침인 것이다. 여기에서 강조되는 것은 사회사업의 원조과정에서 나타나는 모든 측면을 급진적인 관점에서 설명하는 것이다.

사회복지실천의 종결 혹은 개입과정에서만 '실천'이 이루어진다고 가정하는 것은 오류다. 실제로 우리는 우리의 이론을 다양한 방법을 통해 끊임없이 실천한다. 즉, 사람들이 겪고 있는 문제의 원인을 가정할 때,

우리와 문제를 가진 사람이 결부되는 방식을 결정할 때, 원조의 목표방식을 결정할 때, 이러한 목표를 달성하기 위해 우리가 이용하는 전략을 선택할 때에도 이론은 이용된다. 따라서 제2부의 목적은 이러한 일련의 지도원칙을 구체적으로 기술하는 데 있다.

제2부는 이러한 실천이론의 각 요소를 구체적으로 고찰할 수 있도록 구성하였다. 제3장에서는 실천 틀에 관한 급진이론을 개괄적으로 고찰함으로써 각각의 요소가 어떻게 상호 연결되는가를 살펴본다. 제4장부터 7장까지는 급진실천모델에 관한 이론을 구체적으로 살펴봄과 동시에 다섯 가지 급진적 주제를 사례와 함께 차례로 고찰한다. 제8장에서는 6개의 사례를 중심으로 급진 이론에 근거한 실천 틀을 적용해 본다. 마지막으로 제9장은 결론을 내는 장으로서, 급진사회사업 실천과 관련하여 지금까지 제기되어 온 일반적인 쟁점과 의문점을 논의한다.

제3장

실천 이론

1. 실천 이론에 대한 재개념화

　전통과 급진을 막론하고 모든 사회복지사에게 이론과 실천을 통합하는 것은 중요한 사안이다. 그러나 때로 이 둘은 '이론 대 실천'과 같이 완전히 별개이거나 서로 반대되는 것으로 비춰지기도 하여(Smid & Van Krieken, 1984), 이 둘을 연결 짓기란 여전히 어려운 일이다(Lee, 1982; Barbour, 1984; Reay, 1986). 물론 급진사회복지사는 이상적으로 이론의 실천화(praxis)나 끊임없는 성찰행동을 추구할 것이다. 그러나 이론을 실천원리에 접목하려는 생각을 분명히 하기 위해서는 앞서 지적한 일반적인 시각, 즉 이론과 실천을 분리된 영역으로 양극화하는 생각을 재검증해 볼 필요가 있다. 따라서 〈표 3-1〉과 같이 사회복지실천의 이론화와 실천을 세 가지 수준으로 나누어 재개념화해 볼 것을 제안한다(Lee, 1982).

　첫 번째 수준은 사회복지실천의 기반이 되는 광범위한 비(非)응용 이론과 학문(사회과학, 행동과학 등)으로 구성되어 있다. 두 번째 수준은 이들 이

〈표 3-1〉　**사회복지의 이론과 실천**

	내 용	예 시
제1수준	광범위한 이론 및 인식 기반	사회학, 심리학, 인류학, 사회이론, 철학, 경제학 등
제2수준	실천 이론: 실천에 대한 일반적 이론 접근	사회복지실천 이론: 사회 요인, 사정, 목표, 방법 치료이론(위기개입, 내담자 중심 등) 사회복지실천 이론(문제해결, 생태이론 등) 지역사회복지 접근(지역사회개발 등)
제3수준	구체적 실천	보고서 작성, 기관의 절차 상담, 공감적 경청, 로비활동

론을 실천에 적용한 것(생태학적 접근과 같은 실천 이론 등)이다. 마지막으로 세 번째 수준은 실제 사용하는 실천 전략과 기술(보고서 작성, 상담, 대인 기술 등)로 이루어지는데, 앞서 살펴본 두 가지 수준에 의해 형성되지만 역으로 다시 이들을 수정하는 역할을 한다(Stevenson & Parsloe, 1978; Pemberton, 1981). 이 세 가지 수준은 모두 중요하며, 상황에 따라 동시에 나타날 수도 있다.

특히 두 번째 수준은 광범위한 비(非)응용 이론과 구체적 실천을 연결하는 부분으로서 이론과 실천에 대한 일반적 시각을 재검증하는 현 시점에서 주목해야 할 부분이다. 실천 이론은 광범위한 이론적 개념을 전환하여 구체적인 실천 전략과 기법을 개발할 수 있도록 하는 일반 지침으로 구성되어 있다. 사회복지실천 교과서나 실천모델(Spitzer & Welsh, 1979; Schodek, 1981; Johnson, 1989; Compton & Galway, 1989)에서 혹은 사회복지 실천활동을 고안하고 계획할 때(예를 들면, Roberts & Nee, 1970) 언급되는 대표적인 요소를 살펴보면 다음과 같다.

1 인간행동과 성격에 대한 개념, 그리고 개인과 사회의 관계에 대한 개념(첫 번째 수준에 속하는 광범위한 이론과 지식에서 수집됨).
2 개인이 처한 상황에서 문제의 원인을 사정하기 위한 틀(위의 1번에서 도출됨).
3 원조목표 형성(문제의 원인과 광범위 이론이 지향하는 최종의 목표를 고려함).
4 목표 달성에 필요한 전략 형성

다음에 제시되어 있는 〈표 3-2〉는 이 모델을 설명하기 위해서 전통사회복지실천과 급진사회복지실천에 적용한 것이다. 전통사회복지실천에 적용해 보면 개인 문제와 사회구조의 제한된 부분을 연관 짓고, 개인을 변화

시키는 데 목표를 두는 모델이 나타난다. 한편 이 모델을 급진사회복지실
천에 적용해 보면 앞서 1장과 2장에서 살펴본 것처럼 더 넓은 관심 범위가
사회복지실천 영역 안에 들어오게 된다.

2. 급진사회복지실천 이론의 정의

급진사회복지실천의 이론적 모델을 자세히 살펴보기 전에, 실제로 급진
실천이 무엇이며, 전통실천과 어떻게 다른지 분명히 이해하는 것이 중요
하다. 앞서 논의한 내용과 급진사회복지사가 나아가야 할 방향을 종합해
볼 때, 급진사회복지실천은 개인 문제의 구조적 원인에 관심을 갖는다고
볼 수 있다. 좀 더 구체적으로 말하면 문제를 유발한 개인적 영역과 사회
경제구조 간의 상호작용에 초점을 두어 개인을 원조하는 것이다. 이러한
구조적 분석에서는 개인을 통제하고 착취하는 구조에 대한 비판적 접근과
그러한 구조에서 개인을 보호하고 해방시키려는 활동이 결부된다.

따라서 급진사회복지사는 사회경제구조가 개인의 삶에 영향을 미치는
방식을 인식하고, 이를 실천에서 활용하는 것이 중요하다. 또한 개인이 일
상에서 통제력을 발휘하도록 돕기 위해서는 이러한 이해를 바탕으로 불공
평하고 착취적인 사회제도에 대항하는 자세를 가져야 한다. 더불어 그러
한 제도를 폭로하는 활동도 함께 병행해야 한다.

급진실천은 개인의 삶을 침해하는 사회경제구조, 즉 삶의 사회구조적 측
면에 초점을 맞추어야 한다. 결국 급진실천의 목표는 개인을 사회구조에
서 자유롭게 하는 데 있다. 이를 위해 사고와 행동에 영향을 미치는 사회적
역할기대, 규범, 압력, 이데올로기를 자각하도록 돕는 방법 등을 생각해 볼
수 있다. 사회상황의 일부를 변화시킨다는 것은 사회구조로 인해 발생하

〈표 3-2〉 전통사회복지실천의 급진적 확장

실천 이론	전통사회복지실천의 사회적 차원	급진사회복지실천의 확장
개념과 사회적 요인	'인접환경' 강조	사회경제구조 강조
사정	근접한 사회 환경에 대한 개인의 대처능력 결여로 문제 발생	사회경제 구조 안에서 발생하는 부적합성에 의해 문제 발생
목표	근접한 사회 환경에 적용하고 대처하도록 개인을 원조하는 것	사회경제구조의 영향에 대한 통제력을 증진시켜 사회적 상황을 변화시키는 것
방법	인접 환경에 대처하도록 돕는 전략	사회적 상황과 삶의 구조적 측면을 변화시키고 통제하도록 돕는 전략

는 특정한 측면을 변화시키는 것을 의미한다. 여기에는 타인의 제한적인 기대나 행동을 변화시키는 것, 규칙을 자의적으로 적용하는 것, 자원을 제공하는 것 등이 해당된다.

〈표 3-2〉는 이러한 접근을 실천으로 옮길 수 있는 일반적 실천 이론을 설명한 것이다. 급진접근에서는 사회경제구조가 개인의 상황에 미치는 역할을 중시하며, 문제 역시 원천적으로는 그러한 사회경제구조 내에서 발생하는 부적합성으로 인해 나타나는 것으로 간주한다. 따라서 이때 개입목표는 일상에서 나타나는 구조의 영향에 대한 통제력을 구축하여 개인이 처한 상황을 변화시키는 것이 된다.

이러한 통제를 발달시키기 위한 전략이 고안되었지만 좀 더 구체적인 내용은 이 장의 후반에서 다시 다루기로 한다. 여기에서는 먼저 급진실천모델과 전통실천모델이 어떠한 연관성을 갖는지 검증해 보는 것이 더 유용할 것이다.

3. 급진사회복지실천과 전통사회복지실천의 관계

급진실천과 전통실천의 명확한 차이는 사회환경(social environment)에 대한 개념을 정의하는 방식에서 나타난다. 전통접근에서는 사회환경이 주로 '인접환경(social milieu)' 혹은 가족, 친구관계, 직장과 같은 밀접한 사회환경 안에서 발생하는 대인관계와 역할의 집합체로 묘사된다. 그러나 급진접근에서는 보다 넓은 사회구조(지배 이데올로기, 권력 갈등, 사회경제실천에서 발생하는 착취와 억압 등)가 어떻게 개인의 삶에 영향을 미치는가에 대한 부분까지 포함된다. 따라서 만약 전통접근에서 인접환경만을 강조하던 것이 사회경제구조(잠재적으로는 착취적인 측면)로까지 확장된다면 그것은 급진적인 접근이 될 수 있다. 반면 인접환경을 분석하고 개입하는 데 그치거나 혹은 환경을 완전히 무시한 채 심리적 요소만을 주목한다면 전통적인 접근에 지나지 않을 것이다.

급진실천은 전통실천에 담겨 있는 급진적 요소를 통합하는 동시에 확장한다. 먼저 급진실천은 반드시 전통관점에서 제시하는 인접환경의 특정 측면을 통합해야만 한다. 사회경제구조의 영향은 대인관계와 밀접한 주변환경에서 나타나는 역할을 통해 표현되기 때문이다. 따라서 인접환경을 다루는 전통실천의 기술과 개념이 급진접근에서도 일부 활용된다.

다음으로 급진접근은 전통접근의 순수 심리학적 측면 또한 확장해야 한다. 급진실천가는 개인심리와 사회구조 간의 관계를 인식할 수 있어야 한다. 따라서 심리학적 분석과 치료가 때로 유용할 수도 있지만 해당 접근이 전적으로 급진 성향을 지니려면 구조에 대한 설명과 함께 균형을 이루어야 한다.

이와 같이 급진실천 이론은 전통실천의 일부 요소를 통합하고 확장하므로 두 접근 사이에는 중복되거나 유사한 점이 있다. 실제 급진실천의 상당 부분은 심리사회적 상호작용과 사회자원의 보다 나은 활용을 강조하는 기존의 전통 심리사회실천과 비슷한 특징을 보인다.

따라서 여기에서 살펴보는 급진실천 이론 역시 전통접근 중에서 잠재적으로 급진성을 띠고 있는 모든 부분(사회적인 개입뿐 아니라 개인의 변화와 통제에 기여하는 심리 지향적 원조에 이르는 모든 개념과 실천)을 통합해야 한다. 그럼에도 불구하고 이 책에서 급진접근의 사회적, 구조적 차원만을 집중하여 살펴보는 이유는 이러한 요인이 지금까지 전통접근에서는 간과되거나 개발되지 못한 경우가 많았기 때문이다. 물론 하나의 문제에는 순수 심리학적 측면이나 물질적 측면이 존재할 수 있으므로 이에 따른 개입 기법을 부정하려는 것은 아니다. 다만 여기에서 강조하고 싶은 점은 사회경제구조에 대한 설명이 항상 수반되어야 하며, 이에 맞추어 전략을 수정, 개발하는 것이 중요하다는 점이다.

〈표 3-2〉는 공통의 실천 요소를 통해 양 접근을 비교함으로써 급진접근이 전통접근을 어떻게 통합할 수 있고 확장할 수 있는지 보여 주고 있다. 앞에서 살펴본 실천이론을 이용해 보면 대표적으로 어떠한 측면을 비교할 수 있는지 쉽게 알 수 있다. 인접환경을 강조하는 전통접근은 사회적 영향을 개념화하는 과정에서 사회경제 구조를 포함하면서 더 넓게 확장된다. 비록 개인의 문제는 사회환경에 대처할 수 있는 능력을 갖추지 못하였을 때 가중될 수 있지만, 근본적인 원인은 사회구조 안에서 발생하는 부적합성에 있다고 간주한다.

이러한 맥락에서 급진실천의 목표는 전통실천의 목표보다 훨씬 광범위하다고 볼 수 있다. 급진접근은 인접환경에 대처하고 적응하도록 돕는 것뿐 아니라 사회구조의 영향에 대한 통제와 힘을 촉진하여 사회적 상황 자체를 변화시키도록 돕는다. 환경의 일부분은 부분적으로 바람직하거나 혹은 변화시킬 수 없기 때문에 때로는 적응, 대처, 수정하려는 급진접근의 노력 역시 제한된 범주에서 이루어질 수 있다. 그러나 급진실천의 궁극적인 목표는 현존하는 사회적 측면을 원하는 방향으로 변화시키는 것이다. 마찬가지로 급진실천가의 개입방법은 대처기술을 익히도록 하는 것뿐 아니라 구조에 대항하는 힘을 촉진하고 이를 변화시키고자 노력하는 것이다.

4. 급진사회복지실천의 실천 이론

지금부터는 급진사회복지실천 이론에서 활용하는 세부요소를 하나씩 살펴보도록 한다.

이 절에서는 앞서 언급한 급진 사회복지실천의 요소를 차례로 살펴보고, 실제 사례에 적용함으로써 급진접근에 기반을 둔 실천이 어떻게 개인에서 사회경제구조로 확장되는지 조명해 본다. 사례에 등장하는 전략과 예는 급진접근의 모든 것을 표현하고 있는 것이 아니며, 가장 바람직한 방법이라 할 수도 없다. 제시된 예는 반드시 해야 하는 것이 아니라 단지 지금까지 소개된 범위 안에서 급진이론과 급진사회복지실천 이론을 활용한 것으로 이해하기 바란다.

〈표 3-3〉은 여섯 가지 예를 활용하여 두 관점이 사회구조가 개인의 삶에 미치는 영향을 어떻게 서로 다르게 개념화하는지 보여 준다.

급진 접근은 밀접한 사회 환경만을 강조하는 전통적 사고를 확장시켜 사회경제구조를 강조하는 방향으로 나아간다. 물론 사회구조가 인접한 사회 환경에 영향을 미치지 않는다는 뜻은 아니다. 실제로 급진접근은 사회경제조건에 따라 주거(住居)나 결혼관계가 달라지는 것처럼 사회구조가 인접

〈표 3-3〉 전통접근과 급진접근의 '사회 요인'에 해당하는 예

전통 관점의 사회적 요인 (인접환경 강조)	급진적 확장 (사회경제구조 강조)
의사소통패턴	사회적 권력의 불균형 · 불평등
역할기대	지배 이데올로기의 실천
집단 및 가족 규범	지배 이데올로기의 신념
과거의 사회적 경험	역사적 · 사회적 변화
대인관계: 사회 지지망	사회적 낙인 과정
물질적 자원	사회경제구조

환경에도 영향을 미친다는 점을 인정한다. 그러나 동시에 구조가 개인의 신념과 행동에 미치는 영향, 그리고 이것이 다시 현존하는 사회제도를 유지하는 데 어떻게 기여하는지에도 관심을 갖는다. 예를 들어 '핵가족'이라는 사회제도를 수용하는 것은 사회구성원이 신성한 결혼의 의무라는 신념을 유지하는 것을 의미하며, 이것은 다시 핵가족을 보전하는 데 기여한다. 이렇듯 개인의 의식과 사회 구조는 직접적인 관계가 있으며, 사회구조는 개인의 경험을 통해 존재한다고 볼 수 있다(Leonard, 1984).

제인(Jane, 29세, 여성)의 사례를 살펴보자. 이 사례는 학교를 통해 지역사회 가족복지기관에 의뢰되었다. 제인은 여섯 살 난 아들 데미안(Damian)의 문제로 도움을 받고자 하였다. 데미안은 배가 아프다고 하거나 단지 집에서 나가기 싫다는 핑계를 대며 계속 학교에 가지 않으려 했다. 아이가 짜증을 내고 울며 발작을 하기까지 하여 제인은 엄청난 스트레스를 받고 있었다. 한편 남편인 베리(Barry)는 올해 스물여섯 살로 트럭 운전사로 일하고 있다. 그는 일 때문에 집에서 멀리 떨어진 곳에서 장기간 머무르는 일이 많았다. 제인은 한 회사의 안내 데스크에서 일하고 있지만, 데미안의 학교 문제 때문에 그마저도 위협을 받고 있다. 또한 그녀의 소득으로 주택 대출금

을 갚아야 하기 때문에 전문적인 원조를 받고 싶어 한다. 제인은 결혼생활
에 관해서도 걱정을 하고 있었는데, 베리가 돈을 더 벌기 위해 멀리 나가는
일이 잦아지면서 부부가 서로 만날 시간이 줄었기 때문이다. 게다가 베리
가 집으로 돌아오는 날마저도 데미안의 문제로 다투기 일쑤다. 평소 제인
은 베리가 데미안과 잘 놀아 주지 않는 데 불만을 느끼고, 베리는 제인이
데미안에게 지나치게 너그럽다는 것에 불만을 느낀다.

1) 사회적 요인

위 사례와 같은 상황에서 전통적인 '인접환경'의 관점은 제인 가족이 겪
는 문제의 원인으로서 매우 근접한 환경에 집중한다. 즉, 가족역동이나 부
부관계, 부모-자녀 관계, 친인척과의 관계 혹은 학교문제, 직장과 관련된
문제 등에 초점을 둔다. 한편 급진접근은 이러한 요인을 살펴보는 동시에
더 광범위한 사회적 영향을 주시한다. 예를 들어 핵가족 부모로서 받게 되
는 재정적인 압력이나 제인과 베리가 아버지와 어머니로서 받게 되는 서
로 다른 사회적 요구, 학교 교육과 정상행동에 대한 일반적인 사회적 기대
등을 살펴본다.

〈표 3-3〉에 제시된 여섯 가지 요소를 제인의 상황에 적용해 보면 다음
과 같다. 전통접근에서는 의사소통 패턴에 초점을 맞추어 제인과 베리가
얼마나 자주 대화를 나누는지, 가족 간의 상호작용은 얼마나 빈번하게 일
어나는지 살펴볼 것이다. 그러나 급진접근에서는 역할에 대한 서로 다른
사회적 신념으로 인해 가족 내부에서 권력의 불평등이 초래되고 있지 않
은지 역시 주목한다. 이와 유사하게 전통접근은 가족 내부의 역할기대에
초점을 맞추지만 급진접근은 이를 확장하여 가족구성원이 고수하는 사회
적 근거까지도 살펴본다. 전통접근방식을 취하는 사회복지사는 제인의 상

황을 분석하기 위해 제인에게 기대되는 양육과 보호의 두 가지 역할을 관찰할 것이다. 반면 급진 사회복지사는 이를 확장하여, 데미안이 일으키는 문제상황에서 두 가지 역할 기대가 어떻게 제인을 비난하고 있는가에 대해서도 파악한다.

전통접근방식을 취하는 사회복지사는 가족규범이 문제에 미치는 영향을 관찰한다. 베리의 입장에서 볼 때, 데미안의 행동은 버릇없는 것이며 자신이 아들을 적절하게 양육하지 못한 현실을 그대로 반영하는 결과라 여길 수 있다. 혹은 제인 때문에 데미안이 점점 '마마보이'가 되어 가는 것이라고 생각할 수 있다. 한편 급진사회복지사는 가족규범을 살펴보고 이러한 규범이 더 넓은 문화적 · 계급적 규범에 의해 초래된 결과는 아닌지 확인한다. 위의 사례에서 베리는 자신이 가정에서 충분한 통제력을 발휘하지 못한다고 느끼고, 데미안의 행동은 바로 자신의 '남자다움'을 부정적으로 반영한 결과라 생각할 수 있다.

다음으로 전통접근방식을 취하는 사회복지사는 현재의 상황을 초래하게 된 과거의 사회적 경험에 주목할 것이다. 예를 들어 제인이 지금 데미안의 행동을 걱정하는 것은 과거 자신이 어머니를 떠나 학교에 갔던 기억과 관련되어 있다고 보는 것이다. 그러나 급진사회복지사는 이러한 시각을 확장시켜 역사적 · 사회적 변화가 어떻게 등교거부 행동을 더욱 심각한 문제로 규정하게 하는지까지 관찰한다. 이러한 경우 여성의 노동시장 참여 증가라는 요인까지 고려하게 된다.

전통접근에서는 대인관계와 지지망을 조사하는 것을 흔히 볼 수 있다. 위 사례에서는 제인과 베리의 주변에 데미안의 문제에 관해 도움을 줄 수 있는 친구나 가족이 있는지 여부가 매우 중요하다. 그러나 급진사회복지사는 이러한 주변 사람이 이들 부부의 생활이나 데미안의 행동에 대해 가한 사회적 낙인이 존재하는지 여부도 파악한다. 학교에서는 데미안을 '문제아' 로, 제인을 '무능한 어머니' 로 부르고 있을지도 모른다.

마지막으로 물질적 자원의 적절성 문제는 항상 중요하게 다루어지는 요소다. 전통접근방식을 취하는 사회복지사는 가족의 재정상황과 직업적 요구가 현재의 상황에 미치는 영향을 살펴볼 것이다. 그러나 급진사회복지사는 이 문제를 초래한 더 넓은 사회적 조건이 있는 것은 아닌지, 만약 그것이 존재한다면 어떻게 작용하는지 살펴본다. 위 사례에서는 트럭 운전수와 그 가족에게 기대되는 생활양식이 있는지, 직장에서 일하는 어머니를 충분히 배려하지 않는 것은 아닌지 살펴본다.

2) 사 정

사회복지실천에서 문제의 특성과 원인에 대한 사정이나 평가는 개인을 둘러싼 사회적 상황에 대한 정보를 바탕으로 이루어진다. 앞서 살펴본 것과 같이, 전통접근에서는 대체로 개인이 환경에 대처하고 적응하는 능력을 갖추지 못한 것에서 문제의 원인을 찾는다(Berlin & Kravetz, 1981; Northern, 1982). 경우에 따라서는 인접환경을 다루는 것이 쉽지 않았기 때문이라고 보는 경우도 있다. 그러나 급진관점에서는 이러한 생각을 확장시켜 사회경제구조가 개인의 생존이나 사회적 활동에 적합한 환경을 제공하지 못했기 때문에 문제가 발생한 것으로 본다. 위 사례를 통해 살펴보면 전통접근방식을 취하는 사회복지사는 원인을 제인의 무능력에서 찾는다. 즉, 제인이 아이를 잘 다루지 못하고 아이가 어머니와 떨어져서도 학교에 잘 적응할 수 있도록 도와주지 못하여 문제가 초래되었다는 것이다. 한편 급진사회복지사는 비록 표면적으로 드러난 문제가 데미안의 등교거부와 그에 적절히 대처하지 못하는 제인의 무능력이라 할지라도, 이것이 더 넓은 사회적 상황에서 초래된 결과라고 본다. 예를 들어 학교 교육과 관련된 법적 요구, 제인과 베리의 직업적 상황과 재정상태, 그리고 데미안의 양육에 대한 대안의 부재 등이 원인으로 지목될 수 있다.

〈표 3-4〉는 전통접근에서 활용하는 사정방식을 급진적 개념으로 확장하는 방법을 설명하기 위해 동일한 사회적 요인끼리 나열한 것이다. 예를 들어 가족구성원 간의 의사소통 패턴이 사회적 요인의 하나로 드러난 경우를 비교해 보자. 전통접근방식을 취하는 사회복지사는 부적절하고 비효율적인 의사소통에 원인이 있는 것으로 사정한다. 즉, 데미안이 학교에 가지 않으려 하는 것은 학교에 갈 때 어머니인 제인이 양가감정이 뒤섞인 메시지를 보내기 때문이라는 것이다. 어쩌면 데미안은 부모가 자신의 양육에 대해 서로 의견을 일치시키지 못한다는 것을 알고서 아버지가 없는 상황에서 어머니의 한계를 시험해 보려 한 것일 수도 있다. 한편 급진접근에서는 제인이 양가감정을 느낄 수도 있다고 인식하면서도 이러한 양가감정

〈표 3-4〉 전통접근과 급진접근에 해당하는 '사정'의 예

전통사회복지실천: 환경에 대처하지 못하는 개인	급진적 확장: 부적절한 사회경제구조
부적절하고 비효과적인 상호작용	권력의 결여
역할기대로 인한 스트레스 역할수행능력 부재 비현실적 역할기대	이데올로기로 인한 역할 제한 지배적인 사회 풍습과 신념에 따른 제한
집단 혹은 가족 규범 간의 갈등	이익집단 간의 갈등: 집단 규범이 수행하는 은폐된 사회적 기능
과거 경험을 통한 부적 학습	변화능력의 부재 혹은 사회 변화에 대한 대처 능력의 부재
대인관계 문제 사회적 지지 부족 사회적 고립	사회적 낙인 과정의 영향
물질적 자원의 결여	사회경제구조적 제한

이 어디에서 오는지까지 탐색한다. 즉, 제인의 양가감정은 모성에 대한 사회적 기대, 생계와 양육 모두를 절묘하게 수행하는 가운데 느끼는 상대적 무력감 등에서 부분적으로 기인할 수 있다고 본다.

다음으로 전통접근은 주어진 역할이 과도한 스트레스를 유발했거나 혹은 비현실적이고 당초부터 충족될 수 없는 것이었기 때문에 문제가 발생하였다고 간주한다. 따라서 제인과 베리의 사례에서는 직장 일을 하면서 동시에 데미안을 적절히 양육하는 것 자체가 어려웠다고 본다. 그러나 급진사회복지사는 여기에서 한 발 더 나아간다. 급진사회복지사는 부모역할과 생계유지의 역할을 겸하면서 받는 스트레스를 감안하는 동시에, 핵가족과 같은 구조적 제도에 주목한다. 즉, 핵가족 제도가 제인 부부와 같은 사람으로 하여금 생계와 양육 두 가지 역할을 모두 수행하도록 강요하고, 그렇지 못할 때에는 비난을 가하는 현실을 지적하게 될 것이다. 실제로 핵가족 제도는 직장에서의 역할과 부모 역할을 엄격히 구분하도록 요구하지만, 제한된 경제환경 안에서 그와 같은 엄격한 역할 구분은 애초에 불가능하다.

전통접근방식을 취하는 사회복지사는 문제의 원인을 단순히 규범 갈등으로 결론 내리기도 한다. 예를 들어 베리의 원가족이 가지고 있는 학교 교육에 대한 규범은 제인의 원가족과 다를 수 있다. 만약 베리가 노동계층이라는 배경을 가지고 있는 반면에 제인은 그보다 더 상위 계급에서 성장하였다면, 베리는 제인이 생각하는 것보다 학교 교육을 덜 중시할 수 있다. 따라서 데미안의 학교 교육을 두고 부부 사이에 발생한 규범 충돌이 문제를 초래한 것으로 볼 수 있다. 급진사회복지사는 이러한 의견에 반드시 반대하지는 않는다. 급진사회복지사는 이러한 상황에서 양 측의 서로 다른 이해가 어떻게 갈등을 가중시키게 되는지 살펴보기 위하여 분석을 확장할 것이다. 위 사례에서 데미안이 학교에 가지 않는다면 데미안은 노동계급의 지위에 머무를 가능성이 높다. 또한 이러한 행동은 아버지가 속한 계층의 이해관계에 부합하는 것일 수 있다. 반대로 데미안이 학교에 잘 다니게 된다면 학교 교육에 대하여 일반적으로 인식되는 기대에 따르는 것이며, 따라서 사회가 인정하는 경로를 통해 성공할 가능성이 더 높을 것이다. 또한 이러한 행동은 어머니의 이해와 그 사회가 수용하는 보편적 이해 모두에 부합할 수 있다. 요컨대 갈등은 단지 제인 가족과 베리 가족의 차이만을 의미하는 것이 아니라 사회의 서로 다른 이익집단 간의 규범 차이를 반영하는 것이기도 하다.

네 번째로 전통접근방식을 취하는 사회복지사는 문제의 원인이 과거의 부정적 사회경험에 있다고 사정하기도 한다. 위 사례에서 제인은 자신 또한 어린 시절 학교에 갈 때 어머니와 양가감정을 경험했을 수 있다. 급진사회복지사는 이것이 문제의 일부가 될 수 있다는 사실을 부인하지 않는다. 그러나 여기에서 한 걸음 더 나아가 사회변화(예를 들면, 어머니에게 가정과 직장에서의 모든 역할을 충실히 해내기를 요구하는 압력 증가와 그로 인해 발생하는 양가감정 등)가 문제를 악화시킨 것은 아닌지까지 탐색한다.

다섯 번째로 전통사회복지사는 문제의 원인으로 예측되는 특정한 관계나 사회적 지지의 결여에 초점을 맞추지만, 급진사회복지사는 이를 확장하여 사회적 낙인과 같은 사회적 원인까지 파악한다. 비록 제인의 주변에 도움을 줄만한 사람이 없어 문제가 악화된 것이라 해도, 급진사회복지사는 이미 데미안에게 '문제아'라는 낙인이 찍혔기 때문에 오히려 도움 줄 수 있는 사람을 찾기가 어려울 수 있다는 점을 지적한다.

마지막으로 전통접근방식을 취하는 사회복지사는 개인의 문제가 물질적 자원이 부족하기 때문에 발생한다고 보지만, 급진사회복지사는 이와 같이 물질적 자원이 부족한 상태에 이르기까지 사회경제구조가 어떻게 작용하였는지까지 주목한다. 제인과 베리의 사례에서 재정문제가 문제를 더욱 복잡하게 만드는 것은 틀림없다. 그러나 급진사회복지사는 여기에 그치지 않고, 학교 교육의 요구와 융통성 없는 직장업무 그리고 아동보호 제도가 어떻게 맞벌이 가족을 곤경에 빠뜨리는지까지 살펴본다.

3) 목 표

사회복지실천에서 전통접근의 목표는 대개 현존하는 사회상황에 원만히 적응하고 대처하도록 돕는 것에 있다. 그러나 급진사회복지사는 이러한 목표를 확장하여 개인으로 하여금 현존하는 사회상황을 실질적으로 변화시키거나 통제할 수 있도록 돕는다. 위 사례에서 전통사회복지사는 가족이 현재의 상황, 즉 데미안은 학교에 가고 제인은 일을 해야 하는 상황에 잘 적응하도록 돕는 데 그칠 수 있다. 그러나 급진사회복지사는 그들이 어떠한 방식으로든 상황을 변화시키거나 통제할 수 있도록 돕는다. 예를 들어 데미안이 다니는 학교의 상황을 변화시킬 수도 있고, 부모가 다니는 직장에서 아이의 양육을 고려하여 융통성 있게 업무를 조정할 수도 있다. 지금부터 사례를 통해 이들 목표를 좀 더 구체적으로 살펴보기로 한다.

〈표 3-5〉는 전통실천과 급진실천의 목표를 앞서 살펴본 동일한 사회적 요인에 따라 비교한 것이다. 먼저 첫 번째 예는 의사소통을 개선하고자 하는 전통실천의 목표가 어떻게 착취당한 개인의 권력을 증가시키는 데 목표를 두는 급진적 접근으로 확장되는지를 설명하고 있다. 예를 들어 전통접근방식을 취하는 사회복지사는 제인과 데미안의 의사전달 메시지를 분명히 하여 두 사람 사이에 오고 가는 양가감정을 감소시키려 할 것이다. 이에 반해 급진사회복지사는 제인과 베리가 데미안의 양육에 대해 동등한 의사결정권을 가진다는 사실을 더욱 공고히 하거나, 가족 모두가 이 문제로 인해 부당하게 비난받지 않는다는 점을 더 분명하게 하는 데 목표를 둘

〈표 3-5〉 전통접근과 급진접근에 해당하는 '목표'의 예

전통사회복지실천: 사회상황에 적응하고 대처할 수 있도록 원조	급진적 확장: 사회상황의 구조적 측면을 변화시키고 통제할 수 있도록 원조
개인 간 상호작용 개선	피(被)착취자의 권력 증진
스트레스 경감 기대의 수정	이데올로기의 제약(행동과 신념 모두) 완화
개인 간 갈등 해소	지배 이익집단의 착취 경감 집단규범의 은폐된 기능 폭로 권력의 불균형 제거
부정적인 연합의 수정 현재와 과거의 경험 분리	삶에 대한 변화와 통제 능력 향상 보다 넓은 역사적/사회적 변화의 영향 인식
대인관계 개선 사회적 지지 증가	사회적 낙인으로 인한 영향의 거부
물질적 자원 제공	구조적 제한을 변화시켜 물질적 자원 제공

것이다.

다음으로 전통접근방식을 취하는 사회복지사는 상황에서 오는 스트레스를 경감하거나, 역할기대에서 비롯되는 압력을 감소시키는 데 원조의 목표를 둘 것이다. 이러한 목표에 따라 제인은 자신의 한계를 수용하고, 어머니로서의 역할과 직장인으로서의 역할을 모두 해내는 '슈퍼우먼'이 될 수 없다고 해서 지나치게 걱정하지 말라는 지시를 받게 될 것이다. 한편 급진접근은 제인에게 가해지는 실질적인 역할 제한을 축소시킴으로써 역할기대로 인한 압박을 감소시킨다. 다시 말해 새로운 역할이 주어지거나 역할에 대한 선택의 여지가 생길 수 있다. 제인의 경우 어머니 역할이 항상 일정할 수 없고, 모두 중요한 것도 아니며, 게다가 모조리 제인 혼자만의 책임이 아니라는 것을 이해하게 될 것이다. 그리하여 종국에는 어머니 역할에서 잠시 벗어나는 것이 가능하게 되며, 그렇다 하더라도 여전히 좋은 어머니가 될 수 있고 오히려 전보다 나을 수도 있다라는 것, 다른 사람의 도

움을 받는다고 해서 실패한 것이 아니라는 것을 받아들이게 될 것이다.

전통접근은 갈등을 해결하는 데 그치지만, 급진접근은 상대적으로 권력이 강한 사람이 그렇지 못한 사람에게 가하는 착취를 감소시키는 것으로 목표를 확장한다. 이러한 목표를 달성하는 방법은 문제상황에 의해 지탱되고 표출된 갈등의 이면에 숨겨진 이해관계를 폭로하는 것이다. 데미안의 사례에서 볼 때, 전통접근방식을 취하는 사회복지사는 부모의 의견을 일치시키는 데 목표를 두고 베리와 제인이 데미안을 두고 벌이는 갈등을 해결하려 할 것이다. 마찬가지로 급진사회복지사 역시 부부의 갈등에 주목하지만, 나아가 두 사람이 상황에 대한 통제감을 느낄 수 있도록 하는 데 초점을 맞춘다. 즉, 학교 교육의 중요성에 대한 서로 다른 저마다의 관점이 '데미안에게 적절한 조치는 무엇인가.' 에 대한 각자의 신념과 어떻게 연결될 수 있는지 나타내는 것이다. 이에 따라 두 사람은 각자 데미안을 위해 사회적으로 받아들여질 만한 목표를 설정할 수 있으며, 이로 인해 더 이상 서로를 비난하지 않도록 격려 받게 될 것이다.

과거의 경험과 변화 가능성에 대한 부분을 살펴보면 다음과 같다. 전통접근방식을 취하는 사회복지사는 과거의 경험에서 발생하는 부정적인 연합을 수정하는 데 중점을 두고, 과거와 현재를 분리시키려 할 것이다. 반면 급진사회복지사는 이를 확장하여 현재의 삶에서 실질적인 변화를 만들어내기 위해 노력할 것이다. 베리와 제인의 어린 시절 경험이 현재까지 작용하여 데미안을 학교에 보낼 때마다 불안하게 만든다는 사실을 이해하는 것도 중요하다. 그렇지만 급진사회복지사는 아동양육에 대한 오늘날의 기대가 어떤 영향을 미치는지, 그러한 맥락에서 부부가 선택할 수 있는 범위는 어느 정도인지에 관하여 관심을 보일 것이다.

다음에 나오는 예는 대인적 · 사회적 관계를 개선하는 전통적인 목표가 사회적 낙인에 대한 인식을 고조시킴으로써 어떻게 급진적 목표로 확장될 수 있는지를 보여 주고 있다. 위 사례에서 전통접근방식을 취하는 사회복지사는 단순히 제인이 다른 부모에게서 지지를 받도록 하는 데 목표를 두고 개입할 것이다. 한편 급진사회복지사는 동일한 목표를 추구하지만, 제인에 대한 지지를 한층 증가시키려 할 것이다. 이를 위해 제인을 나쁜 어머니라 믿는 주변 사람(예를 들면, 학교 직원 등)이 부여한 낙인, 그리고 스스로 전문적 원조를 찾는 과정에서 받게 된 사회적 낙인에서 어떻게 자기 비난의 감정을 발전시키게 되었는지 제시한다.

마지막 예에서 볼 수 있듯이, 전통접근방식을 취하는 사회복지사는 물질적 자원을 직접 제공하는 데 목표를 두지만, 급진사회복지사는 자원을 동원하는 데 방해가 되는 구조를 변화시키는 데 목표를 둔다. 위 사례에서 볼 때 전통접근방식을 취하는 사회복지사는 데미안에게 방과 후 프로그램을 연계하여 제인이 일할 수 있는 시간을 확보해 줄 것이다. 한편 급진사회복지사는 데미안이 방과 후 프로그램에서 거부당하는 것은 학교에서 겪는 문제 때문임을 밝혀내고, 해당 정책에 도전하거나 혹은 다른 이유를 들어 데미안의 입학이 재고되도록 할 것이다.

4) 전 략

〈표 3-6〉은 전통접근의 세부전략이 어떻게 급진적인 방식으로 확장될 수 있는지를 요약한 것이다. 전통전략과 급진전략의 구분을 더욱 명확히 하기 위해 몇 가지 새로운 용어를 도입하였다. 본격적인 논의에 앞서 이 표에서 제시된 차이점이 반드시 범주의 성격을 갖지 않는다는 점을 유념하기 바란다. 다시 말해 여러 가지 전통실천을 확장하는 데 있어 한 가지 급진전략이 사용될 수도 있다는 것이다. 옹호자 역할이 대표적인 예인데, 많은 경우 전통전략과 동시에 활용된다. 또한 전통전략과 급진전략을 완전히

분리하여 경계 짓기보다는 연속선상의 양 끝에 자리하는 것으로 이해하는 것이 더 적절할 수 있다. 예를 들어 기술훈련과 사회교육은 모두 교육과 학습을 포함하고 있으나, 전자는 행동지향이고 후자는 태도에 초점을 두는 차이가 있다.

〈표 3-6〉의 1번에는 전통전략에서 활용하는 기술훈련과 급진적인 기법에서 활용하는 사회교육이 제시되어 있다. 전통접근방식을 취하는 사회복지사는 개인이 상황에 잘 대처할 수 있도록 하기 위하여 의사결정, 문제해결, 스트레스 관리, 사회기술 등 특정한 기술을 가르칠 것이다. 위 사례에서 보면 전통사회복지사는 제인에게 의사소통기술을 훈련시켜 데미안이나 베리와의 관계를 개선시키려 할 것이다. 급진사회복지사 역시 새로운 기술학습에 대한 필요성을 인식하지만, 동시에 이러한 새로운 기술에 대한 사고의 변화도 중요하다고 강조할 것이다. 따라서 급진접근에서는 변화된 행동뿐 아니라 변화된 자각 역시 강조하며, 단순한 훈련이 아닌 교육을 강조한다. 제인의 가족에게는 새로운 의사소통방식을 학습하는 것만큼이나

〈표 3-6〉 **전통접근과 급진접근에 해당하는 '방법'의 예**

	전통사회복지실천: 개인의 적응과 대처 가능하게 하는 전략	급진적 확장: 변화와 통제를 가능하게 하는 전략
1	기술, 훈련 직접적 원조	사회 교육
2	수동적 자원 활용	적극적 자원 활용
3	정서적 공감	공감
4	정서적 지지	사회적 지지
5	자기자각 상담	비판적 자각 역량강화
6	가족치료 관계작업	옹호

왜 가족이 그러한 방식으로 의사소통해야 하는지, 언제 이러한 의사소통 방식이 유용한지를 아는 것이 중요하다. 이것이 실현될 때 제인의 가족은 그들이 처한 상황에서 더 다양한 선택을 할 수 있고 통제력을 발휘할 수 있다.

물질적 자원의 활용에 대한 두 번째 예에서도 이러한 점이 비슷하게 적용된다. 전통접근방식을 취하는 사회복지사는 자원 공급에 집중하는 반면, 급진사회복지사는 이러한 원조를 받는 과정을 교육시켜 그들이 독립적으로 원조를 구할 수 있도록 개입할 것이다. 예를 들어 전통접근방식을 취하는 사회복지사는 제인에게 방과 후 프로그램 전화번호를 여러 개 알려 줄 것이다. 그러나 급진사회복지사는 각 프로그램 담당자와 어떻게 접촉하는지, 만약 데미안이 입학을 거부당했을 때에는 무엇을 요구해야 하고, 어떤 행동을 취해야 하는지 알려 줄 것이다.

3번의 예는 공감(empathy)이 어떻게 전통접근과 급진접근 모두에서 활용될 수 있는지 보여 준다. 전통접근에서 공감은 사회복지사가 클라이언트의 경험을 어떻게 이해하고 있는지 전달하는 방식으로 활용되며, 대개 개인적인 감정을 강조한다. 그러나 급진접근에서 공감은 사회적 세계와 경험 모두에 대한 개인의 지각에 초점을 맞추는 것으로 확장된다. 위 사례에서 전통접근방식을 취하는 사회복지사는 남편이 이해해 주지 않을 때 제인이 느꼈을 좌절감과 고립감에 공감할 것이다. 그러나 급진사회복지사는 제인이 혼자라는 느낌과 좌절감을 느낀다는 사실을 지적해 내고, 그것이 어머니로서 실패했다는 생각 때문이며 그러한 상황에서 아무런 힘을 갖지 못하기 때문이라는 사실에 공감할 것이다.

전통적 개념의 지지 역시 비슷한 방식으로 확장될 수 있다. 전통접근방식을 취하는 사회복지사는 현재의 상황에 대처할 수 있는 능력을 재보증(再保證)하기 위하여 정서적(때로 사회적) 지지를 활용한다. 반면에 급진사회복지사는 새로운 경험을 시도하도록 격려하기 위해 사회적 지지를 이용한다. 예를 들어 전통사회복지사는 제인이 이미 상황에 잘 대처하고 있다고 재보증한 후, 이를 강화할 수 있도록 다른 부모 집단과 교류하게 할 것이다. 그러나 급진사회복지사는 제인에게 새롭고 상이한 사회적 활동에 관여하고 있는 사람의 지지를 얻도록 격려할 것이다.

5번의 예에서 보듯이, 자기자각을 얻고 갈등을 해결하기 위한 상담의 개념 역시 급진적 성격을 갖는 방향으로 확장될 수 있다. 급진사회복지사는 내적 욕구와 동기에 대한 개인의 자각을 확대시켜 사회환경과 그 영향에 대한 비판적 자각에 이르게 할 수 있다. 삶에 대한 새로운 자각을 통해 더 많은 통제력을 갖도록 역량 강화하는 것이다. 위 사례에서 보면 전통접근 방식을 취하는 사회복지사는 상담을 통해 제인이 어머니 역할을 잘 수행하여 자신의 어머니에게서 인정받으려는 욕구가 있음을 자각하게 할 것이다. 그러나 급진사회복지사는 제인이 경험하는 사회적 압력, 즉 좋은 어머니가 되어야 한다는 압박에 주목한다.

끝으로 전통접근방식을 취하는 사회복지사는 전문적 관계 안에서 치료자나 상담가로서 임하지만, 급진사회복지사는 좀 더 동등한 관계에서 옹호자 역할을 수행한다. 즉, 급진사회복지사는 제인이 데미안과 관련하여 수행하는 역기능적 방식에 초점을 맞추는 대신, 베리로 하여금 제인이 문제를 어떻게 바라보고 있는지 이해하게 하는 등 제인을 옹호하는 활동을 펼친다.

지금까지 이 장에서는 급진실천이 전통실천과 어떻게 연결되고 나아가 어떻게 확장될 수 있는지를 살펴보았다. 이를 위해 실천 모델을 네 가지 요소, 즉 사회적 요인, 사정, 목표 그리고 실천 전략으로 세분화하였다. 그런 다음 제인 가족을 예로 들어 이들 각 요소의 전통적 측면과 급진적 측면을 비교하여 보았다. 이제 두 접근이 어떻게 다른지 명확히 알게 되었으므로 다음에서는 실제 급진실천 모델을 구체적으로 살펴볼 것이다. 제4장부터 제7장까지 실천 이론의 네 가지 구성요소를 하나씩 고찰해 보도록 하겠다.

제4장

사회적 요인

이 장에서는 전통접근에서 활용하는 사회적 요인인 '인접환경(social milieu)' 개념을 확장하여 사회경제구조 개념을 포괄하도록 발전시키는 내용을 중점적으로 살펴본다. 이러한 작업을 통해 사회복지실천의 이론적 기반을 급진화할 수 있게 될 것이다. 따라서 지금부터는 급진이론에 기반을 두고 있는 구체적인 실무 개념에 초점을 맞출 것이다. 여기에서 언급하는 실무 개념은 급진이론(특히 사회주의 페미니스트)에 기반한 것으로, 개인과 사회 구조 간의 관계의 본질을 더욱 명확하게 밝혀 준다.

1. 문제의 사회경제적 원인

문제의 원인을 사회경제적 요인에서 찾는 원리는 기본적으로 구조적 분석을 바탕으로 한다. 개인 '희생자', 즉 생활 속에서 문제 증상을 겪고 있는 사람이 문제를 일으킨 장본인이라는 비난에서 자유로울 수 있기 때문이다. 그러나 이러한 원리 역시 자기패배적 행동으로 인하여 문제가 악화될 수 있다는 사실을 부정하지는 않는다(Goldberg, 1974: 151). 좀 더 자세한 논의는 사정에 관한 내용을 다루는 5장에서 심도 있게 살펴보기로 한다. 참고로 5장에서는 구조 요인이 각 개인의 문제를 어느 정도 결정하는지, 개인과 사회적 요인 사이의 상호작용이 어떻게 문제를 좌우하게 되는지를 면밀히 살펴볼 것이다. 먼저 이 장에서는 개인의 문제를 유발하는 사회구조적 측면을 살펴보기로 한다.

1) 이데올로기의 개념

페미니즘이나 사회주의 이론가 사이에서 널리 사용되는 개념의 하나가 바로 이데올로기다(Wearing, 1985). 이데올로기는 개인의 삶과 사회경제구조 간의 직접적인 인과관계를 추적한다는 점에서 급진접근에서도 매우 중요하게 다룬다. 이데올로기는 사회구조, 즉 서로 관련을 맺고 있는 사고와 제도의 체계가 어떻게 개인의 행동과 인식에 물질적 혹은 문화적 영향을 미치게 되는지를 밝혀 준다.

또한 이데올로기는 노동, 가족, 젠더, 계급, 인종과 같은 사회제도가 어떻게 이익 집단과 불이익 집단의 위계를 결정하는지, 어떻게 개인의 사고와 행동에 의해 지탱되고 다시 이들을 유지하는지 설명해 주는 유용한 개념이다. 지금부터는 이데올로기의 구체적인 사항을 본격적으로 살펴보도록 하겠다.

이데올로기의 개념을 가장 명확하게 정의 내린 사람은 앨버리(Albury, 1976)다. 그에 따르면 이데올로기는 구성원의 사회적 의식(혹은 자각이나 세계관)을 형성하고 유지하는 전체 과정에 관여한다. 이러한 점에서 이데올로기는 개인이 세계를 지각하고 경험하는 사회적 방식을 나타낸다고 할 수 있다. 우리는 흔히 지배 이데올로기라는 용어를 사용하는데, 이는 대다수 성원에 의해 발휘 · 유지되는 신념이며 동시에 가장 강력한 집단의 이익을 보호해 준다(집단에 따라 자신의 정체성과 이익을 유지시켜 주는 고유한 이데올로기를 지니고 있을 수 있음). 한편 구성원의 의식을 형성하는 객관적인 사회적 과정을 규명해 보는 것도 가능하다. 이러한 사회적 과정은 크게 세 가지로 나누어 볼 수 있는데, 실천적 측면과 이론적 측면, 그리고 제도적 측면이다.

먼저 실천적 측면으로서의 이데올로기는 사회적 행동에 대한 신념을 표현하는 사회적 행동 패턴을 말하는데, 이것은 특정 사회나 집단 성원에게 기대되는 이른바 정상 행동 속에 뿌리 내리게 된다. 여기에는 고유한 풍습, 의식 혹은 역할이 해당된다. 사회복지실천에서는 사회복지사가 전문가다운 차림을 하는 관행이 대표적인 예가 된다. 이러한 행동 패턴은 실천가와 내담자(혹은 비전문가) 사이의 구분을 명확하게 하는 기능을 수행한다. 젠더와 관련하여 널리 알려진 예로서는 전통적 핵가족 내에서 일어나는 성역할 구분을 들 수 있는데, 여성은 아동 양육, 남성은 소득을 벌어들이는 역할로 구분된다.

한편 이론적 측면으로서 이데올로기는 관행에 대한 정당화와 개념화를 뜻한다. 이들은 근저의 이데올로기를 설명하기보다는 특정 집단의 사적인 만족을 위해 수행되는 행동 패턴을 정당화하고 설명한다. 1장에서 이미 논의한 바와 같이 소위 통념이나 착각 혹은 그 밖의 잘못된 신념이나 가정 등이 이러한 역할을 한다. 이들은 사실이어서가 아니라 지배 이데올로기(물론 지배 집단의 이익까지도)를 보전해 주는 역할을 하기 때문에 계속해서 유지된다. 예를 들어 실천 현장에서 전문가답게 보일 만한 차림을 하는 관행은 그와 같은 차림을 했을 때 클라이언트에게 신뢰를 불어넣어 주어 궁극적으로 치료에 도움이 된다고 믿기 때문일 것이다. 이러한 신념은 사실일 수도 있고 아닐 수도 있지만 그것은 중요치 않다. 중요한 것은 이러한 믿음으로 말미암아 '전문가다운 차림'이 정당화되고 나아가 전문가 집단과 비전문가 집단 간의 구별이 지속된다는 점이다. 젠더와 관련된 예로는 남성이 집 밖에서 소득을 벌어들이는 소위 '어려운 일'에 유전적으로 적합한 반면, 여성은 아동을 양육하는 일에 더 적합하다는 믿음을 들 수 있다.

마지막으로 제도적 측면으로서 이데올로기는 앞서 살펴본 특정 이데올로기를 유지하고 나아가 생산, 재생산하는 역할을 담당한다. 즉, 각각의 사회 성원이 자신이 속한 사회에 적합한 습관과 태도, 개념 등을 습득하도록 만든다. 제도적 차원에 이르면 이론적 측면과 실천적 측면(신념 혹은 행동)이 조직화되면서 서로 밀접한 관련을 맺는 하나의 가정과 실천 체계로 발전한다. 이러한 사회제도의 예가 바로 가족, 교육, 노동, 사회 계급, 젠더 그리고 문화다. 사회복지실천에서 이데올로기의 제도적 측면은 현장에 투입되는 학생에게 전문가다운 차림을 할 것을 강조하는 일련의 모든 과정에서 찾아볼 수 있다. 젠더의 경우에는 여성의 고등교육을 제한하는 교육정책과 관행이 이러한 예에 해당하는데, 이러한 정책과 관행 때문에 여성이 주부 혹은 그보다 더 낮은 지위의 직업에 머무르게 된다.

2) 급진사회복지실천에서 이데올로기 분석을 적용하는 방법

지금까지 살펴본 이데올로기의 개념과 세 가지 측면(실천적, 이론적, 제도적 측면)에 대한 분석을 활용하면 사회, 경제, 문화 구조가 개인의 삶에 미치는 구체적인 영향을 더욱 쉽게 구별해 낼 수 있다.

① 먼저 개인이 관습에 따르는 것은 지배적 사회구조를 강화한다는 점에서 중요하다. 따라서 실천가는 클라이언트의 문제 상황을 분석할 때 특정 풍습이나 반복되는 일 혹은 역할을 감지하는 것이 좋다. 이는 개인의 자유로운 선택이기보다는 내재화된 사회적 기대를 반영하는 것일 수 있고, 단순히 제도적으로 다른 선택이 불가능한 상황을 보여 주는 것일 수 있기 때문이다. 예를 들어 클라이언트가 사회복지사의 도움을 요청하는 것도 순수한 개인의 의지이기에 앞서 자신이 처한 상황이나 사회적 기대에 비추어 보았을 때 그것이 기대되는 방식이거나 혹은 정상적인 경로이기 때문일 수 있다. 아니면 자신이 처한 무기력한 상황에서 민간복지기관을 찾는 것이 최후의 수단이라고 생각한 결과일 수도 있다. 즉, 다른 선택의 여지가 없다는 것이다. 젠더와 관련하여 가사의 일차적 책임이 자신에게 있다고 보는 어머니의 사례를 살펴보자. 이 어머니가 이와 같이 생각하게 된 데에는 모든 여성이 그렇게 하고 있고 또 그렇게 해야만 한다고 믿기 때문이다. 또한 남편이

가사분담을 거절하여 가사에 대한 도움을 받는 것이 불가능하기 때문일 수도 있다. 이는 단순히 자신의 개인적·사회적 위치를 가정주부로 한정하는 데 그치지 않고 전통가족에 대한 사회제도 자체를 강화하는 것이 된다.

2 두 번째로 이데올로기 분석은 개인이 지니고 있는 사회적 통념이나 신념에 초점을 맞추기 위해서 사용될 수 있다. 만약 사회구조가 개인의 신념 속에서 표출된다면 이러한 이데올로기 자체는 개인이 겪는 문제의 부분적인 원인이 될 수 있다. 다시 말해 비난의 대상이 되는 것은 희생자 자신이 아니라 그들이 생각하기에 자기 패배적인 사회적 통념일 수 있다. 따라서 급진실천가는 클라이언트와 함께 사회적 통념에서 비롯된 개인적 신념이나 고정관념, 선입견이 개입된 시각에 대하여 의논해 보는 것이 좋다. 이를 논함으로써 개인적 영향이 아닌, 좀 더 사회적으로 영향을 받은 영역이 밝혀질 수 있기 때문이다. 예를 들어 일부에서는 사람은 정기적으로 물질적 원조를 구하는 것이 유일한 선택이라 믿고 그 밖의 시도를 하지 않는 경우가 있다. 이와 같은 행동을 보이는 이유는 자신이 속한 사회집단에서 그와 같이 학습했기 때문이다(이러한 사회적 영향은 '빈곤문화'라는 사고와 관련되어 있다. 빈곤문화란 풍습이나 신념이 빈곤한 상태와 연결되어 있다고 보는 것이다. 물론 이러한 문화는 빈곤을 지속해 나가는 기능을 동시에 수행하게 된다.). 젠더와 관련해서 또 다른 예를 들어 보자. 아이를 원치 않는 여성을 비정상적이라 보거나 아이가 없는 여성을 완전한 성인이 되지 못한 혹은 미성숙한 여성으로 취급하는 경향을 들 수 있다(Wearing, 1984: 42-44). 이러한 생각은 여성으로 하여금 계속해서 아이를 낳게 하고 어머니의 역할 안에 머무르게 하며(어머니에게는 다른 사회적 선택이 구조적으로 제한되어 있기 때문에), 그렇게 함으로써 현존하는 젠더 역할과 제도를 강화

하게 된다.

우리가 다루어야 할 사회적 통념이 몇 가지 더 있다. 하나의 신념에 대한 진위 여부는 그것이 사회적 통념으로서 작용하는지 여부와는 관계가 없다. 그러나 그 사회의 상황에 관해 더 많은 것을 말해 줄 수는 있다. 사회적 통념에 따른 믿음은 실제로 사실인 경우가 많은데, 이러한 믿음이 바로 특정한 상황을 초래하게 되는 현존하는 이데올로기의 실천 행위, 신념이자 구조라고 할 수 있기 때문이다. 서구 백인이 다른 인종집단에 비하여 지능이 높다는 신념 혹은 통념을 예로 들어 보자. 이런 생각은 '잘못된' 통념으로서 작용할 수 있지만 부분적으로는 '사실'이기도 하다. 서구 백인문화를 근거로 측정도구가 고안되었기 때문에(그리고 이에 따라 지능을 정의) 백인의 지능이 높게 측정되었을 수 있다. 혹은 검사에 응한 대상 중에서 백인이 실제로 다른 인종집단보다 교육수준이 높아서 지능이 높게 측정되었을 수도 있다. 이러한 상황이라면 백인이 지능검사를 더 잘 수행했을 가능성이 높고, 따라서 지능도 높은 것처럼 보일 수 있다. 그러나 지능의 개념과 측정 방법에 문제가 있고, 특별히 백인이 지능적으로 뛰어나다는 합의가 없다는 점을 고려해 보면 백인이 머리가 좋다는 것은 잘못된 생각이다. 또한 앞서 가정한 상황과는 다르게 측정도구가 다양한 문화를 반영하였거나 검사 대상자가 동등한 교육경험을 가진 상황이었다면 결과는 매우 다르게 나타났을 것이다. 핵심은 사람들이 통념을 거짓이라고 믿든, 진실로 믿든 그것이 수행하는 실제 기능은 감추어져 있기 때문에 통념은 통념 그 자체로 이해해야 한다는 것이다. 백인이 지능이 높다는 신념이 수행하는 진정한 기능은 백인이 아닌 사람들의 직업이나 교육을 인정하지 않음으로써 백인의 우월성을 유지시켜 주는 사회적 관행을 정당화해 주는 데 있다. 즉, 백인이 우월한 위치를 차

지하는 상태가 지속되려면 그들이 지능적으로 우월하다는 통념 또한
지속될 필요가 있는 것이다.

이러한 사실은 급진사회복지사에게 중요한 의미를 던져 준다. 왜냐
하면 개인을 대상으로 실천할 때 현실적으로 전혀 근거가 없는 통념
과 사회적 상황을 통해 확인된 사실을 구분해야 할 필요가 있기 때문
이다. 어떤 경우에 해당하느냐에 따라 필요한 전략도 달라질 수 있다.
근거 없는 통념을 다룰 때에는 단순히 그러한 생각에 대해 질문하고
도전하기만 하면 될 것이다. 만약 통념이 사실로 드러난 경우라면 개
인의 상황을 변화시키는 것과 더불어 이데올로기가 물질적 수준에 미
치는 영향을 명확히 전환시켜야 할 필요가 있다.

③ 이데올로기 분석이 급진사회복지사에게 도움을 줄 수 있는 세 번째
분야는 의미 있는 타인의 행위와 신념이 개인의 삶에서 얼마나 중요
한지를 밝히는 데 있다. 의미 있는 타인의 행위와 신념은 일상적인 상
호작용을 통해 개인에게 직접 영향을 미칠 수도 있고, 혹은 사회적으
로 그러한 사고와 행동을 구체화시킨 구조를 보전하도록 도와 간접적
으로 영향을 미칠 수도 있다. 한 주부를 예로 들어 보자. 이 주부는 사
회의 지배적인 관점에 동조하지 않기 때문에 자신도 대학교육을 받을
수 있으며 받아야 마땅하다고 믿는다. 만약 같은 테니스 클럽에서 만
난 다른 여성 중에 이와 반대되는 신념을 지닌 사람이 있다면 이 주부
의 고등교육에 대한 확신은 약해질 수 있다. 예를 들어, 테니스 클럽
의 동료 여성이 수업 시간에 아이를 대신 돌봐 주는 것을 거절하거나,
이 주부와 그의 결혼생활에 대해 나쁜 소문(이러한 내용은 남편을 통해
서 들을 수도 있음)을 퍼뜨린다면, 이것은 결국 이 주부가 자신과 크게
다르지 않다는 것을 확인하려는 목적에서 나온 행동일 수 있다.

④ 마지막으로 이데올로기 분석은 사회제도 자체를 고찰하고 그것이 개

인에 미치는 직접적인 영향(즉, 특정 사회제도를 유지시켜 주는 역할, 실천 행위, 기대 그리고 문화적 신념의 체계)을 살펴볼 때 활용할 수 있다. 이데올로기 개념을 통해서 볼 때 넓은 의미의 사회제도와 개인이 갖는 사상, 행동, 일상적인 선택 사이에는 분명한 연관이 있다는 것을 알 수 있다. 예를 들어 사회복지사는 특정한 사회정책에 대한 지식을 습득함으로써 정책이 클라이언트에 미치는 구체적인 영향을 추적할 수 있다. 이를 가장 명확히 볼 수 있는 사례는 법정 소득 보장 분야다. 이 분야에 근무하면 수급 자격과 관련된 정책 변화가 일어났을 때 개인의 소득과 복지에 어떠한 영향을 미치는지 알 수 있게 된다. 일부 제도는 독특한 가치관을 수반하기 때문에 은연중에 특정 행동에만 보상을 부여하고 다른 행동은 평가 절하하게 된다. 예를 들어 주부 중에는 '안주인' 역할을 과도하게 중시하는 사람이 있는데, 이는 집안일을 하는 것이 전통적 핵가족 제도 내에서 유일하게 받아들여질 수 있는 역할이라 믿기 때문이다. 따라서 이들은 자신의 지위를 유지하고 사회적 인정을 받을 수 있는 유일한 방법으로서 안주인의 역할에 헌신한다.

2. 사회통제

급진접근이 사회통제에 관심을 갖게 된 것은 사회복지실천이 기존의 사회 조건을 존속시키고, 결과적으로 클라이언트에게 불이익을 가져다준다는 비판에서 출발한다. 사회통제의 과정이란 사회가 그 성원으로 하여금 사회적으로 인정받고 수용되는 방식으로 행동하도록 하는 방법을 일컫는다(Robertson, 1977: 58-59). 만일 이러한 규범을 위반하면 제재가 따르게 된다(Cowger & Atherton, 1977).

급진접근에서는 전문사회복지사가 은연중에 클라이언트를 무기력한 입장에 머물게 하고 지배질서가 그들에게 부여한 정체성을 강화함으로써 사회통제에 기여한다고 본다. 실제로 사회복지실천의 교육, 훈련과 사회화, 문화에 내재된 전문 이데올로기는 사회통제를 달성하는 데 있어 중요한 도구로 활용된다. 사회복지실천의 전문 이데올로기가 클라이언트를 통제하는 데 미치는 영향을 추적하기 위해서 급진사회복지사는 다음과 같은 대원칙을 따라야 한다. 즉, 정상적이거나 바람직하거나 혹은 기대에 부합하는 전문적 실천 행위 혹은 신념이 어떻게 전문가의 지위를 유지시키고 클라이언트에 대한 지배력을 지속시키는지 분석하는 것이다.

일리치(Illich, 1977)는 전문 이데올로기의 역기능적 측면을 명확히 지적하였다. 이론적 측면에서 볼 때, 전문 이데올로기는 사회복지사가 클라이언트에 비해 문제 상황과 그것을 다루는 방법을 더 많이 알고 있다고 생각하는 것이다. 실천적 측면에서 볼 때 전문 이데올로기는 사회복지사가 전문가 역할을 취하면서 클라이언트와 어느 정도 거리를 두고, 그 과정에서 클라이언트로 하여금 문제 해결 수단에 다가가지 못하도록 한다. 제도적인 측면에서 보면 전문 이데올로기는 사회복지사가 '중간 매개자'의 역할을 수행하면서 문제를 완화하는 데 필요한 수단과 자원을 효과적으로 통제하는 장치를 뜻한다. 경우에 따라 전문가는 클라이언트가 자립할 수 있는 가능성을 점차 희박하게 하여 무기력한 상태로 만들 수 있다. 이렇게 되면 잠재적 클라이언트는 원조를 받기 위해 전문가의 기대(클라이언트는 자립이 불가능하다는 기대)에 순응해야만 한다.

전통적인 실천윤리 중 상당수가 앞서 논의한 것 이외에도 다양한 전문 이데올로기를 포함하고 있다. 이 중 '개별화'는 이미 2장에서 살펴보았다. 비록 제2장에서는 개별화의 원리에 따라 대상을 개별적인 존재로서 다루어야 한다고 주장하였지만, 이렇게 개인에게 지속적인 초점을 맞추게 되면 자칫 모든 문제의 원인이 일차적으로 개인에게 있다는 가정으로 빠질 수 있다. 따라서 급진사회복지사는 개별화 윤리를 개별화 이데올로기로 오해해서는 안 된다.

'전문적 객관성' 이나 '자기결정' 의 이데올로기 속에도 클라이언트를 미묘하게 통제하려는 전문 이데올로기의 의도가 숨겨져 있다. 전문적 객관성이란 클라이언트에 대해 객관적인 감정을 유지하면서 존경할 만한 권위를 지닌 사람이 가장 바람직한 전문가라는 믿음에 근거한다. 이러한 신념은 여타의 통념과 마찬가지로 진위요소를 모두 가지고 있다. 중요한 점은 이것이 실제로 사회적 효력을 갖는다는 것이다. 제도적인 수준에서 볼 때에도 전문적 객관성을 유지한 사회복지사가 훨씬 쉽게 직장을 구할 수 있는데, 이들이 클라이언트로부터 더욱 존경받을 수 있으리라 생각되기 때문이다. 클라이언트 역시 객관적인 역할을 수행하는 전문가와 마주하게 되면 호의적인 방식으로 행동할 것이다. 즉, 전문가의 의견에 따르고 그들이 하는 말을 비판 없이 받아들이며, 그렇게 할 때 좀 더 많은 관심을 받게 된다는 사실을 인식하게 될 것이다.

'자기결정' 의 이데올로기 역시 비슷한 방식으로 작용할 수 있다. 클라이언트가 사회복지사의 지시 없이 스스로 결정을 내릴 수 있어야 한다는 신념은 상당히 건전한 생각이다. 그러나 불행히도 여기에는 몇 가지 오류가 있다. 먼저, 누구나 스스로 결정을 내릴 수 있다는 신념은 모든 사람이 대인적, 법적, 관료적 구속에서 자유로울 수 없는 현실을 간과한 것이다. 또한 이러한 신념은 규율을 결정하는 자가 클라이언트가 아니라 전문가인 경우가 많다는 사실 역시 무시하고 있다. 더구나 전문가의 역할은 사회적으로 형성되기 때문에 클라이언트에게 존경을 강요하는 것도 역시 전문가라는 점을 간과해서는 안된다. 마지막으로 자기결정의 이데올로기는 클라이언트의 상당수가 비자발적이라는 사실도 고려하지 않고 있다.

전문 이데올로기는 성차별 이데올로기 또한 표현하고 유지할 수 있다. 헌(Hearn, 1985)은 준전문가집단의 이데올로기와 그들이 전문적 지위를 얻기 위해 쏟아붓는 노력이 어떻게 하여 여성스럽고 '남성에 종속되는' 역할에 관한 이데올로기를 형성하게 되는지 설명하였다. 합의를 중시하고 공격성을 부정하는 이데올로기로 인해 사회복지실천, 특히 대인사회복지실천은 '여성적' 지위를 갖게 된다. 여성적 특성이 바람직하지 않다고 말하려는 것은 아니다(실제로 많은 페미니스트가 양육과 보호 같은 전통적인 여성 특성의 가치를 다시금 인정한 바 있다.). 이러한 이데올로기 이면에 감추어져 있는 사실은 일부 전문직이 단순히 제도화된 가부장제의 한 형태일 수 있으며, 이러한 특성에 적응하지 못하는 클라이언트나 내부 전문직 구성원에게까지 제재를 가할 수 있다는 점이다. 전통적인 가족규범에 적응하지 못하는 사람은 이데올로기 영향을 특히 심하게 받게 된다. 지난 수십 년 동안 한부모 가족(대개 어머니와 아동으로 구성) 역시 이러한 영향을 받았다. 직장에 다니는 어머니 슬하에서 자라난 아이(소위 '열쇠아동')는 필연적으로 문제를 겪는다고 간주되었던 것이다. 여기에서도 일탈 이데올로기가 작용한다. 그러나 이러한 집단의 이데올로기는 통제를 유지시키는 기능 또한 수행한다.

1) 외부 집단이 가하는 통제

사회복지실천 전문직의 이데올로기와 그 통제과정을 분석하는 것은 개인의 삶에 영향을 미치는 여러 집단 간 권력관계를 분석할 때에도 응용될 수 있다. 급진사회복지사는 이데올로기를 통한 사회통제의 원칙을 적용해 보기 위해 상이한 사회집단 간에 발생하는 권력 불균형을 분석해 볼 수 있다. 예를 들어 지배와 착취는 자본가에 의해 노동계급에 가해질 수도 있으며, 남성에 의해 여성에게, 전문가 집단에 의해 준전문가 집단에 가해질 수 있다. 또한 성인으로부터 아동에게, 비장애인에 의해 장애인에게, 백인에 의해 흑인에게, 마지막으로 서양문화에 의해 비서양문화에 가해지는 경우도 있다. 지배와 착취는 권력 불평등을 지탱해 주는 특정 집단의 이데올로기, 즉 특정 신념과 행동, 조직화된 체계를 분석함으로써 설명할 수 있다.

물론 표면적으로 동등한 권력을 가지고 있는 집단 사이에서도 처벌이 가해질 수 있다. 예를 들어 일반적으로 두 집단이 모두 불이익을 받고 있는 것으로 알려져 있지만 실제로는 각자 자신의 위치와 사회적인 정체성을 유지하기 위해 그들만의 차별성을 강조하는 경우가 있다. 이민자라는 신분 때문에 모두 불이익을 받는 소수 민족 집단 역시 서로 협력할 경우 집단의 생존에 중요하다고 생각되는 보호막이 무너질 수도 있기 때문에 서로 협력하는 것을 거부한다. 그러나 모든 불이익 집단이 이처럼 서로를 구별하려고 노력하는 것은 아니다. 그렇다고 해서 이들이 협력하여 사회를 변화시키려는 자세를 갖는 것도 아니다(Pemberton, 1982: 33 참조). 이러한 이슈를 날카롭게 지적하는 일화가 미 연방수사국(FBI)과 쿠 클럭스 클랜(KKK단) 간의 대치를 다룬 영화 '미시시피 버닝(Mississippi Burning)' 역주에 등장한다. 이 영화에서 진 해크먼(Gene Hackman)이 연기한 주인공 앤더슨 요원은 남부지역의 소작농이었던 아버지가 이웃에 사는 흑인 농부의 당나귀

역주 | 영화 미시시피 버닝은 앨런 파커 감독이 연출을 맡아 1988년에 제작된 영화로 1964년 미국 남부에서 일어난 '미시시피 버닝 사건'을 소재로 하고 있다. 이 사건은 당시 미시시피 주에서 흑인 인권운동가 3명이 백인우월주의 과격단체 KKK의 조직원 10명에게 살해된 사건이다. 이 사건의 주범으로 지목되었던 메드가 레이 킬런은 당시 무죄로 풀려났으나 41년 만인 지난 2005년 6월 재수사를 거쳐 2급 살인혐의로 유죄 평결을 받아 화제가 되었다.

를 죽인 일을 회고한다. 당시 당나귀를 소유한다는 것은 성공의 상징이었다. 그러나 이 백인 농부가 당나귀를 죽이게 된 것은 단순히 성공한 이웃에 대한 질투심 때문만은 아니었다. 당시 앤더슨의 아버지는 '흑인보다도 못하다면 그야말로 최악'이라고 되뇌었고, 아들은 훗날 이 일을 회상하며 '아버지는 자신이 가난에 찌들어 있다는 사실은 몰랐던 것 같아.'라고 생각한다.

사회통제가 발휘하는 가장 강력한 효과 중 하나는 문제의 책임을 사회 전체에 공정하고 공평하게 묻는 것이 아니라 실제 불이익을 받는 집단끼리 서로 비난하게 만드는 데 있다. 따라서 급진사회복지사는 불이익을 받는 계급의 성원 각자가 지닌 선입견이나 통념이 그들이 속한 집단 전체를 대표하는 것은 아니라는 점을 인식해야 한다. 오히려 차이를 이용하여 집단의 생존을 유지하고자 하는 지배집단의 이데올로기가 반영된 것일 수 있다는 점에 유념한다.

2) 사회집단 내부의 통제

사회통제 개념을 이용하여 분석해보면 집단 구성원이 자신이 속한 집단의 정체성과 상대적인 사회적 지위를 유지하기 위하여 어떻게 서로를 통제하고 있는지 밝히는 데에도 도움이 된다. 통제는 내면화된 규범이나 외부의 더 넓은 사회적 제한을 통해서만 발생하는 것은 아니다. 집단 내부의 구성원 중에도 강력한 통제자가 존재할 수 있다. 이는 문제를 해결하는 데 있어 가장 큰 장애가 오히려 클라이언트 집단 내부에 존재할 수 있다는 점을 시사한다. 예를 들어 클라이언트 집단의 일부 구성원은 전문가가 원조를 전면 중단할지도 모른다는 두려움 때문에, 권리를 주장하는 또 다른 구성원을 강력하게 처벌할 수도 있다. 즉, 목소리를 높이는 클라이언트에 대해 '제도를 남용'하거나 '새치기'를 한다고 비난하는 것이다. 계급 분열도 마찬가지다. 노동계급의 분열은 '중산층이 머리가 좋기 때문에 더 많은 교육과 높은 수입이 보장되는 직업을 누릴 권리가 있다.'고 믿으면서 발생한다. 또한 노동계급은 교육을 그저 '쓸모없는 이론'정도로 치부하고, 배워 봤자 현실을 전혀 알 수 없기 때문에 '좋을 것이 없다.'고 믿는다. 이러한 분위기에서 어떤 사람이 공동체에 기여하는 바 없이 그저 고등교육 혹은 그 이상의 교육을 받고자 한다면, '책상퇴물(冊床退物)' 역주이라는 혹평을 받게 될 것이다.

3. 반(反)억압

초기 급진비판은 '체계로부터 개인을 보호'하는 것을 이상으로 삼았다. 여기에 억압과 착취에 저항하는 입장이 더해지면서 이러한 비판은 점차 보편화되기 시작했다. 이데올로기 개념 역시 개인적·집단적 신념과 실천행위로 인해 억압이 발생하는 특수한 상황을 강조하기 위해 확장되어 사용된다. 이 밖에도 여러 가지 이론이 사회적 억압에 대한 이해를 높여 주는데, 예를 들어 '낙인이론'과 일부 페미니스트 분석이 여기에 해당된다.

1) 페미니즘과 개인적 차원의 해방

페미니즘 이론과 사회복지실천의 관련성은 이미 여러 학자에 의해 잘 정

역주 | 공부만 하여 산지식이 없고 세상 물정에 어두운 사람을 일컫는 사자성어

리된 바 있다(Brook & Davis, 1985; Dominelli & McLeod, 1989). 이와 같이 체계적인 정리가 가능했던 것은 사회주의와 페미니즘이 개인의 의식이 형성되는 데 사회·문화제도가 작용한다고 보는 일치된 분석을 내놓았기 때문이다(Marchant, 1986; Wearing, 1986). 그러나 여성의 정체성 형성에 대해서는 시각 차이를 드러내는데, 페미니즘은 여성의 정체성이 반드시 사회적으로 부여되는 것은 아니라고 본다(Berlin & Kravetz, 1981: 4). 대신 여성이 젠더와 관련된 제약에서 스스로 자유로워질 수 있는 능력을 지니고 있다고 가정하며, 이러한 점에서 개인적·사회적 해방의 성격을 띤다고 볼 수 있다(Bricker-Jenkins & Hooyman, 1986). 물론 이는 페미니즘 운동의 주요 목적 중 하나이기도 하다. 페미니즘 분석은 비결정론적인 측면을 지니고 있어 급진 사회복지사에게 중요한 가치를 제공한다. 비록 개인은 사회적 기대와 구조적 장치에서 완전히 자유로울 수 없으나, 제약을 극복하고 의지에 따라 선택할 수 있는 능력을 가지고 있다. 예를 들어 기존에 자신을 억압한 방식을 인식하게 되면 그것으로부터 해방되는 방법에 관한 일종의 힌트를 얻을 수도 있다. 이는 근본적으로 의식화 혹은 의식 고양 과정이 무엇인가를 말해 준다. 더 자세한 내용은 '전략과 기법'을 논하는 제7장에서 다루기로 하며, 이 장에서는 억압에 대항하는 급진적 자세가 개인 해방을 통해 실현될 수 있다는 내용을 중심으로 살펴볼 것이다.

2) 사회적 낙인

특정 집단이 사회적 낙인으로 인해 일탈집단이 되고 계속해서 그러한 상태로 남게 된다는 견해가 있는데, 이 견해를 이데올로기 개념과 결합하면 유용하게 활용할 수 있다. 일탈집단에 대한 사회적 태도와 신념의 구체적인 양상을 보여 주기 때문이다. 이 이론은 범법자나 수급자, 성적 일탈자 혹은 장애인 등과 같이 상대적으로 무기력한 소수집단에도 적용될 수 있다. 권력을 가진 집단은 어떤 방식으로든 소수집단과 사회적인 거리를 유지하려고 한다. 권력을 가진 자는 소수집단 성원을 동정심이나 죄의식 혹은 수치심으로 바라보거나 지나치게 보상해 주려고 한다(Goffman, 1963). 이러한 과정을 통해 권력을 가진 자는 동정과 보상의 대상, 즉 소수 집단 성원과 사회적 거리를 두려는 것이다. 낙인을 받는 사람 스스로 '권력자와 다르다는 느낌', '받아들여지지 못한다는 느낌'을 강하게 받을수록, 권력을 가진 집단 성원은 스스로에게 '정상이라는 느낌', '받아들여지는 존재라는 느낌'을 점차 강하게 느끼게 된다. 이러한 과정에 비추어 볼 때 소수집단 성원은 사회적인 낙인에 부합되는 행동을 취할 가능성이 높아지는데, 주변 사람이 역할에 걸맞는 행동으로 해석하기 때문이다. 실제로 사회적 기대와 상호작용은 일탈행동을 증폭시키는 경향이 있다. 예를 들어 장애를 가진 사람은 시간이 지날수록 점점 할 수 있는 일이 줄어들기도 한다. 왜냐하면 주변 사람이 그를 항상 도움이 필요한 사람으로 여기고 그에 맞게 대우하며, 독립할 수 있도록 기회를 주거나 적절한 자원을 제공하지 않기 때문이다. 주변의 시각으로 인해 당사자 역시 스스로 의존적인 사람으로 보기 시작하고 행동하게 될 것이다. 즉, 다른 것을 시도하거나 배우려 하지 않게 되는 것이다. 독립적이 되려는 노력은 오히려 자신의 한계를 수용하지 못하는 것으로 비춰지기도 한다.

따라서 급진사회복지사는 낙인이 발생하는 상황을 정확히 인식해야 한다. 낙인은 개인의 신념 때문에 나타날 수 있고, 낙인을 가하는 주변의 행동 때문에 나타날 수도 있다. 부정적인 자기 인식도 일종의 암시가 될 수 있다. 다른 예로 사회복지사가 의도적으로 거리를 두는 태도 역시 낙인행위에 해당될 수 있다. 소수집단에 기회를 제공하는 것이 아니라 불필요하게 이목을 집중시키거나 기회를 제한하는 정책도 낙인의 또 다른 예가 된다.

4. 사회적 비판

사회복지실천의 사회통제 기능을 급진적 측면에서 분석하고 상대적으로 무력한 집단이 받는 억압을 인식하면, 사회적 장치에 대해서도 의문을 제기하고 비판할 수 있게 된다. 사회복지와 같이 관대한 제도 역시 대상자에게 억압과 불이익을 은밀히 가할 수 있다는 점에서 볼 때, 다른 사회제도 역시 비슷한 기능을 은폐하고 있을 것으로 예상할 수 있다. 급진 실천가가 이러한 비판적 가정을 적용해 볼 수 있는 방법은 여러 가지가 있다.

1) 실질적인 수혜자

우리는 먼저 특정한 상황에서 누가 이득을 얻게 되는지 주목해야 한다. 즉, 주어진 상황에서 어떤 주체(개인이나 집단 혹은 기관)의 이해가 즉각 충족되는가 하는 것이다. 이에 대한 답은 완전히 드러나 있을 수도 있고 그렇지 않을 수도 있다. 예를 들어, 학교 교육이 교육적인 목적만큼이나 중요한 사회적인 목적, 즉 사회화 기능을 수행한다는 사실은 널리 알려져 있다. 그러나 청소년을 가능한 한 오랫동안 학교 교육에 묶어 두려 하는 것이 (물론 그들을 더 잘 가르치려 하는 것일 수 있겠지만) 실업상태에 처하는 것을 막아 결과적으로 사회문제를 경감시키는 기능을 한다는 사실은 그리 잘 알려져 있지 않다.

개인을 대상으로 개입하는 사회복지사라면 아이를 학교에 계속 보내야 하는지 묻는 학부모에게서 이와 비슷한 점을 발견할 수 있다. 실제로 이들 부모는 아이의 교육을 걱정하는 것이 아니라, 아이가 취업하지 못했을 때 부모로서 자신에게 잠재적으로 발생할 수 있는 문제를 더 걱정하고 있는

지도 모른다. 물론 이러한 우려는 현실적이고 합법적이다. 그러나 급진사
회복지사는 이 문제를 아이의 교육문제로 다루는 것이 아니라 부모의 사
회적 우려와 연관된 문제로 다루어야 할 것이다.

2) 사회적 기능

사회적 장치에 의문을 제기하는 두 번째 방법은 특정한 상황이 수행하는
사회적 기능을 살펴보는 것이다. 위 사례를 보면 학교 교육은 분명 교육적
인 기능을 수행하지만 그 밖의 다른 기능도 동시에 수행한다. 선행연구(예
를 들면, Stanley & Wise, 1983)에 따르면 학교 교육을 성공적으로 마치는 것
은 학문적인 성취를 의미하기도 하지만 교육제도 이면에 녹아 있는 젠더
고정관념에 어느 정도 순응했다는 것을 의미하기도 한다. 때로 사람들은
학문적 성취를 위해서는 사회적 순응이 반드시 필요하다고 오해하기도 하
며, 극단적인 경우 양자를 동일한 것으로 생각하기도 한다. 앞서 언급한 사
례에 등장하는 학부모는 아이가 학교를 계속 다닐 때 얻게 되는 교육적 기
능보다는 오히려 그에 따른 사회적 기능에 더 많은 관심을 갖는 듯하다. 물
론 이러한 관심 역시 합당한 것이다. 그러나 사회복지사는 부모의 관심을
단순히 교육적인 문제로만 취급할 것이 아니라, 장차 학교를 그만두게 되
었을 때 발생할 수 있는 사회적인 결과(예를 들면, 실업 등)를 어떻게 다룰
것인가 하는 차원에서 다루어야 한다.

3) 이익 갈등

사회적 비판을 적용하는 세 번째 방식은 주어진 상황에서 상충되는 이익
을 가진 집단이 어떻게 관여하는지 분석하는 것이다. 특정한 상황에서 이

익을 얻는 것은 하나 이상의 주체나 집단이 될 수 있으며, 이해관계는 때에 따라 일치할 수도 있지만 갈등을 일으킬 수도 있다. 따라서 그들은 사회복지사의 개입으로 인해 자신의 이해관계가 위태로워질 것 같으면 변화에 저항하게 된다. 앞서 살펴본 사례의 경우 교사, 아동, 정부, 고용주, 부모 등 다양한 이익집단이 학교 교육과 이해관계를 맺고 있다. 학생이 예정보다 일찍 학교를 그만두게 되면 고용주 입장에서는 젊고 값싼 인력을 얻을 수 있기 때문에 이익이 된다. 일부 부모의 입장에서도 수입원이 늘어나는 것이기 때문에 경제적인 차원에서 이득이 된다. 한편 정부 부처 간에는 입장이 엇갈린다. 교육비의 과도한 지출을 염려하는 당국의 입장에서는 이득이 되지만, 실업 규모의 팽창을 걱정하는 다른 부처에는 결코 득이 되지 않는다. 교사의 경우에도 이러한 현상이 불리하게 작용하는 경우가 있는데, 학생 수가 줄어들면 일자리 수도 줄어들기 때문이다. 자녀가 경제적으로 의존하기를 원하는 부모에게도 이득이 될 리 없다. 이처럼 상황은 매우 복잡하기 마련이므로 급진사회복지사는 자신의 개입이 누구의 이해에 상충되는지를 파악해야 한다.

　또한 개인의 문제상황을 사회적인 수준에서 효과적으로 다루기 위해서는 이를 어떻게 활용할 것인가에 관해서도 고민해야 한다. 계속해서 앞서 제시한 학교 사례를 전통적 성역할 기대에 관한 인식에 비추어 살펴보도록 하겠다. 학교문제를 두고 벌이는 갈등은 부모의 이익과 학생의 이익 사이에서 발생하는 갈등일 수 있다. 이 학생의 어머니는 아이가 학교에 남아 재정적으로 부모에게 계속 의존하게 함으로써 어머니 역할을 보존하려 할 것이다. 한편 아버지는 아이가 하루빨리 학교를 그만두고 취업을 하여 자신의 경제적 책임을 덜어 주기를 원할 것이다. 여기에 교사가 아동으로 하여금 학교에 더 오래 남아 있도록 격려한다거나 정부가 이를 격려하는 정책(예를 들면, 16세 이하는 낮은 실업수당을 적용하는 정책 등)을 실시한다면 갈등은 더욱 증폭될 것이다.

4) 행 위

사회적 비판을 적용하는 네 번째 방법은 이익집단이 어떻게 해서 특정한 상황을 유발하고 적극적으로 보존하는지 파악하는 것이다. 이러한 방법은 개인이 처한 상황 속에서 변화되어야 할 측면을 밝히는 데 유용하게 활용될 수 있다. 앞서 살펴본 학교문제의 사례를 살펴보자. 일부 고용주는 값싼 노동력을 확보하기 위해 그 지역 학생의 취업욕구를 자극할 수 있다. 아버지는 자녀에게 이러한 고용주를 찾아가 보라고 권할 것이며, 어머니는 교사에게 이러한 고용주에 대한 조치를 취해 달라고 요구할 것이다. 이것이 바로 사회비판적 분석을 통해 특정 행위를 둘러싼 여러 가지 관점이 존재함을 알 수 있는 좋은 예다.

5. 사회적 · 개인적 변화

사회구조를 분석하고 이를 통해 밝혀진 억압적 요소를 수정하면서 급진사회복지실천은 사회변화라는 이상이 담긴 신념으로 확대된다. 이러한 신념 속에는 사회변화의 필요성과 사회변화의 가능성이라는 두 가지 측면이 존재한다. 사회변화는 착취가 감소하고, 더욱 평등해지며, 가부장적이지 않은 사회를 목표로 한다. 따라서 변화의 목표 역시 착취적이고 불평등하며 가부장적인 구조를 와해하고 새로운 구조를 구축하는 데 있다. 급진사회복지사는 가부장적이고 전문적인 지배를 와해함으로써 이러한 목표를 달성할 수 있다. 즉, 개인을 대상으로 하는 급진사회복지사의 경우 억압이 개인에게 미치는 영향력을 거부하고, 자기 비난을 감소시키며, 자아존중감과 자율성, 권력을 재구축하게 될 것이다. 이러한 노력이 수반될 때 " … '정상' 이데올로기에 대한 무비판적인 수용 행위는 퇴색하는 반면, 문화적 다양성을 인정하는 틀이 비로소 빛을 발하게 된다."(Bailey & Brake, 1975: 10)

바꾸어말하면, 사회변화의 이상을 달성하기 위해서는 사회적·문화적 다양성을 인식하고 허용하는 사회적 분석이 반드시 수반되어야 한다는 뜻이다. 이것이 특히 중요한 부분이라 할 수 있는데, 초기의 급진적 연구는 문화의 차이와 관련된 쟁점을 무시한 채 단지 계급(그리고 이후에는 젠더) 차이에만 집중했기 때문이다. 그러나 진정한 급진접근이 되기 위해서는 문화적인 착취나 일부 문화체계가 다른 문화를 지배하는 현상이 유지되는 것에도 관심을 가져야 한다. 그러므로 급진실천은 비교문화적 측면과 반(反)인종차별을 아울러야 할 것이다(Petruchenia, 1990 참조).

급진사회복지사가 사회변화를 열망한다 해도 이에 대한 제약이 따르지 않을 수는 없다. 특히 개인을 대상으로 일상적인 수준에서 개입을 진행하는 경우 더욱 그러하다. 사회복지사는 다른 직업과 마찬가지로 피용자의 입장에 있고, 어느 정도는 복지제도라는 구조적 틀에 갇힐 수밖에 없다(Bailey & Brake, 1980: 8-9). 또한 구조를 변화시키는 데 있어 복지대상자의 바람과 능력이 장애로 작용할 수도 있다. 펨버튼(Pemberton, 1982)의 주장에 따르면, 호주의 복지소비자의 경우 정치적 행동을 한다고 해서 항상 성공하는 것은 아니며, 때에 따라 다른 일탈집단(범죄자 등)과 함께 동일시되는 것도 원치 않는다고 한다. 호주 실업자집단의 요구는 대개 개혁 수준에 머무르며 혁명적 성격을 갖지는 않는다. 급진사회복지사가 개입하더라도 실제로 실현되는 사례는 소수에 불과하다는 주장도 있다(Clarke, 1976: 504-505). 이를 종합해 볼 때 급진사회복지사에 의해 이루어지는 변화는 소규모에 그치기 쉽다(Pemberton, 1982: 32-33).

한편 갤퍼(Galper, 1980: 109)는 지금까지 급진적인 활동의 규모가 크지 않았기 때문에 구조적인 수준에서 일어난 변화도 미미하다고 보는 것이 오히려 타당하다고 주장한다. 그러나 급진실천이 발전함에 따라 새로운 가능성도 배제할 수는 없다. 어쩌면 지금의 한계는 억압의 근거를 면밀히 살펴야 하는 급진 접근의 과제를 의미할 수도 있다. 부분적으로는 억압 이데올로기로 인해 한계가 나타나며, 사회복지사와 복지 소비자 또한 자신의 무력함을 믿게 된다. 실제로 이들은 권력의 원천에서 소외되어 있기 때문이다. 따라서 억압 이데올로기에 도전하기 위해서는 면밀한 조사가 필요하다. 갤퍼(Galper, 1980: 118)는 급진 관점에 대하여 다음과 같이 언급한다.

급진적인 관점을 통해 사람들은 보편적 가정, 즉 변화를 창조해 낼 수 없다는 생각을 다시 되돌아보게 된다. 급진적 분석이 행동에 필요한 기반을 제공해 주지 못할 것이라는 생각만 버린다면 기꺼이 급진적 분석을 시도해 볼 것이다. 그러나 급진적 분석이 실제 행동에 도움이 되지 않을 것이라는 생각으로 인해 급진화될 가능성은 줄어든다.

앞에서는 사회제도와 문화제도가 이데올로기 과정을 통해 무력한 집단과 개인을 억압하는 방식을 보여 주는 몇 가지 지표를 살펴보았다. 변화는 억압적인 구조를 지탱해 주는 개인적인 믿음이나 관행에서 자유로워지고자 할 때 비로소 시작된다. 이러한 의미에서 개인적인 변화는 사회변화의 일부가 되며, 윌슨(Wilson, 1980: 39)이 지적한 바와 같이 다양한 측면에 적용될 수 있다. 정치적인 변화가 개인의 욕구를 충족시켜 줄 것이라고 느끼지 못하는 상태에서는 사회변화가 발생할 수 없다. 따라서 개인적 변화와 사회적 변화는 반드시 서로 맞물려 일어나야 한다.

1) 소 외

급진접근에서 소외의 개념은 변화의 중요성을 설명할 때 유용하게 사용된다. 키페(Keefe)의 정의에 따르면 소외는 "자본주의 산업사회에서 자기(the self)와 물리적, 사회적 환경이 점점 멀어져 통제할 수 없는 것처럼 느끼는 상태"를 말한다(Keefe, 1984: 146). 이러한 맥락에서 개인적 소외는 자본주의가 다음과 같이 경험될 때 발생하는 특정한 상태를 지칭한다.

> 사람들은 자본주의 사회에 대처하기 위해 인간 삶의 본질을 소외 상태로 인식하기 시작했다. 그들은 스스로 커다란 바퀴의 톱니처럼 느끼는 것이 자연스러운 것이라 믿으며, 서로를 사랑하기보다는 착취하는 것이, 그리고 스스로 멸시하는 것이 자연스러운 것이라 믿는다(Longres, 1981: 87).

이러한 맥락에서 개인이 소외를 경험하는 것은 결과적으로 기존의 자본주의 구조를 유지시키는 역할을 한다. 소외당한 사람은 세상이 통제하기 힘들고 쉽사리 변화하지 않기 때문에 이에 대항할 힘이 없다고 생각한다. 따라서 급진사회복지사는 위와 같은 신념의 이데올로기적 기능을 파악하여 소외가 클라이언트의 삶에 미치는 영향을 규명해야 한다(Galper, 1980: 40-41).

2) 역사적 분석

사회변화에 대한 또 다른 관점을 살펴보자. 개인의 상황을 분석할 때 사회변화라는 아이디어는 급진사회복지사에게 역사적 분석이 반드시 필요하다는 새로운 의미를 던져 준다. 사회주의 분석과 페미니즘 분석의 기본은 과거의 상황이 어떠했으며, 현재 자본주의적, 가부장적 구조를 결정하는

데 어떤 역할을 수행하는지 면밀히 분석하는 데 있다. 밀스(Mills, 1959: 179)
는 아래와 같이 개인을 이해할 때 구조적 분석과 함께 역사적 분석이 필요
하다는 점을 강조한다.

> 우리가 상황을 더욱 적절하게 이해하려면 가까운 주변 환경이 더 넓은
> 구조적 틀과 서로 어떻게 상호 작용하는지 파악해야 한다. 또한 구조적 틀
> 을 변화시키는 데에도 관심을 두어야 하며, 인접환경에 미치는 영향도 생
> 각해야 한다. 우리가 사회구조와 그것의 변화를 일상적인 것으로 이해할
> 때 비로소 그 사람의 행동과 감정의 원인을 구체적인 환경 안에서 이해할
> 수 있게 된다.

이러한 이유에서 구조에 대한 분석은 반드시 구조의 변화에 대한 분석과
병행되어야 한다. 즉, 사회구조가 시간의 흐름에 따라 어떻게 변화되는지
역시 함께 살펴보아야 한다.

구조에 대한 역사적 분석은 두 가지 원칙을 강조하는데, 이들 원칙은 급
진사회복지사가 클라이언트의 사회적 상황을 이해할 때 유용하게 활용할
수 있다. 먼저 역사적 분석은 현재의 사회적 조건이 반드시 고정된 것이 아
니라 충분히 변화될 수 있다는 것을 보여 준다. 만약 현존하는 사회적 조건
이 과거의 상황에 대한 대응으로 발전되어 온 것이고 이러한 상황이 더 이
상 존재하지 않는다면, 상응하는 구조 또한 변화될 수 있다. 따라서 급진사
회복지사는 현재 개인의 삶을 좌우하는 과거의 조건을 파악하는 것이 좋
다. 또한 현재의 삶의 방식이 여전히 필요하고 적절한 것인지, 현존하는 조
건 중에서 어떤 것이 변화되어야 하는지 확인할 필요가 있다.

두 번째로 사회발전을 역사적으로 분석하다 보면 오늘날의 경험에 비추
어 볼 때 납득이 되지 않는 서로 다른 신념이나 실천 행위 혹은 제도에 관
한 기록을 발견할 수 있다. 그러나 이들은 역사적인 맥락에서 보면 충분히

이해할 수 있는 것일 수도 있다. 필자는 이러한 원칙을 '역사적 상대성 (historical relativity)'으로 명명하도록 하겠다. 이 원칙은 반드시 역사적 맥락에서 개인을 이해해야 한다는 점을 강조한다. 개인의 문제는 과거의 중요한 시점에 영향을 미친 일반적 사회조건에 대한 지식만으로도 충분히 설명할 수 있다(Carr, 1961: 55). 같은 맥락에서 오늘날의 시각으로는 불필요해 보이는 행동도 과거의 사회적 상황에서는 적절하다고 받아들여졌던 태도에 기인한 것일 수 있다. 따라서 오늘날의 경향에 비추어 부적절한 것으로 본다면 자칫 잘못된 사정이 될 수 있다. 캘런(Callan, 1985: 122)은 10년간 결혼생활을 하고 있는 부부의 경험을 예로 들고 있다. 부부는 부모의 강요로 인해 결혼을 하였는데, 아마도 오늘날의 시각에서는 지나치게 고분고분한 사람으로 보일 것이다. 그러나 과거에는 동거에 대한 태도가 오늘날에 비해 훨씬 부정적이었다. 사회제도, 특히 은행거래나 대출관행 등은 부정적인 태도를 더욱 직접적으로 표현했었다. 상황을 감안해 보면 당시의 사회적 압력이 실제 결혼에 이를 정도로 충분히 강력하게 작용했을 수 있다. 또한 결혼에 대한 기대를 뿌리치는 것도 당시에는 훨씬 어려운 일이었을 것이다. 따라서 오늘날 부모의 강요 때문에 결혼하는 사람에 비하면 이 부부를 과히 순종적이었다고 보기 어렵다.

밀스(Mills, 1959: 180)는 논의를 확장하여, 개인의 정서에 미치는 영향요인을 사정할 때에도 당시 사회적 조건을 연관 지어 살펴보아야 한다고 주장한다.

> 성인 심리학에서는 생애 초기경험과의 연관성이나, 아동기가 차지하는 '비중'이 각 사회에서 나타나는 아동기 유형과 사회적 일대기에 따라 다르다고 본다.

예를 들어 밀스는 성격을 형성하는 데 있어 아버지가 수행한 역할을 가족의 유형과 당시 사회구조에서 가족이 차지하였던 위치를 고려하여 파악하는 방법을 제시하였다(1959: 180). 이러한 예는 '역사적 상대성'의 원칙을 급진사회복지사가 어떻게 활용할 수 있는지를 설명하는 데에도 이용된다. 어린 시절 아버지에게서 억압을 경험했던 남성 클라이언트를 이해하는 과정에서 클라이언트와 사회복지사는 아동기에 클라이언트가 속했던 계급과 문화가 아버지 역할을 어떻게 규정했는지 논의할 필요가 있다. 만약 그 시대에 억압적인 아버지가 정상적이었다면 아버지의 억압을 유지시키기 위해서는 가족규칙뿐 아니라 다른 사회적·경제적 관행이 뒷받침되었을 것이다. 또한 당시 사회구조에서 가족의 기대는 사회화의 주된 추진력이었을 수도 있다. 사회복지사는 사회적 맥락을 고려함으로써 클라이언트의 경험을 좀 더 쉽게 이해할 수 있을 것이다. 예를 들어, 클라이언트가 아버지로부터 독립적인 의사결정을 내리지 못한다고 해도 그것을 이해할 수 있게 된다. '역사적 상대성'의 원칙을 적용하면 단지 현재의 사회상에 비추어 바람직하지 않다는 이유만으로 개인이 부적절하다고 간주되는 일은 없을 것이다. 다시 말해 이러한 행동을 역사적으로는 수용 가능하지만 현재에는 받아들일 수 없는 것으로 이해하고 개입하는 것이 더 적절하다.

제5장

사 정

제4장에서는 사회구조가 개인의 삶에 어떻게 직접적인 영향을 미치는가를 살펴보기 위해 구체적인 개념을 개략적으로 논의하였다. 그렇다면 우리는 이런 개념을 통해서 어떻게 사람들이 처해 있는 문제 상황의 원인을 이해할 것인가? 어떻게 우리는 클라이언트가 가지고 있는 문제의 원인을 판단하고 평가할 것인가? 이 장의 목적은 이러한 판단을 내리는 데 관련되는 특정의 문제를 논하고 급진사회복지사가 사정을 하는 데 도움을 줄 수 있는 지침을 개발하는 것이다.

문제사정은 급진사회복지실천에서 특히 중요하다. 그 이유는 골드버그(Goldberg, 1974: 150)가 말한 것처럼 "문제의 정의는 문제 해결을 위한 행동을 결정하는 데 있어서 중요한 원동력이 되고, 문제가 발생되는 방식에 따라 해결안의 범위가 결정되기" 때문이다. 따라서 문제를 정의하고 해석하는 방법은 문제처리방법까지 규정한다. 만약 우리가 사회복지실천의 급진적인 방식에 특히 관심을 갖는다면 반드시 그 문제를 급진적으로 사정하는 방식도 파악해야만 한다.

이에 앞서 사회복지실천에서 전통적으로 사정이 의미하는 바가 무엇인지를 명료히 해 보자. 일반적으로 사정이란 클라이언트가 경험하는 특정 문제의 유형과 원인에 대한 전문적 판단, 평가, 의견 혹은 해석과 관련된다. 사정은 사회복지실천 과정의 중요한 부분이다. 왜냐하면 사정을 통해서 각 사례별로 개인의 상황이 어떻게 특정의 당면 문제를 야기하는지를 구체화할 수 있기 때문이다(Northern, 1982: 60-61). 사정은 본질적으로 사회복지실천 원조의 단계로서, 이 단계에서 한 개인에게 특정한 상황을 야기하는 독특한 원인에 대한 이론이 형성된다. 이런 의미에서 사정은 넓은 범주의 이론과 지식에 대해 이해하고, 이것을 특정 상황을 설명하는 데 적용하기 시작하는 시점이다. 물론 이 시점에서부터 문제가 복잡해지기 시작한다. 왜냐하면 일반적인 것을 구체적인 부분에 적용하고, 세부적인 모든 부분을 포괄하는 설명을 도출하는 것에는 항상 문제의 소지가 있기 때문이다. 한편 전문가 개인에게 있어서 사정은 중요한 전문적 도구이므로 급진사회복지실천을 하는 데 이 측면에 특별한 관심을 가져야 한다. 하지만 사정단계라는 것은 개인의 문제상황에 대한 개입이라기보다는 그 상황에 대한 이해라는 측면에서 여전히 이론적인 특성을 갖는다.

사정과정과 관련하여 대부분의 사회복지실천 문헌은 최소한 두 가지의 구성요소를 언급한다. 첫째, 사회복지실천을 통해서 좀 더 적절히 취급할 수 있는 문제의 유형이 무엇인지를 결정해야 한다. 즉, 의료적 치료나 지역사회 행동 등의 다른 방법을 통해서 해결될 수 있는 문제와는 구분되어야 한다는 것이다. 둘째, 취해야 할 적절한 조치를 더욱 명확히 규정하기 위해서 때로는 문제 유형을 범주화해야 하며 개입은 그 후 이런 범주화에 따라 이루어질 수 있다(Loewenberg, 1983).

이 장에서 우리는 급진사회복지실천에서의 사정의 문제를 다룬다. 이를 위해 먼저 어떤 유형의 사회복지실천 문제가 급진적 접근에 가장 적합한지, 즉 어떤 유형의 문제가 일차적으로 구조적인 원인을 갖고 있는지를 결정하는 방법을 살펴볼 것이다. 그런 다음 앞 장에서 논의한 개념을 기초로 개인 문제에 대한 구조적 원인의 유형화를 시도할 것이다.

1. 개인적인 부분과 구조적인 부분의 구별

앞서 언급한 것처럼 문제를 개념화하는 데 있어서 전통접근과 급진접근 간의 주요한 차이는 개인 문제의 원인으로 사회구조가 차지하는 비중을 어느 정도로 염두에 두는가에 달려 있다. 좀 더 전통적인 접근은 문제가 개인적 차원에 기반하는 것으로 보고, 사회적 환경은 그저 상황을 복잡하게 만드는 요인으로서 단순히 배경 정도로 격하시킨다. 이에 반해 급진접근은 개인의 문제가 개인적 요인에 의해서 복잡해졌지만 일차적으로 사회구조적 기반을 가지고 있다고 본다.

여기서 우리가 살펴봐야 할 두 가지 문제가 있다. 첫째, 과연 급진접근에서는 모든 문제가 구조적인 원인을 가진다고 가정하는가와 둘째, 일반적으로 주어진 상황에서 상호 작용하는 개인적 요소와 구조적 요소가 정확히 어떻게 구별되고 사정될 수 있는가다. 첫 번째 질문에 대한 가장 적절한 대답은 모든 개인문제가 전적으로 구조적인 원인으로 인해 발생하지는 않는다는 것이다. 그러나 개인문제에는 개인적인 요인이 존재하지만, 체험하게 되는 모든 문제에는 항상 구조적인 요소가 존재한다. 개인의 독특한 상황을 창조하는 데 있어서 구조적 요소는 개인의 일대기, 현재의 생활사건, 정서적 · 심리적 특성, 유전, 신체 건강 등과 같은 개인적 요소와 항상 상호작용할 것이다. 급진사회복지사는 늘 이 점에 주목해야만 하며, 사정을 함에 있어서 이러한 상황을 경시해서는 안 된다(개인, 사회 그리고 구조적 요소와 결부된 포괄적인 목록에 관해서는 부록의 사정 지침 점검표 참조).

개인적 요소와 구조적 요소 간의 상호작용이 존재한다고 가정한다면, 급진사회복지사는 이들을 구별하고 어떻게 이러한 요소가 문제의 특성을 악화시키는지를 판단하는 것이 중요하다. 이를 위해서 개인적 문제를 두 개의 범주, 즉 개인적 요소가 중심이 되는 범주와 구조적 요소가 중심이 되는 범주로 분류하는 것이 필요하다.

문제가 어느 하나의 범주로 명확히 범주화되지는 않을 것이다. 실제로 상호 연관된 복잡성을 구분하기 위해서는 연속체의 개념을 활용하는 것이 더 바람직할 수 있다(McIntyre, 1982). 여기에서 개인적 요소가 지배적인 상황은 연속체의 한쪽 끝에 위치하게 된다. 다른 한쪽 끝에는 구조적 요소가 지배적인 상황이다. 이 연속체상에서의 각 사례의 상대적 위치는 균형 잡힌 적절한 개입의 유형을 판단하는 데 도움이 될 것이다.

이러한 연속체의 개념에서 구조적 요소가 가진 중요성의 정도는 다양하다. 이러한 인식은 한 개인의 문제가 구조적 원인을 가질지라도 구조적 요인과 개인적 요인의 상호작용의 방식이 개인마다 독특하게 경험되는 문제를 발생시킬 수 있다는 점을 강조한다. 그리고 우리는 이러한 사실을 잊어서는 안 된다. 맥킨티이어(McIntyre, 1982: 201-202)는 연속체의 양 극단을 보여 주기 위해, 실업으로 인해 자아존중감이 낮아진 두 청년의 예를 제시하였다.

첫 번째 청년의 경우 청년이 처한 열악한 취업 기회라는 구조적 상황에 비해 우울증은 부차적인 것임이 분명할 수 있다. 그러나 두 번째 사례의 경우 장애인 어머니를 돌보는 문제로 인해 이 사례의 소녀가 취업에 대해 죄책감을 가진 것이 상황을 복잡하게 만들 수 있다. 그 소녀가 받는 사회적 압력에 대해 논의하는 것은 실업으로 인한 우울을 해소하는 데에는 도움이 될 수 있지만, 그럼에도 불구하고 어머니를 보살피는 것에 대한 그녀의 죄의식은 여전히 남아 있을 수 있다. 따라서 사회복지실천에서는 방치된 그녀의 어머니에게 대안이 될 만한 보호를 제공하는 데 주력한다. 이 사례를 볼 때 좀 더 적절한 방법은 개인적인 측면에 더 관심을 가져서 그녀와 어머니의 관계, 그녀가 경험하고 있는 개인적 스트레스, 대안적 보호에 대한 그녀의 걱정에 초점을 맞추는 것이 바람직할 수도 있다.

이제 구체적인 예를 몇 개 살펴보자.

첫 번째로 페미니스트 이론이 도움이 될 수 있을 것이다. 리치(Adrienne Rich)는 어머니의 역할에 관해 논하면서 경험(가부장제에 대한 것과는 별개인 자녀 양육의 주관적 경험)과 제도(가부장제 아래서 발전된 경험의 측면)의 차이를 구별하고 있다(Eisenstein, 1984: 70). 또한 경험과 제도에 대한 이러한 구별은 한쪽으로는 개인적 독특성 인한 상황의 특성과 다른 한쪽으로는 사회적 수용에 따른 상황의 특성을 분리하는 데 도움이 될 것이다. 예를 들어 이렇게 구분하면 한 여성이 갖는 부적절한 어머니의 역할이라는 문제는 처음부터 그 여성에게만 해당하는 요인(아동기에 학대받은 경험)에 의해 발생한 문제가 어느 정도며, 어머니라는 일반적 사회적 기대(끝없이 돌보고 배려해야 한다고 느끼는 것 같은)로 인해서 발생하는 문제가 어느 정도인지를 주목함으로써 사정될 수 있다.

두 번째로 죽음을 부정하는 현상을 예로 들어서 이러한 구분을 설명하는 것이 도움이 될 것이다. 켈리허와 푹(Kellehear & Fook, 1989)은 말기암 환자에 대한 연구에서 환자의 표면적인 부정―자신의 임박한 죽음에 대해 논의하려 하지 않거나 심지어 알려고 하지 않음―의 동기가 다양하다는 것에 주목했다. 이러한 이유 중의 일부는 본질적으로 개인적인 특성을 갖는데, 즉 죽음에 대한 부정이 원치 않는 불안이나 정서적 갈등을 피할 수 있기 때문이다. 다른 이유를 살펴보면 사회학적인 측면의 성격이 더욱 강한데, 즉 죽음에 대한 부정은 죽음 그 자체보다도 죽음과 관련된 부정적인 사회적 역할을 회피하려는 시도에 더 가깝기 때문이다. 이러한 경우에 죽음은 선택된 의미 있는 사람에게만 인정하며, 그렇기 때문에 혹자는 이것을 죽음에 대한 부정이라고 생각할 수 있다. 예를 들어 한 남자는 가족에게는 자신이 곧 죽는다는 것을 공개적으로 이야기했지만 담당의사에게는 이를 부정했다. 그 환자의 논리에 따르면 그는 자신이 희망을 포기했다는 사실을 의사가 알지 못하게 함으로써 의사의 치료 노력을 사회적으로 강화하려고 했다. 다른 환자의 경우 병원 직원과는 임박한 죽음에 대해 자유롭게 논의했지만 가족관계를 혼란스럽게 할까 봐 가족에게는 죽음을 인정하지 않았다.

이러한 두 사례에서 보듯이 표면상으로는 정신역동적 부정이지만 좀 더 정확하게는 사회학적인 '역할 거리두기(role distancing)'의 예로 이해된다.

즉, 부정적인 사회적 역할을 회피하는 것이다. 이것은 심리적인 부정이라 기보다는 일종의 사회적인 부정이다.

이와 더불어 죽음을 부정하는 좀 더 구조적인 이유가 더 있을 수 있다. 이런 것은 죽음과 관련된 부정적인 사회적 이미지에 대한 공포와 관련이 있으며 종종 과거의 역사와 문화에 뿌리를 두고 있다. 예를 들면 불치병이 나 노년기 장애에 대한 의료적 이미지 때문에 고립과 전염에 대한 두려움 을 가질 수 있다. 파괴와 고통이라는 전쟁에 대한 이미지 때문에 폭력이나 상실에 대한 두려움이 나타날 수도 있다(Kellehere, 1984). 이러한 경우에는 부정을 심리적 방어보다는 부정적인 사회적 이미지에 대한 회피로 보는 것이 더 낫다.

죽음에 대한 사회적 회피와 심리역동적 부정 간의 구별은 리치의 제도 와 경험에 대한 구분과 상응한다. 이러한 구분을 활용함으로써 지배적인 특성의 종류에 따라 개입의 전략을 바꿀 수 있다. 죽음에 대한 부정의 경 우 만약 이러한 부정이 일차적으로 정신역동적 기능과 관련이 있다면, 정 서적 갈등이나 스트레스를 감소시키는 데 목적을 둔 치료나 상담기술을 채택할 필요가 있을 것이다. 만약 부정이 사회적인 것에 더 가깝다면, 이 러한 요인을 고려한 전략, 예를 들어 죽음에 대한 사회적 준비나 개인의 역할에 대한 사회적 인식이 더 중요하게 다루어질 수 있다(죽음에 대한 부 정과 관련된 구체적인 사회적 전략은 켈리허와 푹의 책에 더 자세하게 논의되어 있음).

지금까지 논의를 통해서 개인적 요소와 구조적 요소의 상호작용에 대한 사정을 시작할 수 있는 몇 가지 예비 방법을 명확히 알게 되었다. 이를 기 반으로 하여 구조적 요소가 개인적 문제를 야기할 수 있는 방식을 좀 더 면 밀히 살펴보자.

2. 개인문제의 구조적 원인

지금까지 확인한 것처럼 사회·경제적 구조가 개인이 경험한 문제에 영향을 미치는 데는 다양한 방법이 존재한다. 즉, 이데올로기의 제약, 사회통제의 과정, 사회낙인의 과정 혹은 사회변화의 결과 등을 예로 들 수 있다. 이를 하나씩 살펴보기에 앞서 우리가 문제의 '원인'이라는 것을 통해서 의미하는 것이 무엇인지를 규명하는 것이 중요하다. 인과관계는 다양한 수준에서 나타날 수 있으며 어떤 것은 다른 것보다 더 직접적인 영향을 미칠 수 있다. 또한 문제의 원인은 일방향일 수도 있지만 아닐 수도 있다. 즉, 구조적 문제가 항상 개인적 문제에 반드시 선행하는 것은 아니다.

첫째, 구조적 요소는 간접적인 방법을 통해 개인이 경험하고 있는 현재의 문제를 악화시키거나 복잡하게 만들 수 있다. 예를 들어 자동차 사고로 인한 신체장애의 문제(예를 들면, 양다리의 절단)는 장애인을 위한 시설의 부족과 다른 사람의 부정적인 태도로 인해서 악화될 수 있다. 이것은 역으로 장애인이 사회적 독립심과 개인적 자긍심을 잃게 하는 원인이 될 수도 있다. 따라서 첫 번째 예에서 보듯이 본질적으로 개인이 경험하는 문제는(신체장애) 장애가 다루어지는 방식에 있어서의 사회적 결함 때문에 더욱 심각한 개인적인 문제가 될 수도 있다.

둘째, 개인적 문제가 실제로 구조적 조건이 표현된 증상이거나 반발이라는 점에서, 구조적 요소는 개인적 문제에 더 직접적 원인이 될 수 있다. 반정신의학주의자가 선호하는 말처럼, 광기란 비정상적 세계에 대한 정상적 반응에 불과하다(Agel, 1971). 개인의 실업은 단지 현재의 경제침체의 증상에 불과할 수 있다. 혹은 앞서의 예를 활용하자면, 다리 절단이라는 상황에 대한 현실에서의 적응 실패는 그 문제를 다루는 데 필요한 사회적 자원의 결여에 따른 직접적 결과일 수 있다.

셋째, 구조적 요소는 개인이 자신의 삶 속에서 가지는 인식과 선택에 영향을 미침으로써, 즉 그러한 것을 사회화시킴으로써 좀 더 심도 깊은 방식으로 개인의 문제를 유발할 수도 있다. 임종을 앞둔 사람은 그저 죽음을 앞둔 사람의 역할이 가진 즐겁지 않은 측면을 피하기를 원할 뿐이지만, 마치 그들이 죽음을 병적으로 부정하고 있는 깃처럼 보일 수밖에 없다. 왜냐하면 죽음에 대해서는 사회적으로 인정되고 받아들여지는 다른 방식이 없기 때문이다. 자신의 인생에 대해서 극도로 불만이 있는 주부의 경우 다른 생활방식에 대해서는 전혀 상상할 수 없기 때문에 교착상태에 빠진 듯한 느낌을 가질 수 있다. 사고로 인해서 다리를 잃었을 경우 현실에 적응하기란 더욱 어려울 수도 있다. 왜냐하면 장애가 있는 사람이 성공한 역할모델이 존재하지 않으며, 그렇기 때문에 스스로가 이전에 가졌던 목표를 달성하는 것이 불가능하다고 믿기 때문이다.

넷째, 정상성과 일탈의 개념은 구조적이고 정치적인 맥락에서 결정된다. 따라서 개인의 문제라는 것은 그것들이 가진 필연적으로 본래적인 결함 때문이 아니라, 단지 사회적으로 문제라고 정의되었기 때문에 존재할 수도 있다. 정신질환 문제를 예로 하여 어떻게 질병에 대한 규정이 문화적, 역사적 및 젠더의 기준에 따라 다르게 이루어지는지를 보여 주는 많은 연구가 발표되었다(Agel, 1971). 그렇기 때문에 정신질환 문제는 단지 이것을 그렇게 보는 것이 특정 사회집단의 이익에 적합하기 때문에 존재할지도 모른다. 다시 말해서 신체장애라는 것은 반드시 개인의 문제가 아니라, 우리가 정상이라고 생각하는 범주가 완벽한 신체를 전제로 하기 때문에 문제라고 규정되는 것이다.

마지막으로 구조적 요소는 개인이 생활하고 있는 물적 조건을 결정하기 때문에 개인문제의 가장 직접적인 원인이 될 수 있다. 예를 들어 가족을 책임지고 있는 상당수의 어머니는 불리한 가족법 때문에 빈곤에 처해 있다. 그리고 신체장애가 있는 사람은 사회적 자원의 부족으로 인해 충만한 생활양식을 누리지 못할 수도 있다.

개인문제를 어떻게 사정하든 이러한 직·간접적인 인과 요인이 영향을 줄 것이다.

1) 이데올로기의 제약

이데올로기의 제약으로 인해 발생하는 문제의 범주에는 앞서 살펴보았던 다양한 이데올로기 측면에서 발생하는 문제가 포함된다. 여기에 포함되는 것에는 행동에 대한 제약, 신념에 대한 제약, 그리고 제도적 장치에 대한 제약이 해당된다.

행동의 제약

여기에는 정형화된 역할, 역할갈등 그리고 역할의 사회화로 인해서 발생하는 문제가 포함된다.

정형화된 역할은 개인의 성장과 능력에 제한을 가할 수 있다는 측면에서 명백히 문제가 된다. 페미니스트 문헌을 보면 어떻게 성역할 정형화가 개인에게 어려움을 야기하는지에 대한 풍부한 실례가 발견된다. 그러나 사회적 기대로 인해 개인이 취하게 되는(혹은 취할 것으로 보이는) 정형화된 역할 또한 문제가 되기 쉽다. 가장 대표적인 것이 연령, 인종, 계급 및 직업에 따라 정형화된 역할이다.

사회적 역할 간에 혹은 갈등적인 사회적 역할을 수행하는 개인 간에 나타나는 갈등으로 인해서 개인은 문제를 경험할 수 있다. 예를 들어 어떤 여성은 직업과 모성 사이의 상충하는 기대를 성공적으로 해결하지 못할 수

도 있다. 또 다른 예로 노령의 부모님을 잘 모시고자 하는 사람에게 역할갈
등은 죄의식의 원인이 될 수도 있다. 그들은 자녀에 대한 책임 때문에 가정
에서 부모님을 보살피는 것이 불가능할 수 있으며 따라서 본분을 다하는
부모이자 자녀라는 두 역할을 동시에 달성하는 것이 불가능하다. 핵가족
의 경우에는 아동양육과 재정을 놓고서 아버지(생계담당자 역할)와 어머니
(양육자 역할) 사이에 직접적인 갈등이 나타날 수도 있다.

또한 특정의 사회적 역할을 학습한 결과 나타난 역할의 사회화 혹은 역
할행동이 문제의 원인이 될 수 있다. 이에 대한 좋은 예가 '학습된 무기력'
(Sturvidant, 1980: 123)과 연관된 역할이다. 이러한 역할에는 여성, 환자 혹
은 노인의 역할이 포함될 수 있으며, 여기서 사회적으로 수용된 역할의 특
성은 무력감과 의존이다. 문제는 의존적이고 무기력한 행동이 특정한 사
회적 역할 속에서는 명확히 기대되고 묵인되고 강화되지만, 종종 다른 생
활상황에서는 문제가 된다는 것이다. 이로 인해서 발생할 수 있는 다른 문
제는 우울증과 부정적 자기관으로 이 또한 정신건강문제로 보일 수 있으
며, 따라서 이는 기혼 여성에게 기대되는 역할과 같이 여성 역할의 사회화
로 인해 나타난 측면과 결부된다고 할 수 있다(Gottlieb, 1980).

신념의 제약

신념의 제약과 관련된 문제는 다음의 세 가지 방식, 즉 변화 불가능한 잘
못된 신념, 신념에 대한 갈등, 사회화된 신념을 통해서 발생할 수 있다.

결과적으로 역할선택을 제한하거나 자기-파괴적 생각을 영속화시키는
신화적 신념을 굳건히 믿음으로써 다수의 개인적 문제가 발생할 수 있다.
이러한 신념의 예로 장애인은 독립적으로 생활할 수 없다는 것, 여성에게
교육은 낭비라는 것 혹은 '착한' 여성은 순종적이다라는 것과 같은 것이
있다.

신념갈등 때문에 발생하는 문제는 한 사람 이상이 직접적으로 관련되는 것으로서, 즉 내면화될 수 있는 것이다. 한 개인은 상충적인 신념을 가지게 될 수 있는데, 변화하는 신념체계로 인해서, 서로 부딪치는 역할로 인해서, 혹은 양립 불가능한 가치를 가진 집단에 동시에 속한다든지 하는 이유 때문이다. 예컨대 이러한 종류의 갈등은 중·장년층의 사람이 재교육을 받거나 직업을 바꾸려고 할 때, 이민으로 인해 문화적 갈등을 경험할 때 혹은 청소년과 부모의 가치 간에 '세대 간' 갈등을 겪을 때와 같은 상황에서 나타날 수 있다.

마지막으로 우리는 특정한 역할을 사회화시킴으로써 어떤 신념이 나타난다면 그 역할 내·외부에 있는 사람을 위해서 한 개인이 자기 부정적인 성격을 가지게 됨을 알아야만 한다. 앞서 살펴본 것처럼 자기 부정적 태도, 낮은 자아존중감 혹은 자기비난이라는 태도는 여성이라는 역할이 부여하는 수동성과 만성적 무력감의 결과일 수 있으며 따라서 여성이 갖는 우울증과 결부된다(Sturdivant, 1980: 123-124).

제도적 장치

구조적 조건은 최소한 다음의 세 가지 방식을 통해서 개인문제의 발생 원인이 될 수 있다. 첫째, 물질적 제약을 통해서, 둘째, 권력이나 기회의 결여를 통해서, 셋째, 경쟁적인 이익집단 간의 갈등을 통해서다.

널리 알려진 바와 같이 자원의 부족이나 부적절한 할당과 같은 물질적 제약이 개인문제를 직접적으로 야기할 수 있다. 이러한 문제의 유형으로는 열악한 생활여건이나 재정문제로 인해서 다수의 연금수급자가 겪는 사회적 고립이 포함될 수 있다.

두 번째로 생활상에서의 권력이나 기회의 결여로 바람직하지 못한 성격적 특징이 직접적으로 발생할 수 있다. 예를 들어 잔소리 같이 타인을 조정하려는 행동은 무력한 상황에서 은밀한 힘을 발휘하려는 시도일 수 있다 (Sturdivant, 1980: 125). 비판에 대해 겉으로 '편집증적'으로 보이는 반응은 과거에 억압적 상황에서 경험한 학습의 결과일 수 있다(Brodsky, 1980: 57).

세 번째로 경쟁관계에 있는 이익집단 간의 갈등은 직접적으로 개인의 문제를 유발할 수 있다. 예를 들어 청소년과 관련된 가족문제는 세대 간의 가치갈등, 즉 더 힘 있는 부모와 상대적으로 힘이 약한 자녀 간의 갈등으로 분석될 수 있다.

서비스 이용자, 사회복지사 그리고 사회복지서비스 기관 간에 나타나는 경쟁적 이해관계 간의 갈등으로 인해서 개인의 문제가 더욱 복잡해질 수 있다. 예를 들어 취해야 할 행동을 놓고서 기관이나 사회복지사와 합의가 이루어지지 않아서 개인의 문제가 악화될 수 있다. 특히 아동보호 분야의 경우에 이러한 일이 일어나기 쉽다.

전문직의 무능성에 대한 일리치(Illich)의 논문(1977)은 어떻게 전문가와 클라이언트의 이익이 서로에게 적대적이 되는지를 잘 예시해 준다. 전문가는 독자적 전문가로서 자신의 지위를 유지하는 것이 필요하다. 이를 위해서 전문가는 클라이언트를 희생시켜 그들이 자율적인 의사결정자가 될 수 없도록 하고 있다. 따라서 사회제도로서 전문가는 실제로 사람의 문제를 심화시킬 수 있다.

2) 사회통제 과정

어떤 문제는 사회통제 과정을 통해 힘이 약한 집단을 착취하거나 억압하려는 시도에서 직접적으로 유발된다고 할 수 있다. 최근 이러한 것이 행동적, 이론적 그리고 제도적 차원에서 문제를 발생시키는 방식에 대한 다수의 논의가 진행되었다. 이와 더불어 더 심각한 문제의 원인은 지배집단의 억압과 착취며, 구조적인 권력불균형이 개인의 문제에 직접적 원인이 될 수 있는 좀 더 구체적인 방법을 밝히기 위해서는 지배집단에 의한 억압과 착취에 관한 것이 추가적으로 논의되어야 한다.

이데올로기의 제약은 별개의 문제로 하고, 공식 및 비공식적 승인은 주요한 사회통제 방법 중 하나다(Robertson, 1977: 58). 공식적 승인, 즉 사회적으로 법제화된 규제체계는 확실히 권력불균형을 직접적으로 유지할 수 있다. 예를 들어 빈민은 그들의 이익에 역행하는 사회정책과 경제조치 때문에 계속 빈곤에 처하게 된다는 주장이 있다(Piven & Cloward, 1971).

우리가 앞에서도 주목한 것처럼 권력의 결여는 특정 집단의 문제적 특성, 즉 그들이 무권력 상태로 남아 있다는 사실에 직접적인 원인이 된다. 예를 들어 핀더휴즈(Pinderhughes, 1983)의 주장에 따르면, 아프리카계 미국인 가족이 가지고 있는 몇몇 가치는 무력함의 결과로 인해 발달된 것이다. 숙명론, 무력, 거침, 투쟁, 약삭빠름 그리고 권력에 높은 가치를 부여함으로써 그들은 인종차별주의, 억압 그리고 빈곤의 상황에 맞설 수 있었다. 하지만 불행히도 이러한 동일한 가치 때문에 아프리카계 미국인 가족은 백인 미국인과의 갈등에서 취약할 수 있으며 외부의 원조를 쉽게 받아들이지 않는다.

또한 올바른 행동에 대한 비공식적 승인이나 비성문화된 가정이 개인에게 직접적인 어려움을 야기시킬 수 있다. 비순응적인 집단이 가지는 바람직하지 않은 태도와 행동은 지배집단의 처벌 혹은 낙인의 대상이 될 수 있다. 그 결과 일탈집단에게는 사회적 배제나 혹은 사회적 성장과 발전에 대한 제한이 야기될 수 있을 것이다. 잘 알려진 것처럼 이혼자에 대한 사회적 배제와 그에 따른 외로움은(Hart, 1976) 이러한 방식을 통해서 부분적으로 설명될 수 있을 것이다.

3) 사회적 낙인 과정

유사하게 사회적 낙인과정 역시 일탈행동에 대해 그냥 다른 종류의 행동이 아닌 문제라고 규정함으로써 개인의 문제를 일으킬 수 있다. 예를 들어 스터디번트(Sturdivant, 1980: 127-8)는 여성의 경우 정신분열증 같은 몇몇 정신질환이 여성의 가사역할에 대한 거부와 연관될 수 있다는 것에 주목한다. 스튜터디번트는 이러한 것과 다른 연구 결과를 함께 생각해 보면, '정신분열증'이라고 낙인 찍힌 많은 질병은 좀 더 정확하게는 성역할 거부 혹은 멀리하기로 불릴 수 있을 것이라고 결론 내렸다.

이러한 유형의 낙인은 어떤 집단에서는 수용될 수 있지만 다른 집단에는 수용되지 않는 행동을 생각해 볼 때 더욱 명백하게 이해된다. 예를 들어 똑같은 행동이 남성의 경우에는 '주장이 강한' 행동으로 보이는 반면 여성에게 있어서는 '공격적'이며, 따라서 문제 있는 행동이라는 낙인을 받을 수 있다(Sturdivant, 1980: 128). 이처럼 부정적인 자기인식과 자멸적인 행동은 부정적인 사회적 낙인을 통해서 야기되고 유지될지도 모른다.

4) 사회변화

사회변화는 이에 대한 무능한 대처와 시대착오적인 개인의 태도와 행동으로 인해서 개인의 문제가 될 수 있다.

빠른 사회변화는 개인에게 스트레스를 유발할 뿐만 아니라, 사회에서의 소외감과 사회변화에 영향을 미칠 수 있는 능력에서의 소외감을 야기할 수도 있다(앞서의 장에서 이에 대해 자세하게 논의했음). 이러한 소외감이나 무기력감은 문제가 될 수 있는데, 그 이유는 사회변화에 따른 가치의 변화와 기술의 변화에 뒤지지 않기 위해서 스스로를 변화시켜야 하는 경우가 매우 자주 발생하기 때문이다(Fook, 1984). 사회복지 사례의 목록을 살펴보면 이혼이나 직업 혹은 장애와 관련된 사회적 관습의 변화에 대한 수용을 거부해 온 사람의 사례로 넘쳐난다. 여기에 더하여 시대착오적인 태도와 행동 역시 개인의 삶에서 갈등을 불러일으킬 수 있다. 그 대표적인 예로는 '세대차'로 인한 가족갈등이나 여성의 역할에 관한 새로운 인식을 받아들인 여성과 그렇지 못한 남편 간의 갈등이 있다. 중년의 나이에 공부를 시작한 사람과 오래된 가치 체계를 유지하고 있는 교육받지 못한 친구 사이에서도 비슷한 문제가 발생할 수 있다.

이 장에서는 개인적 문제의 원인과 구조적 및 개인적 요소의 상대적인 중요성을 사정하는 데 사용하기 위한 다소의 광범위한 지침을 형성하려는 시도를 했다. 어떠한 문제든 거기에는 항상 개인적 요소와 구조적 요소(급진 사회복지실천가가 명확히 표명할 필요가 있는)가 모두 존재하지만 그런 요소의 상대적 중요성은 다양하다. 또한 연속체의 개념을 활용하는 것은 이러한 상대적 중요성과 가능성 있는 바람직한 전략을 개념화하는 데 도움이 될 것이다. 이 장에서는 구조적 요소가 개인의 문제를 발생시키는 정도에 대한 유형화와, 문제의 구조적 요소의 범주에 대해 약술하였다. 우리는 이런 유형화 덕분에 개인을 원조하는 데 특정한 목표를 지향할 수 있다.

제6장

목 표

앞 장에서 우리는 급진사회복지사가 어떻게 개인이 겪는 문제의 원인을
사정하고 범주화하는지에 대해 구체적으로 살펴보았다. 이를 바탕으로 이
장에서는 문제를 가진 개인의 상황을 변화시킬 수 있도록 원조하기 위해
사회복지사와 당사자는 무엇을 목표로 삼아야 하는지에 대해 살펴본다.
사회복지실천에서 사회복지사가 개입하는 목표, 목적 혹은 바람직한 결과
를 구체화시키는 것은 중요하다. 이렇게 함으로써 행동의 방향을 설정할
수 있을 뿐만 아니라 전문적 원조가 의도한 결과를 평가할 수 있는 기초로
도 이용될 수 있다. 물론 이것은 우리의 서비스를 이용하는 사용자에게 전
문적 책무성을 보여 주는 한 측면이므로, 급진사회복지사의 일상 업무에서
핵심이 된다. 이와 더불어 목표는 "문제와 전략을 연결하는 가교역할을 한
다."(Loewenberg, 1983: 73)

급진사회복지실천의 일반적 목적은 개인적인 변화, 자율성, 권력을 신장
하는 데 있는데, 이러한 것은 주로 사회구조가 개인상황에 미치는 영향력
을 인식함으로써 획득될 수 있다. 개인은 이러한 인식을 통해서 자신의 삶
을 통제할 수 있는 능력을 신장할 수 있어야 한다. 급진사회복지실천과 전
통사회복지실천은 개인에게 초점을 둔다는 측면에서 유사한 목표를 갖는
다. 그러나 전통사회복지실천은 환경을 다루는 데 있어서 개인의 부적응
을 변화시키는 데 목표를 둔다면, 급진사회복지실천은 (위에서 설명한 바와
같이) 개인의 생활에 영향을 미쳐 문제를 일으키는 사회구조적 측면을 변
화시키는 데 목표가 있다. 어떤 의미에서 이 두 가지 목표는 상호 배타적이
지 않다. 왜냐하면 사회구조가 개인의 부적응에 직접적인 원인이 될 수 있
기 때문이다. 하지만 전통사회복지사는 일반적으로 관심을 제한하여 한
개인의 직접적 환경 내에서 발생하는 약점이나 결함에 초점을 맞추는 반
면, 급진사회복지사는 이러한 관심을 더욱 확대하여 개인의 문제와 사회구
조 간의 관계에 초점을 둔다.

이 장에서는 우리는 급진사회복지실천의 네 가지 구체적 목표를 조망해 보려 한다. 네 가지 목표는 이데올로기의 제약 완화, 억압과 착취의 완화, 사회적 낙인효과의 완화, 사회적 변화를 관리할 수 있도록 개인적 변화와 능력을 신장하는 것이다. 이러한 범주의 목표는 앞 장에서 문제의 구조적 원인을 사정하는 방식에서 도출된 것이다.

1. 이데올로기의 제약 완화

5장에서 살펴본 바와 같이 이데올로기는 행동적, 신념적 그리고 제도적 측면에서 제약을 가한다. 이러한 구분에 따라 이데올로기의 제약을 완화 하는 것에 관해 논하고자 한다.

1) 행동의 제약 완화

개인에게 미치는 행동의 제약을 완화시키고자 하는 목표는 개인의 행동을 제한하고 개인 간의 상이한 행동을 엄격히 구분하는 사회적 역할구분을 완화하는 것이다. 여기에는 다섯 가지 구체적 측면, 즉 역할의 가능성 신장, 사회적 역할갈등의 해소, 대안적 역할의 개발, 역할변화, 역할사회화 에 대한 인식제고 등이 있다.

① 역할 가능성은 특정의 선택된 역할 속에서 받아들여지는 행동의 범주 와 종류를 확대함으로써 신장될 수 있다. 예를 들어 가족부양 책임으로 인해 스트레스를 받는 개인에게 다른 가족구성원과 재정적 책임과 생계유지의 책임을 분담하게 함으로써 스트레스를 감소시킬 수 있다.

2 사회적 역할갈등 또한 마찬가지로 하나의 역할뿐만 아니라 (겉으로 보기에 상충적인) 다른 역할을 수용하도록 함으로써 해결될 수 있다. 행동의 선택을 명료화하고, 이러한 것이 실제로 모순되지 않는지를 결정하는 과정이 필요하다. 예를 들어 한 어머니가 취업을 하고 싶은데 역할 사이에서 갈등을 겪게 된다면 이를 해결하는 한 가지 방법은 각 역할수행에 실질적으로 필요한 행동을 명료화하고, 이러한 갈등이 조화를 찾을 수 있는 방안을 강구하는 것이다. 두 사람이 동일한 역할을 수행함으로써 나타나는 역할갈등이 있는 경우에도 이러한 목표가 설정될 수 있다. 앞서 가족부양자의 사례에서 살펴본 것처럼 두 사람이 역할에 필요한 특정행동을 공유하거나 공동으로 수행할 수 있다면 역할갈등은 완화될 수 있다.

3 대안적 역할은 새로운 역할가능성을 창출함으로써 개발될 수 있다. 예를 들어 은퇴 후 생활이 만족스럽지 못한 전문가는 전문가로서의 열정을 포기할 것이 아니라 자발적인 상담가로서 새로운 역할을 개발할 수도 있다.

4 기존의 역할은 실제로 변화될 수 있다. 이는 페미니스트 운동으로 인해 상당한 진보를 가져온 영역이다. 전통적으로 남성 혹은 여성의 역할이라고 간주되던 것이 현재 도전을 받고 있다. 이제 여성은 순종적이지 않아도 되고 남성은 공격적이지 않아도 된다. 직장에서 관리자는 비정한 남성적 접근보다 대인관계 기술 등 여성적 특성이 강한 기법을 사용해야 성공하게 된다. 주부와 가장이라는 전통적 역할은 먼 미래에는 존재하지 않을 수도 있다. 개인이 특정한 역할을 수행하는 데 문제가 있다면, 그 역할을 계속하기를 포기할 수 있다. 예를 들어 직장에서 성공하기 위해 내키지 않는 일을 해야 한다는 신념 때문에 불행한 사람은 더 이상 순응하지 않겠다고 결심만 하면 된다. 일반적

으로 자신의 위치를 유지하기 위해 상관의 일을 수행하려 하는 말단 직원의 경우가 그 예가 될 것이다.

5 역할사회화에 대한 인식을 제고하기 위해서 사회복지사와 클라이언트는 특정 역할과 관련된 문제행동을 변화시키기 위해 협력할 수 있다. 예를 들어 지나치게 의존적인 만성질환자가 그 가족구성원에게 문제를 야기한다면, 모든 행동에서 의존적이어서는 안 된다는 점을 지적해 주는 것이 좋다. 만성질환자에게 가사와 잔디 깎는 일은 도움이 필요하지만 의사결정하는 데는 도움이 필요 없다. 특정 역할을 수행하는 데 따른 부수적인 성과는 좀 더 독립적인 방식으로 행동함으로써 얻을 수 있다는 것을 보여 주어야 한다.

2) 신념의 제약 완화

앞에서 주장한 것처럼 사람은 자신의 행동을 제한하고 사회적으로 규정된 역할에 자신을 구속시키려는 신념 혹은 가정을 가지고 있다. 개인 및 사회복지사는 때때로 이러한 신념을 약화시키는 데 목적을 둘 수 있다. 이러한 목표를 성취하는 데 세 가지 구체적인 측면, 즉 허위신념에 대한 도전, 갈등적 신념의 해결 혹은 인내, 자기 패배적 신념의 수정이 존재한다.

1 한 사람이 허위신념에 도전하는 것은 중요하다. 왜냐하면 그러한 것을 믿음으로써 개인보다는 기존 사회체계 내에서 권력을 갖는 집단에게 실제로 봉사하기 때문이다. 이러한 의미에서 도전의 대상은 허위신념의 본질적인 진실성 혹은 허위성의 문제가 아니라 이것이 수행하는 기능이다. 그러나 일부 사례를 보면, 이러한 신념은 명백히 오류며 잘못된 행동을 유도할 수 있다. 예를 들어 여자는 남자가 없으면 아무

가치가 없다는 일반적인 오해를 신념으로 가지고 있는 여성이 상담을 받으러 온 경우다(Russianoff, 1982). 이러한 경우 원조의 목적은 이러한 관점에 도전하고, 각자의 여성이 가치 있는 개인이라는 것을 인식시켜 주고, 이러한 신념을 믿게 됨으로써 여성은 스스로 남성이 요구하는 역할에 의해 제약을 받는다는 점을 밝혀 주는 것이다.

2 만약 한 개인이 사회에 대한 갈등적 신념을 갖게 됨으로써 문제가 발생한다면, 여기서 목적은 갈등을 해결하거나 인내하도록 학습하는 것이 될 수 있다. 급진적 접근에서는 갈등을 항상 부정적인 것으로 받아들일 필요가 없다. 갈등이 문제 상황을 야기한다는 부정적인 생각은 신념에 지나지 않는다. 상황을 재규정하고 갈등을 자연스럽고 정상적인 혹은 사회생활의 예측된 면으로 간주하는 것이 적절할 것이다. 그러나 만약 개인이 갈등을 해결하고자 원한다면, 이는 실질적인 갈등과 결부된 실질적인 선택을 점검하고, 그 사람의 외부에 존재하는 갈등의 원천을 파악함으로써 달성될 것이다. 예를 들어 이민 온 부모와 이민 온 나라에서 자란 1세대 자녀 사이에서는 문화적 갈등이 나타날 수 있다. 상황이 재규정되어 문제가 단순히 새로운 상황에 적응하는 과정에서 발생된 것으로 인식한다면, 부모와 아동은 서로에 대한 적대감을 완화시키고, 이민이 가져온 변화에 대처할 수 있는 새로운 사고와 행동을 구축하게 되어 갈등을 줄일 수 있을 것이다.

3 남자가 없으면 여자는 무가치하다고 믿는 앞선 여성의 경우와 같이 개인이 고수하는 일부 사회적 신념은 분명히 자기패배적일 수 있다. 급진사회복지사는 명백히 자기 패배적인 이러한 태도들 특히 자기 비난, 낮은 자존감이나 열악한 자아상, 혹은 개인적 무력감에 초점을 둠으로써 어떻게 이러한 것이 구조적 조건에서 발생하는지를 보여 주고 개인으로 하여금 좀 더 역량강화적인 개인가치를 구축하도록 원조할

수 있다. 예를 들어 우울증에 빠진 전업주부는 자신이 똑똑하지 않거나 다른 일은 할 수 없다고 생각할 수 있다. 이러한 경우 사회복지사의 목표는 클라이언트의 이러한 신념은 사회생활을 거의 하지 않아서 단순히 지적자극을 받지 못했기 때문에 나온 결과라는 것을 밝히는 데 있을 것이다. 이렇게 함으로써 그녀는 적절한 기회와 경험이 주어진다면 자신이 할 수 있는 능력에 비추어 자신의 역량을 재평가할 수 있게 된다.

3) 구조의 제약 완화

개인의 자율성과 권력을 제한하고 있는 구조 자체는 세 가지 방법을 통해 약화될 수 있다. 물질적 자원의 재분배나 제공, 기회와 자원에 대한 접근성 향상과 권력신장, 경쟁적 이해 집단 간의 권력 균형 혹은 재분배 등이다.

1 물질 자원을 제공하고 재분배, 재배치하는 것은 불이익을 받고 있는 사람에게 물질적인 구조적 제약을 완화시킬 수 있는 가장 분명한 방법이다. 예를 들어 아동보호시설을 제공함으로써 어머니는 대학교육을 받을 수 있게 된다. 그러나 클라이언트의 상황에 새로운 자원을 투입해야 될 경우는 많지 않다. 이미 클라이언트가 소유한 자원을 재배치하거나 혹은 주위 사람이 소유한 자원을 재분배할 수 있다. 부모에게서 독립해서 살고 싶지만 재정적 능력이 없는 신체장애를 가진 성인 남성의 경우를 예로 들어 보자. 그는 자신의 자산과 다른 사람의 연금을 합쳐 공동주택을 함께 마련함으로써 부모에게서 독립된 생활을 할 수 있다.

2 자원이나 기회에 대한 접근가능성과 권력을 신장시키는 것은 개인의

자율성을 증진시킬 수 있는 중요한 방법이다. 여기에는 몇 가지 방법이 있다. 가끔 자원획득의 과정을 구체화하는 것만으로도 충분할 수 있다. 어떤 때는 관련 정보가 제공되어야 한다. 어떤 경우 자기패배적 신념과 무력감에 쌓인 행동을 일차적으로 약화시키는 데 목표를 둠으로써 개인은 기회를 창출하고 활용할 수 있을 것이다. 이것이 바로 다수의 학자가 '역량강화의 목표'라고 지칭하는 것이다(Pinderhughes, 1983; Furlong, 1987). 역량강화의 기법과 구체적 전략은 마지막 장에서 다루기로 한다.

③ 경쟁관계에 있는 이해집단 간의 권력을 평등하게 하고 재분배하는 데 목표를 둠으로써 구조적 제한을 감소시킬 수 있다. 개인이 전통적으로 권력이 약하고 다른 집단과 경쟁관계에 있는 집단의 성원일 경우, 두 집단 간의 불균형한 권력을 동등하게 하는 것이 도움이 될 수 있다. 부모와 10대 자녀 사이에 갈등이 나타나는 가족의 경우를 예로 들어 보자. 급진사회복지사는 사춘기 자녀의 의사결정의 역량을 강화시켜 줌으로써 부모의 권력을 자녀에게 재분배할 수 있다. 이것은 두 집단 간의 갈등을 해소하고 관련된 모든 상황을 희망적으로 개선시킬 뿐만 아니라, 개별 청소년의 역량을 강화하는 데도 도움이 될 것이다.

2. 억압과 착취의 완화

급진사회복지사가 개인에 대한 차별과 착취를 감소시킬 수 있는 주요 방법 중 하나는 개인에게 미치는 차별과 착취의 구체적인 효과를 완화시키는 것이다. 우리는 이미 자기패배적인 행동이나 태도를 수정하는 몇 가지 목표에 대해 논하였다. 이러한 목표 외에 개인의 권력을 개발하고자 하는 목표가 추가될 수 있다. 또한 사회적으로 자기패배적 신념이 강한 사람을 위해 좀 더 사회지향적 목표를 창출하거나 대안적 지지 혹은 지위체계와 연계관계를 구축해 줄 수 있다. 다수의 지지집단과 로비집단은 이러한 유형의 대안적 사회정체성을 제공할 수 있다. 예를 들어 정신지체아를 가진 부모는 장애인 서비스의 자원 확보와 관련한 지역사회 활동에 참여함으로써 사회적 인식을 달성할 수 있으며, 이를 통해 사회적 치료효과도 얻을 수 있다.

3. 사회적 낙인효과의 완화

한 개인의 삶에서 사회적 낙인의 효과를 완화시키기 위한 첫 번째 논리적인 단계는 그 사람이 사회적으로 낙인 받는 방식을 인식시키는 것이다. 이렇게 함으로써 문제에 대한 비난을 개인의 내면적 특징에서 찾지 않고 이러한 특징을 바람직하지 못하다고 규정하는 사회환경에서 찾을 수 있게 되며, 이러한 특성이 사회 전체에 불이익을 가져온다는 점을 인식할 수 있는 조건을 창출할 수 있다. 이러한 방법을 통해 사회적 낙인의 효과 중 하나인 자기비난의 태도가 완화될 것이다.

사회적 낙인완화와 관련한 또 하나의 목표는 우리가 이 장의 '이데올로기의 제약 완화' 부분에서 다룬 세 번째 목표와 유사한 것으로서 사회적 역할에 대한 개인의 선택범위를 확대하는 것이다. 이를 위한 방법 중 하나는 주어진 환경에서 사회적으로 용납될 수 없는 태도나 행동을 다른 사람이 이해할 수 있도록 하는 것이다. 그렇게 되면 비록 사회적으로 부정적인 낙인이 찍힌다고 하더라도 사람들은 더욱 자유롭고 명확한 입장에서 자신이 원하는 생활방식을 선택할 수 있게 된다. 앞 장에서 우리는 여성이면서 정신분열증자는 '성(sex) 역할 거부'로서 지칭될 때 좀 더 정확하다는 스터디번트(Sturdivant, 1980)의 주장을 살펴보았다. 이러한 주장이 바로 이 점을 명확히 설명해 준다. 또한 개인적으로 볼 때 '정신질환자'가 되기보다 사회적으로 기대 받는 성(sex)역할을 거부하려 한 결정이었다는 것이 도덕적 비난을 완화시킬 것이다.`

4. 개인의 변화를 조력하기

개인적 변화는 반드시 추구해야 할 목표인데, 가장 단순한 이유는 구조적 문제가 개인에게 가져다주는 억압적 효과를 변화시켜야 하기 때문이다. 뿐만 아니라 사람은 때때로 자신의 삶 속에서 사회적 변동에 대처하기 위해 변화를 추구해야 할 필요가 있다. 또한 이러한 목표는 권력과 자신의 삶에 대한 통제력을 획득하는 목표와 결부된다. 자기 수용을 장려하고 갈등이나 변화에 대해서 유연한 태도를 고무시키는 것 또한 이의 일부다. 예를 들어 신앙심이 강한 사람이 파경문제에 더 잘 대처하기 위해서는 결혼 초기 이후 자신이 어떻게 변화되었는지, 그리고 오래된 자신의 신념이나 습관이 어떻게 현재의 생활욕구에 부합될 수 없는지를 이해할 수 있어야 한다.

이렇게 시간이 흐름에 따라 나타난 변화의 맥락을 이해함으로써 두 가지 목적을 달성할 수 있다. 첫째, 개인은 역사적, 문화적 영향뿐만 아니라 이들이 변화되면서 나타나는 효과를 수용할 수 있게 된다. 가치와 관습은 시간이 지남에 따라 변한다는 견해를 갖게 됨으로써 변화 가능한 상황에 대해 유연한 태도를 개발시키게 된다. 예를 들어 가족 내 세대갈등은 부모로 하여금 아동기 이후 자신의 태도변화를 이해하게 하고, 자녀 역시 시간이 지남에 따라 변할 것이라는 것을 인식시킴으로써 부분적으로 해결될 수 있다.

두 번째, 사회적 소외감 역시 이러한 역사적 맥락을 인식함으로써 완화될 수 있다. 만약 사람이 스스로를 지나온 시간의 산물이라고 이해하고, 현재의 시간은 과거의 산물이자 미래에 영향을 미친다는 점을 이해하게 된다면 개인의 유능감 혹은 자아 존중감은 신장될 것이다. 이것은 인생이 끝났으며 자신의 삶은 더 이상 중요하지 않다고 느끼는 노인에게 특히 유용하다. 여기서 사회복지사의 역할은 노인이 경험해 온 광범위한 시간적 변화를 느끼게 하고 이런 변화가 미래에 어떻게 기여할 것인지를 알게 해 주는 것이다.

제7장

전략과 기법

제5장과 제6장에서는 급진사회복지실천의 사정 기준과 개입 목표를 살펴보았다. 특히 이 책의 서두에 다루었던 급진접근의 이론적인 가정, 즉 사회구조가 개인의 경험에 영향을 미친다는 가정에서 이들 사정기준과 개입목표가 어떻게 직접적으로 도출되는지를 살펴보았다. 이 장에서는 급진사회복지실천의 목표를 달성하기 위해 앞에서 다룬 이론적 가정을 기초로 개발된 전략과 기법을 살펴볼 것이다.

전략과 기법을 본격적으로 살펴보기에 앞서, 우리는 제2장의 내용을 통해 급진사회복지실천이 전통 접근과 엄연히 다르지만 한편으로 유사한 측면도 많다는 것을 알 수 있었다.

사회복지실천은 공통적으로 추구하는 목적이 있기 때문에 경우에 따라서는 동일한 기술이 전통적인 방식과 급진적인 방식 모두에서 활용될 수 있다. 따라서 급진접근과 전통접근의 차이는 기술적인 차이가 아니라 목표에서 나타나는 차이라고 보아야 한다. 예를 들어 대인기술과 의사소통 기술은 클라이언트가 자신의 부족함을 수용하도록 하는 과정에서 활용될 수 있고, 구조적인 문제를 규명하는 과정에서도 활용될 수 있다. 만약 개입의 목표를 급진적인 방향으로 설정하였다면 실천가는 목표를 달성하기 위해 기존의 기법을 수정하거나 변형해야 할 것이며, 나아가 새로운 기법을 개발해야 할 수도 있다.

이 장에서 초점을 맞추게 될 부분도 기존의 전략을 변화시켰거나 새롭게 개발한 전략이다. 이들이 공통적으로 가정하는 것은 기본적인 대인기술을 비롯하여 사회복지사가 전통적으로 사용하는 제반 기술을 활용할 수 있어야 한다는 것이다. 따라서 우리는 이 장에서 논의되는 기법을 전통적 전략을 대체하는 것이 아니라 확장하는 것으로 이해하고 활용해야 할 것이다.

1. 관료주의 대처전략

먼저 개별 실천 상황에서 마주칠 수 있는 여러 가지 관료제도에 대처하는 기술을 살펴보도록 하겠다. 이러한 내용을 가장 먼저 다루는 이유는 사회복지실천의 많은 부분이 클라이언트와의 대면 상담 이외의 상황에서도 발생하며, 때로는 관료적인 기관환경에서 이루어지기 때문이다. 사회복지사 중 상당수는 관료주의적 성향이 높은 기관에 근무하며, 이러한 환경에 의해 사회복지사와 클라이언트가 할 수 있는 부분과 할 수 없는 부분이 결정된다. 이로 인해 특정 사례에 개입하는 과정에서 변화의 초점이 기관이나 관료제도에 맞춰지는 경우도 있다.

1) 서류 작성과 연구

급진사회복지사는 자신의 업무를 문서화하고 연구해야 하는데, 이러한 활동은 아무리 강조해도 지나치지 않을 정도로 중요하다. 사회정책을 결정하는 데 있어서도 개인이 겪을 수 있는 문제의 유형에 관한 대중적 지식과 사회구조에 대한 반응은 매우 중요한 영향을 미친다. 전통적인 연구가 전통적 실천을 지지하듯이 급진적인 연구는 급진적 실천을 지지한다. 따라서 급진적인 분석과 실천을 발전시키기 위해서는 지속적으로 연구하고, 문서화하는 것이 필요하다. 연구와 조사를 통해 여러 가지 급진적 사고가 사회적으로 알려지며, 그 사회에서 이러한 사고가 수용되고 채택될 수 있는 가능성도 높아진다. 그렇게 함으로써 연구에 대한 접근성을 높여 더욱 급진적인 성격을 띠게 하고 최대한의 참여를 보장할 수 있어야 한다 (Galper, 1980: 213-215). 페미니즘의 관점에서 보았을 때 연구는 가능한 한 연구 대상자와 연구 수행자 간, 그리고 연구 주관자를 위한 공평성을 유지해야 한다(Roberts, 1981: 26).

2) 기관의 정책과 절차에 대한 분석

기관이 규정하는 일정한 절차를 분석해 보면 그 기관이 가지고 있는 정책 중에서 어떤 것이 사회적 불평등을 조장하고 있는지를 알 수 있다. 접수에서부터 약속시간을 결정하는 절차, 의뢰, 개관시간에 대한 규정, 원조를 받는 방법과 자격기준 등 기관의 모든 절차는 평등을 극대화할 수 있어야 하며, 동시에 클라이언트와 권력을 최대한 공유할 수 있는 것이어야 한다. 사회복지사는 서비스에 대한 접근성을 최대한 보장해 주어야 하기 때문에 이러한 노력을 시작하고 지지해야 한다. 예를 들어 클라이언트가 자발적으로 방문할 수 있게 한다든지 대기자 명단이 지나치게 길 경우 이를 조정하는 것 등이 여기에 해당된다. 또한 클라이언트에게 서비스에 대한 구체적인 수혜 정보를 무료로 제공하는 것도 좋은 예다.

기관의 공식적, 비공식적 상벌 체계를 분석하면 변화될 필요가 있는 억압적인 정책과 실천이 어떠한 것인지 알 수 있다. 한 보호작업장 사례를 통해 이를 좀 더 자세히 살펴보자. 보호작업장에서 근무하는 사람은 문제행동을 일으켜 감독관이 의뢰한 경우에만 사회복지사를 만날 수 있다. 이것이 사회복지실천이 '사회통제'의 기제로 활용되는 고전적인 예다. 즉, 사회복지사의 도움을 받는 것이 근로자에게는 제재나 처벌로 인식되며, 작업장에서는 통제기제로 동원되는 것이다. 이러한 유형의 환경에서 급진사회복지사가 해야 할 일은 지루한 작업, 지나치게 권위적인 관리자 혹은 '발달장애'라는 사회적 낙인으로 인한 좌절이 어떻게 '문제행동'을 일으키는지를 직시하는 것이다. 또한 사회복지사는 근로자가 다양한 경로를 통해

(예를 들어 근로자 스스로 원할 때) 사회복지사와 접촉할 수 있도록 절차를 마련해 주어야 한다.

3) 사회복지 전문직에 대한 전략

사회복지 전문직 내부에서도 억압적 관료정책에 대항하는 전략을 사용할 수 있다. 이러한 전략은 좀 더 구조적인 차원의 변화가 일어나기 전이라도 대부분의 실천현장에서 즉각적으로 활용될 수 있다. 이들은 전통적인 사회복지실천의 장에서부터 시작하는 것을 추구한다. '클라이언트 거부' 기법은 이러한 측면에서 유용하게 활용할 수 있는 방법이다(Simpkin, 1983: 181; Cohen, 1975: 87). 이 기법은 실천가가 클라이언트를 '사례'로서 받아들이는 것을 거부하고, 대신 보호와 돌봄이 필요한 잠재적인 '정치적 동맹자'로서 받아들이는 것을 내용으로 한다. 예를 들어 클라이언트의 문제가 근본적으로 구조적인 원인에 의해 유발된 것으로 판단될 때에는 사회복지사가 먼저 나서 심리치료를 실시하는 것에 반대할 수 있다.

사례회의나 직원회의에서도 이 전략을 활용할 수 있다. 물질적, 구조적인 박탈로 인해 문제가 발생하게 된 사례까지 망라하기 위해 기관의 사례사정과 인테이크 범주를 조정할 수 있다. 심킨(Simpkin)은 어느 사회복지사의 경험을 통해 이러한 예를 잘 설명하고 있다. 사례에 등장하는 사회복지사는 부모가 노숙자라는 이유 때문에 아이를 시설에 입소시키려는 일부의 움직임을 거부한 적이 있다(Simpkin, 1979: 155). 왜냐하면 단지 아이 혼자만의 문제라고 보는 일부 사회복지사의 생각에 동의하지 않았기 때문이다. 이러한 예를 통해 알 수 있는 것이 바로 정치적 동맹자로서의 역할이다. 즉, 사회복지사가 전통적인 시각에 따라 결정된 개입을 정치적 의도를 바탕으로 거부하는 것이다. 즉, 사회복지 원조 과정에서 발생하는 정치적인 불평등과 분열을 사회적으로 폭로하는 데 목적이 있다(Cohen, 1975: 89).

이 외에 런던-에든버러 위크엔드 리턴 그룹(London-Edinburgh Weekend Return Group)도 다음과 같은 일련의 저항전략을 제안하였다(1980: 92-101).

첫 번째 방법은 클라이언트 문제의 원인을 개인적인 차원에서 찾는 관료주의적 경향을 극복하고, 이러한 경향의 근간이 되는 관료적 분류기준에 따라 개입하는 것 역시 거부하는 것이다(이는 앞서 살펴본 '클라이언트 거부'와 유사함).

두 번째 방법은 사회복지사와 클라이언트가 계급적 측면에서 스스로를 규정하여 권력이나 권리, 의사 결정 등의 문제에 초점을 맞추는 것이다. 이렇게 함으로써 문제는 관료적 기준이 아닌 클라이언트와 사회복지사가 선택한 방식으로 규정된다. 예를 들어 사회보장제도의 대상자는 '연금수급자(pensioner)' 혹은 '수혜자(benificieries)'로 지칭되기보다는 '고정소득자(fixed income earner)'로 지칭되는 것을 선호할 수 있다. 공식적 관료체계와는 별개의 새로운 역할을 만들어 내는 것 역시 관료주의 절차를 거부하는 방법으로 제시될 수 있다. 마찬가지로 관료적 우선순위를 거부하고, 대안으로 사회복지사와 클라이언트가 중심이 되는 우선순위를 확립하는 것도 도움이 된다.

마지막 방법으로 관료주의 내에서 대안적인 의사결정구조를 구축할 수 있다. 이에 해당되는 예로 사회복지사가 자체 조직을 결정하여 관리에 대한 의견을 제시하는 것을 들 수 있다.

4) 미 완

매디슨(Mathieson)이 제시한 '미완(未完, the unfinished)' 개념은 단기적

성과와 관련하여 우리가 취할 수 있는 유용한 입장이다(Cohen, 1975: 89). '미완'이라는 개념은 미미한 성과라 하더라도 그것이 축적되어 의미 있는 변화로 이어지고 더 나아가 대규모의 정치적 변화가 될 수 있다면 이에 대해 높은 의의를 부여하는 접근 방법이다. 이러한 점에서 급진사회복지사가 주도하는 기관 수준에서의 변화도 유용한 접근이 될 수 있다. 원래 '미완'이라는 개념은 구체적인 기법을 넘어 특정의 태도를 지칭하지만 우리는 이를 통해 일련의 행동 전략을 고안해 낼 수 있다. 예를 들어 사회복지사는 동료나 클라이언트에게 지금의 작은 변화가 추구하는 더 큰 목적에 관해 끊임없이 정당화하고 설명해야 한다. 작은 변화라 하더라도 필요하다면 검토, 수정되고 확대될 수 있어야 한다. 만약 어떤 변화가 성공적으로 발전하지 못하여 과거의 관습으로 다시 돌아간다고 할지라도, 이것을 실패로 간주하거나 급진적인 변화 자체가 불가능하다는 징조로 이해해서는 안 된다. 우리는 장기적인 목표를 항상 염두에 두어야 하며, 일시적인 퇴보에서 얻게 되는 정보 또한 변화를 향해 끊임없이 나아가는 과정에서 활용할 수 있어야 한다.

5) 정치적인 전략

전통적인 협상이나 합의 채널이 무산되어 정의롭지 못한 '비윤리적' 상황이 팽배할 때에는 권력에 대한 직접적인 투쟁을 수반하는 기법을 동원할 수도 있다(Goldberg & Elliot, 1980: 480). 이때 사회복지사가 수행하는 역할의 초점은 특정한 상황을 변화시키거나 기관의 정책 전반을 수정하는 데 맞춰질 수도 있다.

변화에 저항하는 기득권자에 맞설 때 양극화를 통해 대립하는 기법(Hain, 1975: 121)도 유용하다. 즉, 이데올로기의 분열 자체를 충분히 표출시키기 위해 본질적인 차이에 대한 논쟁을 전개하는 방향으로 범위를 줄여 나가고, 현안을 이분적인 용어로 표현하는 것이다. 두 관점이 현격하게 대 비되면 기득권자는 본인이 의도하지 않은 방향으로 왜곡될 수 있다고 느 끼게 되어 당초 우리가 의도했던 변화가 자연스럽게 일어날 수 있다.

그 밖에도 골드버그와 엘리엇(Goldberg & Elliot, 1980: 481-483)은 기득권 자를 순종하게 만드는 몇 가지 전략을 제시한다. 먼저 인식을 교묘하게 조 종하는 방법을 들 수 있다. 예를 들어 급진사회복지사가 다양한 방법을 통 해 기득권자로 하여금 특정 이슈에 대하여 지속적인 관심을 갖게 하면, 종 국에 기득권자는 그 이슈에 대하여 과도하게 민감해지게 된다. 또한 기득 권자의 판단에 대해 계속해서 강력한 의문을 제기하는 방법도 이들을 변 화시키는 전략에 해당된다. 두 번째로 급진사회복지사는 최후의 수단으로 서 극단적인 두 가지 방안 중에 하나를 선택하라고 제안할 수 있다. 이때 기득권자는 좀 더 온건한 방안을 선택하게 되는데, 이는 온건해 보이지만 사실은 당초 우리가 의도했던 방향과 부합하는 급진적인 것이다.

기관에서 근무하는 개인중심 실천가도 앨린스키(Alinsky, 1971: 125-164) 가 제안한 급진전략의 다양한 원칙을 다음과 같이 수정하여 활용할 수 있 다. 예를 들어 저항은 단순히 지속적인 압력을 가하는 기법만으로도 이루 어질 수 있으며, 그 효과를 지속시키기 위해 부수적인 기법을 개발할 수도 있다. 다른 예로 한 기관의 규칙 중에 "클라이언트는 응접실에 들어갈 수 없다."는 조항이 있는 경우를 살펴보자. 이에 반대하는 사회복지사는 직원 회의나 기타 비공식적인 토론을 통해 이 사안을 계속해서 문제 삼을 수 있 다. 혹은 클라이언트를 반드시 각 회기마다 몇 분씩 응접실로 데려와 커피 를 마시게 할 수도 있다. 마지막으로 다른 기관에서 온 동료로 하여금 클라 이언트가 응접실에 들어갈 수 있는지에 관해 '호기심 어린' 질문을 던지도 록 유도하는 방법도 있다.

6) 직업적 생존

갬브릴(Gambrill, 1983: 403)이 지적한 바와 같이 급진사회복지사 역시 소진(원조전문가로서 겪게 되는 과도한 스트레스, 우울감과 피로 등)(Gambrill, 1983: 403)에서 자유로울 수는 없다. 그러나 급진적인 방식으로 대처하는 방법도 있다. 대표적인 방법이 동료 사회복지사와 함께 소진에 대처하는 것이다(Corrigan & Leonard, 1978: 155). 이러한 활동은 사회복지사 개인에게 사회적, 정서적 지지를 제공하는 데 그치지 않고, 기관 차원에서 조직화된 변화의 기반을 마련하는 효과도 가져온다. 동료 사회복지사 간의 팀워크는 그 자체로 의식고양 효과가 있으나 부수적으로는 파급적 행동을 촉발하는 긍정적 효과도 있다.

급진적 실천과정에서는 이에 동의하지 않는 동료와의 관계에서 긴장감과 거리감이 발생하기 쉽다. 동료 급진사회복지사 사이에서도 마찬가지다. 따라서 급진사회복지사도 갈등을 겪거나 소외당할 때 개인적인 수준에서 대처하는 방법을 숙지해야 할 것이다.

2. 비판적 자각 개발

비판적 자각을 개발하는 기술은 기본적으로 의식화와 의식고양에 관련된 기법에서 도출된다. 의식화와 의식고양은 본질적으로 교육적인 측면이 있기 때문에 이들을 통해 사회에 관해 더 많은 것을 알게 된다(Leonard, 1975: 59). 급진사회복지실천에서는 두 가지 측면에서 중요한 의미를 갖는다. 첫째, 의식화와 의식고양 활동은 사회적·정치적 억압에서 개인을 해방시키는 것을 강조한다. 둘째, 개인의 문제를 일으키는 구조적인 조건을 인식하는 것 또한 중요하게 여긴다.

일부 사회복지사는 사회복지실천 전략으로서 의식화를 무비판적으로 수용하는 것에 반대한다. 이들은 의식화가 클라이언트를 정치화하는 데 관련된 것일 뿐 반드시 클라이언트를 돕는 것과는 관계가 없다고 본다. 또한 급진과 보수에 관계없이 모든 사회복지실천은 근본적으로 정치적인 신념과는 관계없이 인간을 원조하는 것으로 본다(Bailey & Brake, 1980: 60). 이러한 주장은 사회복지실천이 정치적이지 않다는 의미가 아니다. 단지 정치성의 유형과 정치적인 색채를 띠는 정도가 각각 다르다는 것이다. 그러나 정치화과정 자체가 치료적이라는 점을 더욱 분명히 하기 위해 기존의 개입기법을 수정할 필요는 있다. 예를 들어 의식고양 집단은 부차적으로 심리치료적 효과를 나타내기도 한다(Brodsky, 1980).

의식화라는 개념이 처음 등장한 것은 프레이리^{역주}의 저서로, "사회적, 정치적, 경제적 모순을 인식하고 현실에서 억압적인 요소에 대항하도록 교육"하는 것을 의미한다(Freire, 1972: 15). 따라서 의식화라는 개념에는 의식적인 요소와 행동적인 요소가 모두 포함되어 있다. 프레이리는 교육에 대한 의식화 접근과 의식화를 방해하는 전통적 '은행 저금식' 교육 모델을 대조하고 있다. 은행 저금식 모델에서 지식은 마치 은행에서처럼 하나씩 저장된다. 따라서 교육과 지식은 단순한 정보 저장일 뿐 탐구과정이라는 사실은 부정한다. 이 모델에서는 교사가 지식을 가진 자의 입장에서 지식이 없는 전적으로 무지한 자에게 대단한 선물을 주는 것처럼 행세한다. 이

역주 | 파울루 프레이리(Paulo Freire, 1921~1997). 브라질 출신의 교육 사상가로 교육이 더욱 '인간화' 되어 궁극적으로 민중을 해방하는 데 기여해야 한다고 주장하였다. 대표적인 저서로 1970년에 출간된 『페다고지(*Pedagogy of the Oppressed*)』가 있으며, 여기에서 그는 일방적인 교육방식인 '은행 저금식 교육' 을 강렬하게 비판하고 대안으로서 '문제제기식 교육' 을 강조하였다.

러한 현상 역시 이데올로기의 일면으로서 권력을 가진 사람이 그렇지 못한 사람에게 가하는 억압을 영속시켜 준다(Freire, 1972: 46). 또한 대중으로 하여금 독립적으로 행동할 수 없게 한다는 점에서 억압을 강화하는 것이기도 하다. 왜냐하면 그들은 교육을 받기 위해 항상 외부에 의존할 수밖에 없기 때문이다(Alfrero, 1972: 74-75).

알프레로(Alfrero)에 따르면 의식화는 나음과 같이 세 단계에 걸쳐 일어난다(Alfrero, 1972: 75-76). 첫 번째 단계(혹은 상태)는 '마술적 의식화 단계'로서, 이 단계에서는 외부에서 유입되어 삶을 지배하고 있는 '사실'을 받아들이는 숙명론적 형태의 의식화가 나타난다. 따라서 이 단계에서는 개별적 행동이 불가능하며, 오직 이미 존재하는 상황에 순응하는 데 그친다. 두 번째 단계는 '순수 의식화 단계'로서 외부에서 유입된 '사실'을 지배하고, 비로소 그것을 이해할 수 있다는 상태에 이르렀다고 느끼게 되는 단계다. 세 번째 단계는 '비판적 의식화 단계'로서 '사실' 뿐 아니라 이들이 사회적 환경과 갖는 인과관계까지 자각하게 되는 단계다. 이 단계에서는 사실을 관찰하고 분석하는 능력, 즉 적극적인 의식화가 필요하다.

개인을 의식화하는 데 있어 사회복지사가 목표로 하는 것은 이 세 번째 단계를 달성하는 것이다. 즉, 개인으로 하여금 비판적 자각을 통해 상황을 객관적으로 바라보고, 원인과 해결 방법을 파악할 수 있도록 하는 것이다. 클라이언트로 하여금 비판적 의식화의 단계에 이르게 하려면 앞서 논의한 일부 개념을 참고해야 할 것이다. 이러한 맥락에서 다음과 같은 기법을 제안해 볼 수 있다.

1) 외적 측면과 내적 측면의 분리

먼저 특정한 경험이나 상황이 클라이언트가 개인적으로 원했기 때문에 발생한 것인지 아니면 사회적으로 바람직한 것이기 때문에 발생한 것인지 구분하는 것이 중요하다(Gilbert, 1980: 248). 이는 페미니즘에서 제도(개인의 경험 중에서 가부장제도로 인해 발생하는 측면)와 경험(개인의 경험 중 가부장체계의 영향을 받아 주관적으로 형성된 측면)을 구분하는 것과 유사하다 (Eisenstein, 1984: 70).

물론 이 두 가지 요소를 모두 지니고 있는 상황도 있다. 예를 들어 여성이 아이를 낳는 것은 개인적으로 아이 키우는 일을 즐겁게 생각하는 이유도 있지만, 사회적인 기대를 고려했기 때문일 수도 있다. 이러한 경우에 둘 중 어떤 이유가 더 강력하게 작용했는지 이해시키는 것이 도움이 된다. 혹은 어머니가 되는 이유 중 어떠한 측면을 본인이 선택한 것이고 어떤 부분을 사회적인 압력에 의해 선택한 것인지 이해시키는 것도 좋은 방법이다. 예컨대 아이가 잠자리에 들기 전에 항상 책을 읽어 주는 것은 스스로 어머니의 중요한 역할이라고 생각하기 때문이지만, 한편으로 다른 어머니처럼 직장에 다니지 않는 것은 주위 사람이 자신을 나쁜 어머니라고 생각할까 두렵기 때문일 수 있다. 이러한 경우 무엇이 스스로 선택한 것이고 무엇이 외적인 이유 때문인지 파악하도록 도와주어야 한다. 이를 통해 자신이 처한 상황을 비판적으로 자각하게 되고, 원한다면 어떤 측면을 어떻게 변화시킬 수 있을지 결정하게 된다.

위와 같이 경험의 내적 측면(개인적인 선택)과 외적 측면(사회적인 압력)을 구별할 때에는 다음과 같은 세분화가 도움이 된다. 이를테면 누가 그 상황에서 이익을 얻게 되는지 목록을 작성해 본다든가, 특정한 상황에 대한 타당성을 따져 본다든가, 갈등이 일어나는 부분을 찾아내어 심리적인 욕구 혹은 개인적인 선택과 사회적 기대를 비교해 본다든가, 이상적인 상황을 떠올려 보도록 하여 숨겨진 개인적 욕구를 파악하는 방법 등이 있다.

2) 비판적 질문

비판적 질문을 제기하는 것도 경험의 외적 측면과 내적 측면을 분리하는 데 도움이 될 수 있다. 이러한 방법은 페미니즘 치료자가 사회적 기대에 대한 비판적인 반응을 키워 나가기 위해 활용하는 기법이다(Thomas, 1977: 451-453). 이러한 전략에는 질문을 통해 클라이언트가 가지고 있는 고정관념이나 사회적으로 형성된 가정을 밝히는 작업도 포함된다. 일반적인 질문과 비판적인 질문의 차이점은 다음과 같다. 예를 들어 '제가 가족에게 관심을 더 많이 가져야 하겠지요?' 라고 말하는 여성 클라이언트가 있다고 가정하자. 일반적인 질문 기법에 따르면 사회복지사는 '왜 그렇게 생각하시나요?' 라고 물을 것이다. 그러나 이렇게 질문하는 것은 클라이언트에게 하나로 딱 떨어지는 대답이 있다는 것을 은근히 암시하면서, 즉흥적으로 대답하게 만들 수 있다. 이를테면 '애들이 그러던데요.' 와 같은 대답 말이다.

이에 반해 비판적 질문은 여러 가지 대답이 가능하며 상황에 따라 개인적인 갈등이나 사회적인 갈등이 동시에 존재할 수 있음을 보여 준다. 예를 들어 비판적인 질문 기법을 활용하는 사회복지사는 위와 같은 클라이언트의 넋두리에 '본인이 그렇게 생각하시는 건가요? 아니면 주변 사람이 그렇게 기대하는 것인가요?' 라고 질문할 것이다. 이렇게 하면 클라이언트는 자신이 처한 상황을 둘러싸고 있는 갈등을 주시하게 되고, '둘 다예요. 그렇지만 다른 사람이 저에게 기대하는 대로 하고 싶어요. 선생님도 그게 옳다고 생각하지 않나요?' 와 같이 되묻게 될 것이다.

이에 따라 사회복지사는 클라이언트가 주변에서 어떠한 기대를 받고 있다고 생각하는지, 그러한 기대로 인해 반드시 행해야 하는 일에 대해 어떻게 느끼는지 탐색할 기회를 얻게 된다. 동시에 클라이언트는 이러한 탐색을 통해 삶의 어느 정도를 본인이 스스로 선택하고 있는지, 사회적인 조건

(그리고 그에 대한 스스로의 믿음)은 어느 정도 삶에 영향을 미치는지 이해하게 될 것이다. 이렇게 함으로써 장기적으로는 삶의 더 많은 부분을 통제할 수 있는 토대가 마련된다. 과거에 외적 요소가 자신의 삶을 얼마나 좌우했으며, 지금까지 어느 정도 지속되고 있는지 비판적으로 자각하는 계기가 되기 때문이다.

3) 잘못된 통념과 제한된 역할행동에 대한 도전

앞에서는 비판적 질문을 함으로써 외적 요인이 어떻게 개인의 경험에 영향을 미치는지를 살펴보았다. 그러나 우리가 살펴보아야 할 것은 외부요인만이 아니다. 하나의 통념으로 받아들여지는 신념이나 원치 않는 고정관념에 따른 행동도 적극적으로 살펴보아야 한다. 물론 개인의 주관적 인식은 항상 존중되어야 하지만 문제의 원인이 되는 특정 신념이나 행동은 수정되어야 한다. 이러한 방법은 여러 가지가 있으며, 토론이나 시연도 포함된다. 이렇게 함으로써 클라이언트는 자신이 바람직하고(가치) 가능하다고 생각하는 것이 어떻게 자신이 하고자 하는 것, 즉 삶의 역할을 결정하는 데 영향을 주는지 알게 된다. 사례를 통해 이를 구체적으로 살펴보자. 일각에서는 고등교육을 받은 사람을 '책상퇴물(冊床退物)'이라 부르는 등 교육에 대한 부정적인 신념을 갖기도 한다. 이들은 이러한 신념 때문에 교육을 경멸하며 교육이 가져다주는 사회적 기회도 놓치게 된다. 이러한 경우에는 '책상퇴물'이라는 신념을 자세히 조사해 보아야 한다. 이들이 고등교육을 어떻게 생각하는지, 이러한 신념이 어디에서 유래하는지, 고등교육을 받은 사람에 관해 어떻게 생각하고 있는지, 자신이 공부하는 것에 대해서도 똑같이 생각하는지, 이러한 믿음 때문에 더 이상 교육을 받지 않는 것인지 등을 질문하는 것이다. 이러한 유형의 논의를 통해서 사회복지사는 클라이언트로 하여금 자신의 억압된 행동과 다른 계급에 대한 특정 신념이 어떻게 연관되는지 깨닫게 할 수 있다. 또 다른 방식으로 좀 더 자유롭게 행동하기 위해서는 자신의 신념을 바꿔야 한다는 것을 인식시킬 수 있다.

더불어 어떤 행동이 개인에게 낙인을 가져오고 자신감을 잃게 하며 역할을 고착시키도록 하는지를 보여 주는 것도 이 행동을 변화시키는 데 도움이 된다. 예컨대 어머니가 자녀양육에 과도한 신경을 쓰다 보면 자신의 욕구를 표현하는 데에는 소극적이 된다. 이 어머니의 행동은 사회적으로 지루하다고 해석되며 본인도 같은 방식으로 자신을 보기 시작한다. 이렇게 되면 다른 행동을 취할 수 있는 능력은 상실한다. 이와 같은 문제 상황은 대부분 주변 사람의 잘못된 가정에서 비롯되지만, 비판적 자각을 개발하는 과정에서 당사자 스스로도 자신의 행동이 상황에 일정 부분 기여했다는 사실을 인식하게 해야 한다. 그렇게 된 이후에 어떠한 행동을 취할 것인가에 대한 더욱 명확한 초점을 제공하는 것이 바람직하다. 예를 들어 이 여성은 자신의 소망을 표출해야겠다고 결심할 수도 있으며, 주변 사람의 잘못된 생각을 적극적으로 바꾸어 나가려 할 수도 있다.

구체적으로 살펴보면 현실적이지 못하거나 혹은 완전히 거짓이기 때문에 도전받을 수 있는 신념이 있다. 여기에 해당하는 좋은 예로 '모든 여성은 각자 제 짝이 있다.'는 생각과 '게으르기 때문에 가난하다.'는 생각을 들 수 있다. 한편 다른 종류의 신념은 분석을 통해 어떠한 측면은 경험적 근거가 있고 어떠한 측면은 그렇지 못한지, 어떠한 측면은 일차적으로 이데올로기적인 기능을 하기 때문에 받아들여지는지 나타낼 수 있다. 예를 들어 여성이 남성보다 가사에 뛰어나다는 신념은 어느 정도는 경험적으로 신빙성이 있다. 왜냐하면 사회적 조건화로 인해 실제 여성이 집안일을 더 많이 하기 때문이다. 따라서 여성이 가사에 타고났다는 신념은 남성이 한 번 가사를 훈련받기 시작하여 여성과 동등한 능력을 나타내기 시작하는 순간 타당성을 잃고 만다. 그러나 이러한 견해는 이데올로기적인 기능을 수행한다. 남성에게 집안일을 하지 않고 여성을 계속 집안에만 묶어 두는 데 대한 적당한 구실을 마련해 줄 수 있기 때문이다. 그렇지만 클라이언트가 어떤 생각이 타당하고 그 이유가 무엇인지 알게 되고, 어떤 생각이 일차적으로 자신의 행동을 제한하는지 자각하게 되면 역할선택의 폭도 확장된다.

4) 대안의 창출

비판적인 자각을 키우기 위한 또 하나의 방법은 바로 자신이 처한 상황을 인식하고 이에 대한 새로운 대안을 창출하도록 돕는 것이다. 이때 사회복지사는 클라이언트가 상황을 비판적으로 검토하게 하고, 이를 바탕으로 나타난 변화가 어떤 결과를 가져올 것인지 상상해 보도록 할 수 있다. 이렇게 하여 현재의 상황과 미래의 변화된 상황을 비교할 수 있게 되며, 상황을 변화시키는 방법을 상상하는 것 역시 더 수월해진다.

이를 위한 기법 중의 하나가 바로 집단의식을 고양시키기 위해 활용되는 '창조적 해결 모색 집단'(Kirk, 1983: 181-183)이다. 이 집단의 성원은 먼저 자신이 걱정하고 있는 부분이 무엇인지 탐색한다. 소위 '브레인스토밍'이라고 하며, 이를 통해 자신에게 문제를 일으킨 여러 가지 조건이 없는 사회를 상상하게 된다. 그런 다음 다시 원점으로 돌아가 자신의 문제에 초점을 맞추어 토론함으로써 새로운 대안을 발견하게 된다.

기본적으로 의식 고양은 집단 과정이지만(Longres & McLeod, 1980: 273), 일부 기법은 사회복지실천에서도 수정하여 활용할 수 있다.

사회복지사와 클라이언트 모두 문제가 더 이상 존재하지 않는 상황을 상상해 볼 수 있다. 그런 다음 이러한 상상을 현재 본인이 처해 있는 상황을 통해 점검하게 된다. 예를 들어 우울하다고 느끼는 사람은 현재 자신이 처한 상황을 설명할 때 일이 따분하다든가, 친구가 없다든가, 가족이 서로 무관심하다든가 등의 이야기를 꺼낼 것이다. 이러한 장애 요인이 존재하지 않는 삶을 상상하는 과정에서 직업을 바꾸고 틈틈이 공부를 하거나, 취미를 즐기며, 가족과 함께 시간을 보내는 자신의 모습을 상상하게 될 것이다. 다음으로 이러한 각각의 상상이 현실로 이루어질 수 있는지 가능성을 타진하면 어떤 조치가 취해져야 하는지 알게 될 것이다.

물론 상상하는 것은 실제로 성취하는 것과 다르다. 그러나 상상활동은 최소한 새로운 시도를 방해하는 태도나 정신적인 장애물을 제거하는 데 도움이 된다. 나아가 실제 시도를 하기 전에 미리 충분한 상상을 함으로써 새로운 선택이나 대안을 만들어 내는 방법을 학습하게 된다.

3. 옹 호

옹호는 급진사회복지사에게 적합한 역할로서 가장 먼저 제안된 것 중 하나다(Terrell, 1973). 옹호란 어느 한 사람이 다른 사람을 대신하여 행동하고 중재, 조정하는 역할을 뜻한다(Stuart, 1976). 급진접근에서는 '복지권'의 맥락에서 등장하는데, 여기서 말하는 '복지권'은 수급자가 자신의 권리와 자격에 의해 급여를 받는다는 사실을 더욱 확고히 하는 개념이다. 옹호역할을 수행한다는 것은 기본적으로 클라이언트를 문제가 아닌 보호의 대상으로 인식하는 것이기 때문에 '희생자 비난'의 성격도 사라진다. 그러나 옹호를 실천하는 과정에서는 몇 가지 한계가 나타날 수 있다. 예를 들어 사회적·관료적 제약이 있을 수 있으며, 정당한 요구가 경쟁적으로 발생할 때 이를 조정하는 문제도 있을 수 있다(Stuart, 1976: 163). 하지만 이러한 상황에서도 사회복지사는 제한적이나마 옹호역할을 수행할 수 있다.

클라이언트가 적절하고 충분한 사회 서비스를 받으려면 특정 전략을 이용해야 한다. 바꾸어 말하면 사회복지 서비스가 클라이언트의 욕구에 가능한 한 민감하게 반응하도록 해야 한다는 것이다. 개별상담 상황 밖에서도 이러한 일련의 전략을 활용할 수 있다. 그 예로 이 장의 서두에서 논의한 바와 같이 정책 변화에 영향을 미치기 위한 구체적이고 관료주의적인 전략을 들 수 있다. 더불어 클라이언트에게 서비스의 자격 조건과 그것을 어디서 어떻게 얻을 수 있는지에 관해 충분한 정보를 제공하는 것도 또 하나의 구체적인 전략이 될 수 있다. 관료주의 원칙의 허점을 발견하고, 특정한 원칙이나 상황을 클라이언트에 맞게 유연화시키는 것도 필요할 것이다 (Thorpe, 1981).

옹호자 역할을 효과적으로 수행하기 위해서는 기관의 공식적·비공식적 규칙이나 절차를 숙지해야 한다(The Ad Hoc Committee on Advocacy, 1969). 이는 사회복지사가 접하는 모든 기관에 해당된다. 예를 들어 사회복지사는 규칙이 공식적으로는 어떻게 규정되어 있고, 실천에서는 어떻게 적용되는지 잘 알고 있어야 한다. 만약 두가지가 서로 일치하지 않는다면 그 사이에서 허점이 발견될 것이다. 특정 관료의 성격이나 대인관계를 파악하는 것도 기관이 규정한 절차의 허점을 파악하는 데 도움이 된다. 예를 들어 사회보장 담당자가 독신모(single mother)에게 특별히 동정심을 느낀다는 사실을 파악하고 있다면, 사회복지사는 독신모인 클라이언트가 급여를 받을 수 있도록 그 직원에게 집중적으로 접근할 수 있다.

클라이언트를 효과적으로 옹호하기 위해서는 기관의 절차에 관해 숙지하는 것과 더불어 다양한 대인관계 기술을 구사하는 것도 중요하다. 기관 밖에서도 클라이언트를 옹호해야 하는 경우가 있기 때문이다. 예를 들어 클라이언트에 가해지는 압력을 완화하기 위해 가족구성원을 만나 중재해야 할 때도 있고, 관련 기관을 대상으로 클라이언트를 대변할 수도 있다. 이러한 상황에서 분쟁을 다루는 기술은 매우 중요하다. 클라이언트를 둘러싼 환경을 조정하는 과정에서 협상이나 교섭 기술이 필요할 수도 있다. 로웬버그(Loewenberg)는 이때 활용할 수 있는 몇 가지 기술을 제시하는데(Loewenberg, 1983: 309), 여기에는 당사자를 협상과정에 함께 참여시키는 기술, 협상과 교섭이 이루어질 수 있는 상황을 규정하는 기술, 클라이언트를 훈련시키고 곁에서 자문역할을 수행하는 기술 등이 있다.

4. 역량강화

역량강화란 클라이언트와 권한을 공유하고 나아가 클라이언트에게 권한을 부여하는 기법을 지칭한다(Lowenberg, 1983: 319-320). 이러한 기법은 급진사회복지실천의 가정 중 개인의 문제가 권한이 없거나 불평등하기 때문에 발생한다는 내용에서 출발한다. 따라서 개인으로 하여금 권력을 확보하고 삶에서 자율성을 획득할 수 있도록 원조하려는 목표와도 일치한다.

권한을 명확화하는 기법을 통해 클라이언트와 사회복지사의 관계도 평등해질 수 있다. 예를 들어 클라이언트의 인생뿐 아니라 사회복지실천이 진행되는 상황을 분석하여 권력의 개념적 소유자와 실제적 소유자가 누구인가 하는 문제에 초점을 맞추는 방법을 활용할 수 있다. 사회복지사는 클라이언트의 잠재적인 권한이 자신에게 이양되는 것을 거부하고, 변화의 책임을 클라이언트에게 집중시킬 필요가 있을 것이다. 구체적으로 말해 사회복지사는 모든 결정사항과 선택의 이유를 클라이언트에게 분명히 알려야 한다. 비록 사회적 · 개인적 제약으로 인해 선택의 한계가 따를 수 있지만, 클라이언트는 그러한 상황에서도 선택 과정을 알고 있어야 한다. 이를 통해 클라이언트는 사회적인 제약과 자신의 개인적 책임을 구별하는 방법을 배우게 될 것이다.

권한을 명확히 하는 두 번째 방법은 클라이언트에게 평상시보다 더 많은 권한을 지닌 역할을 수행해 보는 경험을 제공하는 것이다. 핀더휴즈(Pinderhuges, 1983: 336)는 변화에 저항하는 중년 여성 클라이언트의 사례를 예로 들고 있다. 이 사례에 제시된 여성이 변화를 거부하는 이유는 자신의 약점이 노출되는 것을 염려하기 때문이었는데, 결국 약점을 노출할 수 있을 정도로 사회복지사를 충분히 신뢰하게 되었다. 이러한 상황이 가능했던 것은 작은 일화에서부터 시작한다. 사회복지사는 클라이언트가 바느질을 잘 한다는 점을 알고 자신에게 가르쳐 달라고 하였다. 이때 클라이언트는 교육자로서의 권한을 공유하는 능력을 경험함으로써 사회복지사에게 더 편안한 느낌을 갖게 되었을 것이다. 이 사례를 통해 다양한 가능성을 발견할 수 있는데, 실제로 클라이언트는 사회복지사나 주변 사람에게 가르쳐 줄 수 있는 기술과 지식을 가지고 있기 때문이다. 같은 효과를 얻기 위하여 자원 활동도 이용될 수 있다.

이처럼 클라이언트에게 권한 행사의 기회를 제공함으로써 삶에 내재되어 있는 잠재적 힘을 느끼게 할 수 있다. 즉, 다른 생활 영역에서도 '권한 행사 행동'을 할 수 있는 장이 마련된다. 예를 들어 앞서 언급한 여성의 경우에는 사회복지사에게 바느질 기술을 전수하여 전문성을 발휘하게 한 후, 욕구를 더 강하게 주장하도록 격려하는 방식으로 개입할 수 있다.

역량강화 관점은 클라이언트가 자신을 둘러싼 사회적 환경을 수정하고자 할 때에도 이를 지지하기 위해 활용할 수 있다. 클라이언트와 사회복지사는 자신의 활동을 개별적인 상호작용이 아닌 정치적인 것으로 이해하게 될 것이다. 또한 급진실천을 통해 연대창출 기술, 동맹결성 기술, 조직적인 제약을 극복하는 기술, 클라이언트를 대신하거나 함께하는 정치활동에 참

여하는 기술 등을 배우게 될 것이다(Pinderhughes, 1983: 334). 대인적 지지
망을 이용하고 활성화하는 전통적인 기법도 좀 더 정치적인 측면에서 다
시 인식될 수 있다.

5. 사회복지실천의 원조관계

이 장에서 사회복지실천 관계를 논하는 것은 확고한 기술이라기보다는
사회복지사가 전통적으로 클라이언트를 원조하는 핵심 수단으로 인식하
고 있기 때문이다(Biestek, 1957; Tilbury, 1977: 166-172). 클라이언트와 사회
복지사 간에 구축되는 신뢰와 보호는 매우 중요한 수단으로 인식되었다.
클라이언트는 수용을 경험함으로써 안전한 환경을 부여받고, 자신이 어떠
한 심리적 방어를 사용하는지 알게 됨과 동시에 심리적 방어 없이도 대처
할 수 있는 방법을 배우게 된다.

전통접근의 사회복지사가 취하는 원조관계는 종종 불균형적이고 온정
적이다. 그렇지만 급진실천의 원조관계는 평등하고 권한이 공유된다는 점
에서 다르다. 원조관계에서 평등을 도모하는 방법은 다양하다. 그중 하나
는 사회복지사가 자신의 기술과 가치, 가설을 클라이언트와 공유하고, 때
에 따라서는 서로 논쟁할 수 있도록 개방적인 분위기를 만드는 것이다. 비
슷한 효과를 얻기 위해서 계약(Compton & Galaway, 1989:471-3)을 활용할
수 있다. 일부 페미니즘 치료자는 현재 상황에서 클라이언트의 잠재적 권
한에 초점을 맞추고, 책임이 사회복지사에게 이양되는 것을 거부하는 방법
을 제안하였다(예를 들면, Thomas, 1977: 450). 클라이언트로 하여금 어쩔 수
없이 발생하는 권한 불균형에 관해 인식하게 하고 서로 논의하는 단순한
방법 역시 평등을 도모하는 손쉬운 출발점이라 할 수 있다. 클라이언트의

말을 전문적으로 해석하기보다는 오히려 '육감' 이나 '느낌' 을 클라이언트에게 이야기하고 확인하는 방법도 '전문적 거리두기' 에서 벗어날 수 있는 방법이다. 이러한 맥락에서 급진사회복지사와 클라이언트의 관계는 한 사람의 해석을 다른 사람에게 강요하는 것이 아니라 서로 느낌을 교환함으로써 서로 배워 나가는 관계로 보는 것이 적절하다.

이러한 제안의 대다수는 원조관계 평등화 외에도 전문적인 역할로 인해 발생하는 사회적·대인적 거리감을 줄이는 역할을 공통적으로 포함하고 있다. 좀 더 손쉬운 방법은 클라이언트에게 설명할 때 전문용어나 이해할 수 없는 '비밀스러운' 이론을 장황하게 늘어놓지 않는 것이다. 물론 구조가 개인에 미치는 영향을 설명하는 정교한 이론도 있지만, 사실상 개인은 구조로 인해 발생하는 영향을 좀 더 실질적이고 구체적인 방식으로 경험한다. 따라서 사회복지사는 클라이언트가 어떠한 방식으로 보다 넓은 사회경제적 구조의 영향을 받는지 알아야 한다. 사회복지전문가로서 우리는 자신과 클라이언트의 삶을 이야기 할 때 일상적인 표현을 사용해 왔다. 사회구조의 영향을 언급할 때에도 마찬가지여야 한다. 예를 들어, '가부장제' 라고 표현하는 대신에 '남성지배적인 사회' 라고 표현해야 하고, '이데올로기' 라고 표현하기보다는 '사회적으로 조건화된 생각' 이라고 표현해야 한다.

원조관계에서 자기(self)를 더욱 빈번히 이용함으로써 '전문적인 거리두기' 를 극복할 수 있다. 사회복지사가 적절하게 자기를 노출하는 것도 좋은 방법이다. 클라이언트와 함께 자신의 긍정적인 경험과 부정적인 경험을 공유한다면 클라이언트도 사회복지사를 동떨어진 전문가가 아닌 그저 평범한 사람으로 느끼게 된다(Thomas, 1977: 451). 대화 관계를 통해 사회에 대한 인식을 공유함으로써 클라이언트가 문제의 구조적인 측면을 이해하도록 하는 것도 비슷한 맥락이다(Leonard, 1875: 59). 자세한 내용은 이 장의 초반에 다루었던 '비판적 자각 개발' 부분을 참고하기 바란다.

1) 상담 기법

급진접근은 클라이언트의 자율성을 촉진하고 억압과 착취를 최소화하는 것을 목표를 하며, 이는 평등과 공유의 원칙이 중요하다는 것을 나타낸다. 상담의 여러 가지 측면에서도 다음과 같은 방법을 활용하면 목표가 한층 신장될 수 있다.

상담의 물리적 환경

상담이 이루어지는 물리적 환경은 클라이언트와 사회복지사 간의 지위 차이를 최소화하고, 공유와 협동을 극대화하는 방향으로 조성되어야 한다. 예를 들어 공식적이고 딱딱한 분위기에서는 사회복지사가 클라이언트보다 높은 지위에 있는 무표정한 관료처럼 보이기 쉽지만, 가능한 한 자연스럽게 꾸며진 사무공간은 사회복지사와 편안한 대화를 나눌 수 있는 관계라는 것을 표현해 준다. 마찬가지로 함께 물건을 사거나, (특히 클라이언트와 사회복지사가 모두 여성일 경우에) 설거지를 하거나, 같은 차를 타고 가거나, 공원에서 함께 점심을 먹을 때에도 '상담'을 할 수 있다. 이렇게 상담이 진행됨으로써 역할이 동등해질 수 있는 장(場)이 마련되며 '전문적인' 상담의 신비로운 분위기를 없애는 데에도 도움이 된다.

상담 과정의 적절한 구조화

만약 상담이 일상적인 사무 공간에서 이루어질 경우 클라이언트와 내담자 간의 지위 차를 최소화하는 방향으로 구조화되어야 한다. 예를 들면 클라이언트가 사회복지사의 사무실까지 안내받아 올 때까지 기다리는 것이

아니라 사회복지사가 먼저 접수대까지 마중을 나온다면 더욱 동등한 신뢰
관계가 형성될 것이다.

평등을 도모하는 또 하나의 방법은 첫 회기 때 클라이언트만 자기소개를
하는 것이 아니라 사회복지사도 적절하게 자기소개를 하는 것이다. 클라
이언트는 자신을 담당하는 사회복지사가 누구며, 왜 해당 사회복지사가 자
신을 담당하게 되었는지 등에 관해 정확한 설명을 들어야 한다. 이러한 정
보를 제공하는 것은 클라이언트로 하여금 자신이 어느 정도 상황을 통제
할 수 있다는 느낌을 갖게 하며, 적절한 원조를 받기 위해 본인이 원하는
방향으로 협상할 수 있는 여지가 있음을 인지하게 한다. 일부 페미니즘 치
료자는 이러한 생각을 확장시켜 클라이언트가 여러 치료자를 만나 볼 수
있게 하고, 자신에게 적합한 원조를 결정하는 데 소비자로서 권리를 행사
하도록 격려한다. 물론 여기에는 어느 정도 제약이 따를 수 있으며(지방에
서는 이렇게 전문가를 '고르러 다니는 것'이 불가능할 수 있음), 개업 사회복지
사는 많은 지역에서만 가능할 수도 있다. 그럼에도 불구하고 이러한 태도
를 취함으로써 클라이언트는 최소한 지속적으로 정보를 제공받을 수 있으
며 치료자의 역할을 현실적으로 직시할 수 있게 된다(Gilbert, 1980: 249). 마
찬가지로 전문가도 전문가로서의 책임을 극대화할 수 있다.

사회복지사와 클라이언트 간의 합의나 계약을 공식화하는 것은 이미 사
회복지실천 영역에서 널리 권장되고 있는 방법이다(예를 들면, Pincus &
Minahan, 1973). 사회복지사와 클라이언트가 원조의 시작 단계부터 원조에
대한 전제나 기대를 명확히 하는 비공식적·기초적 절차만으로도 이루어
질 수 있다. 또한 이 방법은 기본적으로 의사소통을 촉진할 뿐 아니라 초기
에 협상 기회를 제공하기 때문에 클라이언트와 권한을 공유할 수 있는 좋
은 방법이 된다. 예를 들어 은퇴한 교장 선생님이 도움을 얻기 위해 젊은
여성 사회복지사를 찾아온 경우를 가정해 보자. 이 교장 선생님은 이전에

젊은 사람보다 높은 지위에 있었고, 따라서 자신의 문제를 다루는 데 있어 사회복지사의 연륜과 능력을 반신반의 하면서도 숨기고 있을지 모른다. 만약 클라이언트가 의구심을 갖는다면 사회복지사는 이를 표현하게 하여 함께 논의해야 한다. 사회복지사 자신도 교장선생님을 담당하게 된 것을 어떻게 생각하는지 이야기해야 한다. 쌍방이 허심탄회하게 대화한 후에도 서로 충분히 이해할 수 없다면 다른 사회복지사를 찾아갈 수 있다고 알려 주는 것이 바람직하다.

상담에 대한 접근

사회복지사와 상담할 수 있는 접근성을 극대화함으로써 권한을 평등하게하고 공유할 수 있다. 같은 맥락에서 대기자 명단이 너무 길거나 의뢰 절차가 지나치게 관료적일 경우에도 이를 최소화해야 한다. 비공식적으로 클라이언트의 집을 자연스럽게 방문하는 것처럼 공식적인 약속 시간을 요구하지 않는 것도 좋은 방법이다. 가능한 한 클라이언트가 직접 상담 시간과 장소를 정하도록 하는 것이 좋다. 또한 클라이언트가 사전에 어떠한 설명이나 예고도 받지 않은 채 오랜 시간 동안 기다리는 일도 없어야 한다.

2) 정보 수집전략

전통접근에 기반을 둔 실천가와 마찬가지로 급진 사회복지사 역시 상황을 사정하고 해결 방법을 결정하려면 클라이언트의 사회적 정보를 파악해야 한다. 급진접근에서 대인기술을 적용할 때에는 대부분의 개인적 정보가 그러하듯이 사적인 부분에 민감하게 반응하고 존경심을 표현하는(또한 개인이 표현하지 않을 권리를 보장하고, 적어도 개인 정보가 왜 필요한지 알려 주는) 것이 필요하다. 대개의 경우 사생활을 인정하고 클라이언트가 제공한 정보가 원조 과정에 어떤 도움이 되는지를 설명하는 단순한 작업만으로도 충분하다. 이것은 사회복지사가 책임을 진다는 것을 의미하기도 한다. 따라서, 왜 사적인 정보가 필요한지 정당화할 수 있어야 한다. 또한 요구하는 정보는 반드시 도움이 필요한 문제와 관련된 것이어야 한다. 사회복지사가 전문가이기 때문에 클라이언트에 관한 모든 것을 알아야 한다고 생각하고 때에 따라 불필요한 정보를 캐묻는 경우가 있는데, 이는 잘못된 것이므로 위에 제시한 방법을 통해 사전에 방지해야 한다.

사회복지사는 전통적으로 클라이언트의 다양한 사회적 상황을 고려해야 한다고 배운다. 때로는 클라이언트의 사회적 상황에 관련된 것을 목록화 하는 것이 사회복지사의 생각을 조직하는 데 도움이 된다. 여기에는 가족관계, 주거, 재정상태, 고용상태, 교육, 소속된 사회 집단, 종교 그리고 의료 제도나 사회 제도에 관한 내용 등이 포함될 수 있다(Hollis, 1964: 179-180). 급진사회복지사는 한발 더 나아가 사회구조의 영향을 받는 더 넓은 측면까지 담아내야 한다. 다음에 제시된 사항은 클라이언트의 정보를 조직하는 데 유용하게 이용될 수 있다. 이 방법을 통해 사회복지사와 클라이언트는 클라이언트가 처한 상황을 더욱 정확히 이해할 수 있다.

- 클라이언트가 사회적으로 갖게 된 가치나 '통념'의 존재 여부. 그것이 얼마나 강하게 뿌리박혀 있는가? 클라이언트의 삶에 어떤 영향을 미치는가?
- 클라이언트의 생활 속에서 발견되는 대인적, 이데올로기적, 사회적 '갈등'의 증거. 예를 들어 사회적 압력에 반하는 개인적 기대나 주변의 주요 인물들이 가하는 압력 등
- 사회적으로 낙인받기 쉬운 소수집단이나 일탈집단에 가담하는지 여부
- 클라이언트의 생활에 영향을 미치는 권력. 특히 클라이언트에게 주어

진 권력이면서 권위 있는 기관이나 혹은 의미 있는 주변 사람에 의해 행사되는 권력

- 의사 결정의 주체와 유형. 인생의 중요한 결정은 누가, 어떻게 내리는가? 이러한 결정을 내릴 때 클라이언트는 어떤 방식으로 참여하는가?
- 클라이언트가 속해 있는 사회 계급. 클라이언트가 속한 계급의 하위문화가 당사자의 가치와 물질적인 지위에 어떻게 영향을 미치는가?
- 클라이언트의 젠더. 젠더와 관련된 하위문화의 가치와 물질적 지위가 클라이언트의 삶에 어떻게 영향을 미치는가?
- 클라이언트의 연령 혹은 개인사. 연령과 관련된 하위문화의 가치와 물질적인 지위가 클라이언트의 삶에 어떻게 영향을 미치는가?
- 자신의 삶에 대한 통제력의 인지 정도. 클라이언트가 자신의 삶에 대해 어느 정도 통제력을 느끼는가? 변화가 자신의 삶이나 환경에 영향을 미칠 수 있다고 느끼는가?
- 클라이언트가 수행하는 사회적 역할. 특히 젠더와 관련된 역할. 얼마나 엄격하게 준수하고 있는가? 다른 역할은 어느 정도 이 역할에 의존하고, 이 역할을 강화시키는가? 당사자가 이 역할을 의무로서 받아들이는지의 여부
- 클라이언트에게 부여된 사회적 낙인. 특히 클라이언트의 행동을 결정할 정도로 강한 영향력을 갖는 긍정적 혹은 부정적 낙인
- 사회 기관이나 제도와의 접촉. 특히 문제의 소지가 있는 부정적 접촉
- 클라이언트의 생활 속에서 일어난 사회적 변화. 특히 지위 변화를 야기할 정도의 사회적 변화가 있었는가(예를 들면, 파경, 실업, 이민, 학문적 성취 등)? 클라이언트가 살아오는 동안 전쟁이나 정치적 혼란 혹은 경기침체와 같은 사회변화가 발생하지 않았는가? 이것이 클라이언트의 사고나 행동, 생활 기회에 어떠한 영향을 미치는가?

• 사회적 변화와 개인적 변화에 대한 태도. 사회적 사건을 폭넓게 바라 볼 수 있는 능력 혹은 변화의 바람직성 여부를 판단할 수 있는 능력을 가지고 있는가? 변화에 대처할 능력이 있는가?

클라이언트의 생활에서 이 모든 것을 반드시 읽어 내야 한다는 뜻은 아 니다. 직접적으로 영향을 주는 정보의 양과 종류는 상황에 따라 달라지므 로 이러한 원칙은 전통접근과 급진접근 모두에 적용된다고 할 수 있다. 그 러나 필자가 강조하고 싶은 것은 전통관점에서 제시된 목록에서는 평범하 게 언급될 수 있는 사회적 정보가 좀 더 확대 해석되어야 하며, 구조적 영 향에 관한 정보도 함께 고려해야 한다는 점이다.

개인의 상황을 사정하는 데 있어 중요하게 간주되는 전통적인 요소와 구 조적인 요소에 대한 목록이 부록에 자세히 제시되어 있으니 참고하기 바 란다.

6. 사회교육

필자는 '사회교육(social education)'이라는 용어를 창안한 바 있는데, 이 는 행동과 자각 양자에 모두 초점을 맞추는 교육을 의미한다. 이러한 점에 서 단순히 기술을 습득하는 데 중점을 두는 '훈련교육(training education)' 이나 단순히 상황을 이해하고 통찰력을 얻게 하고자 하는 교육과 구분된 다. 이미 페미니즘 치료에서는 행동과 자각 차원의 사회교육이 일반화된 아이디어가 되었고, 따라서 사회복지실천에서도 널리 활용될 수 있다 (Fook, 1986). 사회교육의 개념은 '실천화(praxis)'와 유사한 개념으로서 현 상에 대한 비판적인 성찰을 비롯하여, 프레이리(Freire)가 설명한 바와 같이 그에 따른 후속 행동을 포괄한 것이다(Freire, 1972: 41). 또한 이 개념은 앞에서 언급한 '비판적 자각 개발'과도 관련이 있다. 사회교육의 핵심은 자각과 행동이 항상 함께 이루어지는 것으로 둘 중 어느 한쪽만으로는 개인을 충분히 해방시킬 수 없기 때문이다. 행동에만 집중하게 되면 교육을 받는 쪽이 조종당하기 쉬우며, 비판적 반영에만 힘을 쏟을 경우 공허한 이론화만 나타날 수 있다(Freire, 1972: 41). 필사가 이러한 교육 과정을 '사회적'이라 명명한 것도 클라이언트로 하여금 사회적 세계를 인식하고 이를 향해 행동할 수 있도록 하는 데 목적을 두기 때문이다. 비록 사회교육의 목표는 비판적 자각 개발이라는 목표와 유사하지만, 사회교육은 의식화와 관련하여 언어적인 기법뿐 아니라 다른 다양한 기법을 활용한다는 점에서 다르다.

이와 같이 행동과 자각 양자 모두에 초점을 맞추는 교육기법을 활용하기 위해서는 새로운 자각을 얻을 때마다 앞으로 취할 행동에 관해 논의하는 것에서부터 출발해야 한다. 예를 들어 문제를 일으켜 의뢰된 청소년의 부모가 사회복지사에게 그간 자신들이 너무 엄격했던 것 같다고 고백한다면 사회복지사는 이러한 자각을 인정하고 지지해 주어야 한다. 그러나 중요한 것은 여기서 그치지 않고 자각이 부모에게 실천적으로는 어떤 것을 의미하는지 역시 질문하는 것이다. 이를테면 자각을 바탕으로 앞으로는 잔소리를 덜 할 것인지, 아이가 스스로 책임을 지도록 해 줄 것인지, 만약 그렇다면 방법은 어떤 것인지, 아이들에게 이러한 생각에 대해 이야기할 것인지 등을 질문할 수 있다.

두 번째로, 매번 새로운 시도를 할 때마다 혹은 새로운 기술을 학습할 때마다 어떠한 자각을 하게 되는지 성찰해 보도록 하는 것이다. 앞서 살펴본 예에서 만약 부모가 아이에게 방 정리를 스스로 하게 했다면 다음과 같은 질문을 할 수 있다. 부모가 생각하기에 그 방법이 효과가 있었는지(혹은 없었는지), 왜 효과가 있었는지(혹은 왜 없었는지), 그 결과 부모의 인식에 변화가 생겼는지, 자녀에 대해 예전과는 다르게 느끼게 되었는지, 아이에게 좀더 많은 책임감을 부여한 결과 어떤 느낌이 들었는지, 실천 후에 장차 어떤 후속 조치를 취할 것인지 등을 질문하는 것이다. 질문의 목적은 (비록 그러한 효과가 일부 있으나) 아이를 잘 길들이기 위한 방법을 알아내려는 것이 아니다. 오히려 부모로 하여금 자신의 행동을 비판적으로 성찰하도록 도와 결국에는 생각과 행동 사이의 연결점을 찾도록 하기 위한 것이다. 장기적인 측면에서 볼 때 질문의 목적은 부모로 하여금 주어진 사회적 환경 안에서 스스로 통제하고 실천할 수 있는 개인적 능력을 개발시키는 데 있다.

전통사회복지사는 클라이언트의 상황 사정에 필요한 정보를 수집하기 위해 당사자에게 특정한 사건이 벌어지게 된 이유나 그에 대한 태도를 질문하는 경우가 많다. 급진사회복지사는 이를 확장시켜 클라이언트가 비판적인 성찰을 할 수 있도록 장려하며, 구조적인 영향이 현재 상황에 작용했을 수 있음을 자각하게 한다. 앞서 살펴본 비판적 질문 기법이 여기에서도 유용하게 활용될 수 있다. 앞으로 자세히 살펴볼 사회적 공감기술 역시 이때 활용할 수 있는 기술이다.

행동수정의 전반적인 기법이 사회교육전략에서도 매우 유익하게 활용할 수 있다. 예를 들어 모델링 기법은 사회복지사가 클라이언트에게 필요한 행동을 전수할 때 사용할 수 있다. 즉, 사회복지사가 먼저 행동에 대한 시범을 보이면 클라이언트가 그것을 모방하고, 그러한 경험에 대한 생각과 느낌을 서로 나누는 것이다. 체계적 둔감화(systematic desensitization)도 같은 맥락에서 활용할 수 있다. 이 기법은 불안이 점차 높아지는 순서로 여러 가지 상황을 목록화하여, 가장 쉬운 단계에 대한 대처 방법부터 학습해 특정 대상이나 상황에 대한 불안을 점차 줄여 가는 기법이다. 교육적인 목적에서 클라이언트와 사회복지사는 이전에 직면할 수 없었던 상황에 대해 새롭게 얻은 능력을 어떻게 생활의 다른 영역에 적용할 수 있을지 논의해야 한다. 예를 들어 거미에 대한 공포를 가졌던 사람이 체계적 둔감화를 통해 이를 극복하게 되었다면, 두려움을 갖지 않게 된 것을 비판적으로 성찰해 볼 수 있을 것이다. 이를테면 거미에 대한 공포가 사라진 이후에 정원을 자유롭게 가꿀 수 있게 되었다거나, 숲을 자유롭게 거닐 수 있게 되었다는 등 한 번 공포를 극복한 후에 할 수 있게 된 활동 목록을 작성해 볼 수 있다.

7. 자원의 적극적인 활용

자원을 '적극적으로' 활용한다는 것은 통제력과 자율성을 신장하는 방식으로 자원을 활용하도록 돕는 전략 유형을 지칭한다. 클라이언트로 하여금 자원을 적극적으로 활용하게 하려면 우리가 앞서 논의한 기법을 다양하게 활용해야 한다. '적극적 자원 활용'의 개념은 자원에 접근하기 위해 다른 주체에게 필연적으로 의존하는 '소극적 자원 활용'과 대조된다. 연금 수급자의 경우 사회복지사가 매번 반복적으로 개입하기보다는 어떻게 담당직원을 다룰 수 있는지 알려 주면 클라이언트는 적극적으로 자원을 이용할 수 있게 된다.

사회복지사는 전통접근에서 발견되는 소극적 자원 활용법을 다음과 같이 확장하여 적극적 자원 활용법으로 변화시켜야 한다.

1) 정보 제공

사회복지사가 클라이언트에게 정보를 충분히 제공하면 클라이언트의 자율성도 극대화될 수 있다. 이미 앞에서도 평등한 원조관계를 구축하는 데 있어 정보접근이 갖는 중요성을 언급한 적이 있다. 클라이언트가 처한 환경(예를 들어 지역사회 자원 등)에 대해 구체적인 정보를 제공하는 것 역시 비슷한 원리다. 그러나 정보는 협상 수단이 아니라 변화를 도모하는 수단 이자 원조 관계에서 동등한 권한을 달성하는 수단이라는 점을 유념해야 한다.

정보에는 자각에 이르게 하는 정보와 그러한 자각을 바탕으로 행동할 수 있게 하는 정보 두 가지 종류가 있다. 따라서 어떠한 사항에 관해 단순히 구체적인 정보를 제공하는 것과, 정보를 어떻게 활용할 것인지에 관한 정보를 제공하는 것은 엄연히 다르다. 사회교육의 목표와 적극적 자원 활용이라는 두 가지 사항을 염두에 둔다면, 급진사회복지사는 클라이언트에게 두 가지 유형의 정보 모두를 제공해야 한다. 예를 들어 사회복지사가 클라이언트에게 특정 기관의 이름과 전화번호만 알려 주었다고 가정해 보자. 만약 클라이언트가 왜 그 기관이 자신에게 도움이 되는지, 또 그곳에서 도움을 받으려면 어떤 절차를 거쳐야 하는지 알지 못한다면 자원 활용도 최소한에 머무를 수밖에 없다. 예를 들어 발달 장애를 가진 클라이언트와 일할 때 정보를 제공하는 것은 클라이언트를 해당 기관에 데리고 가서 그곳의 사회복지사에게 직접 소개시켜 주는 것까지 포함할 수 있다. 비록 이러한 활동이 표면적으로는 사회복지실천의 대원칙, 즉 의존성을 자극하지 않아야 한다는 것과 모순되는 것처럼 보일 수도 있다. 그러나 궁극적으로 클라이언트의 자율성을 달성하기 위해서는 초반에 사회적 정보와 기술을 전달하는 과정에서 이 정도로 의존하는 것이 필요할 수도 있다. 따라서 실용적인 정보와 활용이 정보 제공의 핵심 요소며, 사회교육에서 행동과 자각의 개념처럼 양자는 항상 연결되어야 한다.

좀 더 확대시켜 보면 자원을 적극적으로 이용할 수 있도록 정보를 제공하는 것은 그 정보를 활용할 수 있는 기술을 제공하는 것까지 포함한다. 이러한 접근은 전통 심리학적 기법을 보완해 준다는 점에서 매우 유용하다. 사회복지사의 원조를 받는 상당수 클라이언트는 치료적 원조의 효과마저도 완전히 누릴 수 없을 정도로 표현 능력과 성찰 능력이 결여되어 있기 때문이다.

2) 의 뢰

클라이언트가 지역사회 자원을 이용할 수 있도록 의뢰하는 과정에서도 비슷한 원칙이 적용된다. 먼저 클라이언트가 환경을 파악하기 위해서는 반드시 지역사회 가용자원에 대한 정보가 제공되어야 한다. 둘째, 다른 지역사회 자원에 의뢰하는 경우 반드시 사유를 알리고 그것에 동의할 때 의뢰한다. 셋째, 사회교육을 활용할 수도 있다. 예를 들어 클라이언트는 복지 서비스를 요구하고 자신의 욕구를 적극적으로 표현하는 방법을 배울 수 있다. 이러한 기법을 활용한 모범적인 예로 사회복지사가 타 기관에 클라이언트를 자신감 있게 의뢰하는 과정을 옆에서 직접 지켜보고, 의뢰 사유와 목적에 대해 논의하는 것을 들 수 있다.

3) 집단과 공동체 자원의 창조적인 활용

개인의 자율성은 대안적 자원을 창출하는 능력을 향상시킴으로써 더욱 신장될 수 있다. 제6장에서는 개인이 대안적 지지와 상황 체계를 형성함으로써 어떻게 억압과 착취를 거부할 수 있게 되는지 살펴보았다. 우리는 구성원 중 한 명이 장애를 지니고 있는 가족의 사례를 살펴보았다. 가족구성원은 자조집단과 함께 활동함으로써 개인적 만족과 사회적 인정을 획득할 수 있었다. 특정 문화와 민족의 배경을 지닌 집단이나 동호회 같이 다른 집단에 속한 구성원도 이러한 유형의 지지나 지위를 확보할 수 있다. 전통적으로 사용된 전략은 클라이언트를 지지할 수 있는 특정 집단에 가입시키거나 혹은 직접 그러한 집단을 형성하도록 격려하는 것이었지만, 탈전통적 방법에서는 나아가 이를 지위와 권력의 부수적 원천으로 인식한다. 따라서 보통 사회적으로 가치 절하되는 사회집단이 급진사회복지실천에서는 클라이언트의 권한을 강화시킬 수 있는 대안적 원천이 될 수 있다.

특히 여성 클라이언트에게는 공동체 내의 다른 여성들이 대안적 자원이 될 수 있다. 여성 클라이언트는 개입을 통해 새롭게 알게 된 여성이나 혹은 기존에 알고 있었던 여성에게서 지지를 받을 수 있다. 이러한 방식으로 조직된 비공식적 사회망이 자원으로서 이용될 수 있으며, 따라서 여성 클라이언트는 과거의 관계를 재활성화시켜 잠재적 지지를 받는 방법을 배울 수 있게 된다. 필요하다면 클라이언트는 정례화된 만남을 조직하거나 혹은 인정받는 모임이나 자조 집단을 결성함으로써 지지망을 공식화시킬 수 있다.

클라이언트가 중요하게 생각하는 주변 사람도 비슷한 방법으로 활용될 수 있다. 즉, 이들을 정기적으로 접촉하는 공식적인 원조기관의 대체물로 이해하는 것이다. 여기에 동원될 수 있는 사람은 클라이언트와 직접적으로 상호작용하는 사람일 수 있고, 잠재적으로 클라이언트의 삶에 영향을 미치는 사람이 될 수도 있다(Gambrill, 1983: 215). 예를 들어 가족구성원이나 친구, 자원 활동가, 비슷한 경험을 가지고 있어 마음이 맞는 사람 등이 될 수 있다.

4) 물질 자원의 창조적인 활용

물질적 원조 또한 창조적으로 활용할 수 있는데, 이를 위해 다음과 같은 방법을 사용할 수 있다.

물질적 원조에 접근함에 있어 클라이언트의 자율성을 보장하는 방법, 현재의 물질적 원조를 대체할 수 있는 대안적 원조체계를 구축하는 방법 등이다. 클라이언트로 하여금 특정한 모임을 결성하거나 모임에 가입하도록 격려하는 것도 좋은 예다. 카풀이나 함께 모여 식사하는 모임은 물질적인 원조를 극대화하는 내표직인 시례라 할 수 있다. 그 밖에도 저소득층 학생끼리 공동으로 점심을 해결하는 방법도 있다.

제6장에서 지적한 것처럼 물리적인 환경 안에서 자원을 재배치하는 것도 좋은 방법이다. 크게는 탈시설화와 같은 대규모의 과정을 포함할 수도 있는데, 예를 들어 지루하고 분위기가 침체되어 있는 정신과 병원보다는 환자를 지역사회 장으로 옮기는 것이 사회기술을 학습하는 데 훨씬 적합하다. 작게는 단순히 가구를 옮기거나 실내장식을 바꾸고 좀 더 밝은 조명을 설치하는 방법도 프라이버시나 개인적인 소속감을 증진시킬 수 있다 (Gambrill, 1983: 220).

8. 사회적 공감

카커프와 버렌슨(Carkhuff & Berenson, 1979: 9)에 따르면 공감이란 사회복지사가 '클라이언트의 경험에 융합되고, 판단을 내리기 전에 이러한 경험을 성찰하고, 또한 자기 자신의 불안감을 완화시키며, 이러한 내용을 클라이언트와 공유할 수 있는 능력'을 말한다.

이들의 정의에 따르면 사회복지사가 고찰하는 클라이언트의 경험은 다분히 클라이언트의 개인적 세계에 대한 지각과 감정에 국한되는 것으로 생각하기 쉽다. 불행히도 이는 클라이언트가 사회에 대해 가지고 있는 지각과 생각, 감정을 너무 쉽게 과소평가하는 것이다. 적절한 공감이 이루어지려면 모든 지각과 생각과 감정을 반영할 수 있어야 하는데, 이것이 종합되어 개인의 의식을 구성하기 때문이다(Longres & McLeod, 1980: 275). 사회와 이데올로기에 대한 신념이 표출되면 공감 반응을 통해 이를 반영해야 한다. 이와 같이 클라이언트가 경험한 사회적인 내용에 공감하는 능력을 여기에서는 '사회적 공감'이라고 칭한다. 사회적 공감은 클라이언트가 처한 상황에서 개인적인 부분과 사회적인 부분을 연관시킬 때 중요하게 이용된다.

사회적 공감이 중요한 이유는 다양하다. 먼저 공감 기술은 '비판적 자각 개발' 기법으로서 유용하게 이용되며(Keefe, 1980; Davies, 1983), 앞서 언급한 바와 같이 경험을 공유하기 위해 의사소통할 때에도 중요하다. 두 번째로 사회적 상황에 대한 신념이 표출되면 클라이언트의 사회적 인식 혹은 이것이 어떻게 생활에 영향을 미치는지 탐색하는 기회를 갖게 된다.

지치고 우울감에 빠져 있는 한 주부가 '남자들은 항상 자기가 원하는 것을 얻잖아요!'라고 하소연 하는 경우를 예로 들어 보자. 이 하소연에 공감하는 방법은 최소한 두 가지가 있다. 첫 번째는 개인적 경험을 짚어 내는 것이다. 즉, '한 번도 원하는 걸 제대로 얻어 보지 못했다고 생각하나요?'라고 묻는 것이다. 두 번째 방법은 클라이언트가 사회 상황을 어떻게 인식하는지 강조하는 것이다. 즉, '남자가 여자보다 많은 것을 얻는다고 생각하나요?'라고 질문하는 것이다. 가장 이상적인 사회적 공감은 이 두 가지 방법을 결부시켜 이들의 연관성에 주목하는 것이다. 이를테면 '항상 남자가 여자보다 많이 얻기 때문에 당신도 원하는 걸 얻지 못한다고 생각하시는 건가요?'라고 질문하는 것이다.

이건(Egan, 1982: 89)이 제시한 사례를 통해 사회적 공감의 개념을 더욱 구체적으로 살펴보자. 그가 제시한 사례는 피터(Peter)라는 학생의 이야기로 피터는 '자신이 다니는 대학의 상담가와 청소년기 발달상의 문제를 탐색'하고 있다. 그는 다음과 같이 설명하였다.

> 생물학이 정말 어렵다는 걸 알았어요. 물론 생물학 수업을 통과하긴 했지만 지금은 의예과에 다닐 만큼 잘하지 못한다고 생각해요. 본과에 진학할 수 있을 것 같지 않아요. 그렇다고 제가 다른 녀석처럼 여자나 술에 빠져 사는 건 아니에요. 솔직히 제가 의예과 공부를 할 만큼 똑똑하지 않다는 기지요. 경쟁이 너무 치열하고, 사실 세상에 의사라는 직업만 있는 것도 아니잖아요.

먼저 피터의 사회적·개인적 걱정이 될 만한 것을 분석하고 어떻게 사회적 공감을 나타낼 수 있는지 살펴보자. 이건이 지적한 것처럼 피터가 암시한 개인적인 근심 중에는 성적인 것과 사회적인 요소가 모두 포함되어 있다. 왜냐하면 그는 이러한 걱정을 표현하면서 본인을 소위 '다른 녀석'과 비교하고 있기 때문이다. 또한 피터는 생물학을 공부하는 자신의 지적 능력을 의심하면서 이를 사회에 대한 신념과 결부시키고 있다. 즉, 그는 '지금 의예과에 다닐 만큼 잘하지는 못한다고 생각'한다. 실제로 피터의 자기 이미지와 자아존중감의 상당 부분은 의사와 같이 존경 받지만 경쟁이 심한 직업에서 성공하기 위해 필요한 능력에 대한 신념(실제로는 그가 생각하기에 다른 사람이 믿는 것)과 결부되는 것 같다. 따라서 그의 섹슈얼리티와 지적 능력에 관한 개인적인 걱정은 사회적인 영역, 특히 진로와 관련된 것으로 볼 수 있다.

이처럼 클라이언트가 걱정하는 내용에서 개인적인 부분과 사회적인 부분을 분석하고 그 관계를 파악했다면, 이제 우리는 어떠한 반응을 보여야 하는가? 만약 피터의 개인적인 근심에 초점을 맞춘다면 '본인이 의학 공부에 필요한 것을 갖추지 못했다고 생각했고, 그래서 뭔가 다른 일을 찾아보아야 한다고 생각하게 된 거군요?' 와 같이 공감적인 반응을 보이게 될 것이다. 반면 사회적인 공감 반응은 피터의 사회적 신념을 짚어내고 이를 개인적 근심과 결부시킨다. 따라서 '의대생은 똑똑하고 강인하기 마련이라서 본과에 진학하지 못하면 그런 능력이 없다는 뜻이 되기 때문에 자신의 능력을 의심하게 된 건가요?' 라고 반응하게 될 것이다.

이와 같은 반응은 피터가 지닌 사회에 대한 신념(여기에서는 본과에 진학하기 위해서는 어떠한 사람이 되어야 하는가에 대한 그의 생각)이 어떻게 지금처럼 모든 것을 당장 그만둘 수 없는 상황에서 본인에 관한 신념(똑똑하지도, 치열하지도 않은 사람)까지 채색할 수 있는지 보여 준다. 만약 피터가 이러한 분석에 동의한다면 사회복지사는 피터가 지닌 정체성의 사회적 기원을 좀 더 심도 있게 추적해 볼 수 있다. 이러한 과정을 거치면 피터는 높은 지위에 도달한 사람들을 향한 사회적 기대가 아니라 자신이 원하는 바에 따라 효과적으로 진로를 선택할 수 있다. 따라서 사회복지사는 처음에 시작한 사회적 공감반응에 이어 다음과 같이 질문할 수 있다. '만약 이런 이유 때문에 본과에 진학하기 어렵다고 생각한다면, 진로를 바꾸겠다는 결정 자체가 개인적으로 원해서가 아니라 의사로 성공한 사람에 대한 사회적 기대에 부응하기 위한 것은 아닌지 궁금하군요.'

다음으로 이러한 기대가 과연 '사실'인지 여부, 피터 본인이 원하는 소망은 무엇이며 어떤 능력을 가지고 있는지에 관해 사회적 기대를 배제한 상태에서 논의해 볼 수 있다. 이러한 방식을 통해 사회적 공감은 비판적 자각을 발달시키고 명확한 선택과 대안을 창출해 내는 기법으로 활용된다. 사회적 공감에 관한 연습은 [부록 6]에 제시되어 있으므로 이를 참고하기 바란다.

9. 사회적 지지

사회복지실천에서 전통적으로 사용되어 온 지지 혹은 유지 기법은 클라이언트가 수용할 수 있게 하고, 불안을 잠재우고, 확신을 통해 격려하고자 하는 일련의 기술을 담고 있다(Hollis, 1964: 83-88). 공감과 마찬가지로 지지기술도 클라이언트의 심리적 안녕을 북돋우는 것에 국한하여 이해하는 경향이 있다. 이러한 부분도 중요하지만 지지기술을 통해 클라이언트가 사회적으로 야기되는 상황을 잘 다룰 수 있도록 하는 것도 중요하다. 여기에서 사용하는 '사회적 지지'는 특히 자신이 처한 사회적 환경 안에서 행동하려는 클라이언트의 노력을 지지하는 기법을 뜻한다. 누구나 정서적인 어려움을 겪는다는 사실을 부정하려는 것은 아니다. 만약 클라이언트가 정서적인 어려움을 호소한다면 사회복지사가 반드시 정서적인 지지를 제공해야 할 것이다. 그러나 급진실천가가 정서적 외상을 감소시키는 데만 지지의 기법을 사용하면 문제를 해결하는 데 충분치 않을 수도 있다.

전통접근에서 활용하는 지지 기법은 급진접근에서도 확대·적용할 수 있다. 예를 들어 지지기법은 클라이언트가 자신의 삶을 통제 하고자 할 때 필요한 개인적 변화와 사회적 지지를 끌어낼 수 있게 한다. 앞 절에서 살펴본 것처럼 클라이언트는 대안적 지지 혹은 지위 네트워크를 개발하여 새로운 사회적 행동에 필요한 도움을 받을 수 있다. 중년의 나이에 정규교육을 받기 시작한 만학도 여성의 사례를 살펴 보자. 이 여성은 주변에 교육을 받지 못한 친구나 가족의 비웃음을 살 수도 있다. 이때 사회적 지지를 구축하는 방법은 이 여성이 공부하는 것에 관해 높은 가치를 부여하고, 서로 마음이 맞는 동료 여성과 친분을 맺도록 돕는 것이다.

두 번째로 클라이언트에게 긍정적인 사회 경험을 제공함으로써 만족할 만한 개인적·사회적 정체성을 형성하도록 돕는 방법도 있다. 이를 잘 설명해 주는 것이 바로 울펜스버거(Wolfensberger)의 '사회적 역할 가치화(Social Role Valorization)' 개념이다(Wolfensberger, 1983). 이 개념에 따르면 사회적으로 가치 절하된 개인을 '정상화'하는 가장 최선의 방법은 그들에게 가치 있는 사회적 역할을 창출하여 지원, 옹호하는 것이다(Steer, 1989: 43). 대표적인 예로 장애인에게 단순히 일자리를 제공하기 위해 지루하고 반복적인 작업을 할당하는 것이 아니라, 비장애인도 할 수 있는 의미 있고 중요한 일을 부여하는 전략을 들 수 있다.

세 번째로 급진사회복지사가 제공하는 사회적 지지의 상당 부분은 위험을 감수하고 변화에 대처하며 새로운 역할과 행동을 시도하도록 지지하는 것과 관련된다. 클라이언트는 변화를 받아들일 준비가 되어 있어야 하며, 변화는 시간이 오래 걸리고 고통스러울 수 있지만 충분한 가능성이 있으며 보상이 따른다는 확신을 받아야 한다. 사회복지사는 새로운 여정을 같이 시작해 주어야 하며, 그렇게 함으로써 클라이언트가 매번 새로운 시도를 할 때마다 새로운 변화를 직시할 수 있도록 도와야 할 것이다.

사회적 지지의 다른 형태는 변화과정에서 사회적·대인적 저항이 발생했을 때 원조하는 것이다. 여기에는 클라이언트의 새로운 시도를 가치 절하하는 시각에 대항하는 활동도 포함된다. 따라서 갈등이나 공격 혹은 물리적 폭력, 오해 혹은 정서적 공격 등의 문제를 다루어야 할 때도 있다. 예를 들어 아들이 행동문제가 있는 것으로 판명되어 의뢰된 나이 어린 어머니에게 발생하는 문제를 살펴보자. 이 어머니는 학생이기 때문에 공부를 하기 위해서는 일정 시간 동안 아이와 떨어져 있기를 원한다. 주변의 동성 친구는 그녀가 현실적이지 못하다며 비난할 수 있다. 그러나 사회복지사는 이 어머니가 자신의 선택을 밀고 나갈 수 있도록 도와야 한다. 남편의 경우도 아이 양육의 책임을 더 많이 맡게 된다면 처음에는 강하게 저항할 수 있다. 이때 사회복지사는 남편의 분노가 변화 과정에서 나타나는 자연스러운 반응이라는 것을 클라이언트에게 이해시켜야 하고, 남편의 저항이 해결될 때까지 클라이언트의 입장을 지지해 주어야 한다. 만약 남편의 저항이 완화되지 않는다면 클라이언트는 새로운 상황에 비추어 자신이 내린 선택을 재평가해야 할 것이다. 즉, 남편의 분노를 참고 견디거나 자신이 내린 선택을 포기하는 방법을 들 수 있는데, 바꾸어 말하면 남편의 분노를 다루는 데 대한 도움이 필요할 것이다. 클라이언트의 친정어머니는 이러한 행동에 대해 강하게 반대하며, 자신이 딸을 잘못 키운 증거라고 해석할 수도 있다. 이 경우 클라이언트는 자신의 결정을 재확신하고 친정어머니의 기대를 저버린 데 대한 책임감을 느끼지 않도록 지지받아야 할 것이다. 공부를 계속하다 보면 수업시간이 너무 늦게 잡혀 있거나 규칙적이지 않아서 남편과 양육시간을 조정하는 데 어려움을 느낄 수도 있다. 이때 사회복지사는 교육기관과 협의하여 시간표를 조정하고 남편이나 어린이집과 시간을 조정하도록 도와줄 수 있다.

10. 사회복지실천 결과에 대한 평가

급진사회복지실천에서 평가는 매우 중요하다. 사회적 세계를 반영하고 이를 실천하는 능력은 비판적 자각을 개발하는 데 있어 핵심이라 할 수 있다. 또한 클라이언트와 사회복지사는 행동과 자각 모두에 지속적인 초점을 맞추어야 한다. 초기사정과 목표설정 과정을 바탕으로 만들어진 점검표는 개입이 끝나는 시기에 사회복지사와 클라이언트가 목표를 달성했는지 여부를 판단하는 데 유용한 지표가 된다. 구체적인 평가항목은 최초에 사회복지사와 클라이언트가 설정한 목표가 어떤 내용인가에 따라 달라질

수 있다. 스터디번트(Sturdivant, 1980: 173)는 페미니즘 치료자가 여성 내담
자를 사정하고 개입할 때 활용하는 일반적인 항목을 아래와 같이 목록화
하여 제시하였는데, 급진사회복지실천에서도 적용할 수 있다.

- 고통과 증상과 일상적인 상황 간에는 어떤 관계가 있는가?
- 점차 악화되는 고통이 있는가?
- 자아존중감을 얻기 위해 다른 것에 의존하고 있는가?
- 클라이언트의 이상이나 역할은 전통적인 고정관념에 근거하는가?
- 클라이언트의 대인관계 스타일로 인해 행동 범위가 제한되는 것은 아
  닌가?
- 남성뿐 아니라 여성과도 관계를 맺고 있는가? 다른 여성으로부터 지
  지를 획득할 수 있는가?
- 역할 패턴은 자신이 선택한 것인가?
- 자신이 내린 의사결정을 신뢰하는가?

이와 더불어 다음과 같은 질문을 추가할 수 있다.

- 변화를 수용하고 그에 대처할 능력이 있는가?
- 자신이 받아야 하는 사회 서비스를 모두 받았는가?
- 차후에 발생할 수 있는 욕구를 충족하는 데 필요한 지역사회 자원에
  대해 충분히 파악하고 있는가?
- 지역사회 자원을 활용하는 방법을 파악하고 있는가?
- 잠재적 지지체계를 보유하고 있는가?

제8장

사 례

이 장에서는 급진사회복지실천이 앞서 확인한 지침에 의해 어떻게 이루어질 수 있는지를 설명하기 위해 여섯 개의 사례를 구체적으로 예시하고자 한다. 이 중 일부는 실제 사례이긴 하지만 관련자의 비밀보장을 위해 수정되었으며, 다른 나머지 사례는 다양한 상황에서 뽑아서 재구성한 것이다.

각 사례의 대략적인 내용에 이어 사례계획이 기술되었는데, 사례계획은 문제와 원인에 대한 사정, 사회복지실천의 목적 그리고 실천전략에 대한 제안으로 구성되었다. 또한 각 사례계획은 급진적 틀을 활용하여 구성되었다. 이 급진적 틀은 전통적인 요소에 입각해 있지만 그 전통적인 요소를 구조적인 차원으로 확대하였다. 왜냐하면 급진적 접근이 구체적인 상황에서 어떻게 가설적으로 적용될 수 있는지를 자세하게 보여 주기 위해서는 구조적인 차원으로의 확대가 필요했기 때문이다. 각 사례에서는 급진적 접근의 차별성을 보여 주기 위해서 급진적인 사례계획에 이어서 비급진적 접근을 활용한 사례계획을 제시하였다.

물론 필자는 이 장에서 제시된 사례계획이 급진적 관점에서 나온 것이든 비급진적 관점에서 나온 것이든, 특정 사례에 대한 유일한 접근 방식이라고 주장하는 것은 아니다. 이 장에 제시된 사례계획은 급진적 틀과 비급진적 틀이 가지고 있는 상이한 범위와 방향을 설명하기 위한 가설적 사례다.

1. 첫 번째 사례: 헬렌 켈프

헬렌 켈프는 24세의 여성으로 경계선 지능장애(IQ 70 정도)가 있으며 또한 간질로 고통받고 있다. 헬렌은 중소 산업도시의 중하위 계층 지역에서 부모님(존과 메리온으로 40대 중반임), 남동생 스테판(14)과 함께 생활하고 있다. 언니 리즈(26)는 결혼하여 갓난아기가 있으며 근방에 살고 있다.

헬렌은 현지 지역사회의 민간기관에서 운영하는 작업장에 보호 고용되어 있다. 그녀는 민간단체에서 근무하는 사회복지사에게 의뢰되었다. 작업장 직원들은 헬렌이 '행동문제'를 가지고 있다고 생각하였으며 이로 인해 헬렌을 사회복지사에게 의뢰하였다. 그들은 헬렌이 반항적이며, 물건을 감추고, 계속해서 작업대에서 이탈하는 문제를 토로하였다.

헬렌과 사회복지사의 면담은 작업장에서 이루어졌다. 헬렌의 옷차림은 깔끔하였으며, 매력적이었고, 말투는 조용하였다. 헬렌은 사회복지사와 적극적으로 대화하였으며 똑똑히 발음하려고 열심히 노력하였다. 헬렌은 자신의 행동에 대한 직원의 불평에는 동의하지만, 자신이 왜 그렇게 행동하는지는 모르겠다고 말했다. 헬렌은 그보다는 다른 문제에 대해 말하고 싶어 했다. 즉, 자신이 집에서 행복하지 않으며, 아이 같은 취급을 받고 있다고 느끼며, 자신을 전혀 신뢰하지 않는다는 것에 대해 말하고 싶어 했다. 헬렌은 교회에 가도록 강요당한다고 느꼈으며, 단독 외출이 허용되지 않았다. 헬렌이 집에서 말을 잘 듣지 않을 경우 헬렌의 부모는 자원봉사기관이 진행하는 장애인 사회적응훈련(social outings)에 참석하는 것을 허락하지 않는 처벌을 내렸다. 헬렌은 작업장을 벗어나서는 또래의 친구가 하나도 없었으며, 남동생에게 더 많은 책임이 주어진 것에 질투를 느끼긴 하지만 남동생과 잘 지내고 있다. 헬렌은 언니인 리즈의 집에서 꽤 많은 시간을 보내며, 언니가 아기를 보살필 때 돕는 걸 좋아한다.

그 후 사회복지사는 헬렌의 집에서 헬렌의 부모인 존과 메리온 그리고 헬렌과 함께 헬렌이 작업장에서 갖고 있는 문제에 대한 면담을 진행했다. 존과 메리온 둘 모두 거의 헬렌이 문제라고 생각했다. 헬렌은 '반항적이고', '불손하고', '미성숙하며', '무책임'한 사람으로, 부모는 헬렌이 절대 집을 나가거나 독립할 수 있다고 믿지 않았다. 자신들의 여생 동안 헬렌을 돌봐야 한다는 것이 싫었기 때문에 부모는 이에 대해 약간의 원망스러운 마음을 느끼고 있었다. 부모는 또한 헬렌의 복지에 대해 불안해했다. 메리온은 사실 헬렌이 집에서 몇 번 '가출'을 했었다고 말했다. 헬렌은 하루 종일 밖에 나가 있었으며 자신의 외출 계획과 행선지에 대해서 누구에게도 말하지 않았다. 헬렌의 부모는 그럴 때마다 미친 듯이 걱정이 되었다.

헬렌과 그녀의 부모 모두 헬렌의 작업장에서의 행동보다 일상에 대해서 더 많은 관심을 가진 것 같다. 가족 모두는 사회복지사가 문제 상황에 대해 어떤 것을 도와줄 수 있는지에 대해서 궁금해하였다.

이에 대한 사례계획을 급진적 접근과 비급진적 접근으로 나누어 살펴보면 다음과 같다.

1) 급진적 접근

사 정

이 사례에는 중요하면서도 상호 연관된 두 개의 문제가 있다. 첫째는 직장에서의 헬렌의 행동문제(처음 의뢰된 문제)며, 둘째는 (헬렌과 그녀의 부모가 제기한) 헬렌의 전반적인 현재와 미래의 생활 계획과 관련된 문제다.

다수의 사례 관련자 대부분이 헬렌의 행동이 문제라고 규정하는 것으로 보이며, 관련자 중 둘은(작업장 직원과 헬렌의 부모) 헬렌에게 권력을 행사하는 위치에 있다. 작업장 직원은 직장에서의 헬렌이 산만하다고 생각하며, 헬렌의 부모는 헬렌의 행동이 자신들의 현재와 미래의 삶을 망치고 있다고 생각한다. 헬렌 본인은 자신에게 자유를 허용하지 않는 부모의 행동을 더 걱정하고 있다.

문제에 접근하는 데 있어서 이 의뢰가 누구의 이익에 도움이 되는가에 대해 반드시 대답할 수 있어야 한다. 처음 의뢰는 작업장 관리자 측에 이익이 되는 것이었다. 그러나 잘 살펴보면 이 사례에는 헬렌과 그녀의 부모를 포함하여 충족시켜 줄 수 있는 많은 다른 이해관계가 존재한다. 이런 사례에서 이해관계가 반드시 상충되는 것은 아니지만 또한 반드시 조화를 이루는 것도 아니다. 예를 들어 작업장 직원은 헬렌이 오로지 작업장 규칙을 따를 경우에만 만족할 수 있으며, 헬렌의 부모는 그녀가 더 책임감 있게 행동하고 독립적으로 되기를 바랄 수 있다. 반면 헬렌 본인은 그저 더 많은 자유를 원하고 성인으로 대접받기를 희망할지도 모른다. 어떤 행동을 취할지를 결정하기에 앞서, 급진사회복지사는 모든 이해관계가 만족스럽게 충족될 수 있는지, 혹은 어떤 이해는 다른 이해보다 우선될 필요가 있는지의 여부를 결정해야 할 것이다.

문제의 중요 부분은 모든 관련자가 '문제'를 규정하는 방법과 그러한 문제 정의의 전제가 되는 정형화된 기대일 것이다. 헬렌은 일탈적인 행동을 하며, 작업장의 운영과 가정생활에 방해가 된다는 이유로 문제가 있다고 규정되었다. 헬렌은 성실한 직원이나 딸이라는 역할을 만족할 만큼 수행하지 못하고 있다. 또한 헬렌은 역할 갈등에 빠져 있다. 즉, 한편으로 헬렌은 책임 있는 성인으로 행동하라는 기대를 받지만 다른 한편으로는 장애가 있는 말썽꾸러기로서 다루기 어려운 아이 같은 취급을 받는다. 사회적 기대라는 관점에서 보자면 '장애인'의 역할에는 독립적인 완전한 성인의 역할은 해당되지 않는다. 우리는 헬렌의 사례에서 이러한 것이 나타나는 것을 보았고, 이것은 바로 사회적 낙인의 영향이라고 할 수 있다. 즉, 헬렌의 경우에서 헬렌을 지능장애를 가지고 있는 것으로 간주하고, 다른 근로자와 보호작업장에 고용되어서 자신의 능력보다 낮은 일을 수행하도록 하고, (그녀 부모의 입장에서) 헬렌의 개성으로 인정하는 것이 아니라 '아이 같은' 비순응적 행동으로 치부해 버림으로써 헬렌을 낙인찍는 경향을 들 수 있다. 그녀의 행동은 비록 짜증스러운 것이기는 하지만 상대적으로 권한이 없는 사람이 약간의 힘을 얻으려는 시도로 볼 경우 이해가 되기도 한다.

헬렌은 자신의 입장을 주장하거나 논의하려고 하기보다는 오로지 그녀 나름대로의 방법—정규 일과를 혼란스럽게 하는 방법—을 활용하고 있다. 그 이유는 첫째, 아마도 헬렌의 지적 능력이 부족하기 때문일 것이며, 둘째, 만약 헬렌이 어떤 주장이나 논의를 시도한다 하더라도 그것이 심각하게 받아들이지 않을 것이기 때문이다.

　헬렌의 부모 역시 지적 장애를 가진 사람에 대한 사회적 기대에 젖어 있다. 그들은 대부분의 사람과 마찬가지로 헬렌의 독립은 불가능하다고 믿고 있으며 따라서 자신들의 역할은 항상 수호자이자 보호 제공자여야만 한다고 생각하고 있다. 헬렌의 어린 시절부터 지금까지 헬렌에 대한 부모의 생각에는 거의 변화가 없는데, 헬렌의 어린 시절에는 헬렌 같은 사람의 자립생활을 지원할 만한 자원이 거의 없었다. 물론 그들은 헬렌의 능력을 부정하거나 헬렌이 독립적으로 되는 것을 거부하는 것은 아니다. 그보다는 그들은 헬렌의 독립을 지원할 수 있는 새로운 서비스(지역사회 주거, 사회기술 프로그램, 일시보호)가 있다는 사실과 시대의 변화를 따라가지 못한다고 보는 것이 더 타당할 것이다. 헬렌의 부모는 자력으로 헤쳐 나가는 것에 익숙하며, 최선을 다해 그렇게 하고 있다. 만약 헬렌의 부모가 헬렌의 독립을 증진하기 위해 다른 사람이 제공하는 자원에 의존하더라도 '나쁜' 부모는 아니다.

　또한 헬렌의 부모가 갖는 걱정은 여성을 대상으로 하는 폭력이나 성 범죄 같은 현 사회의 상황을 고려해 볼 때 매우 실제적인 것일 수 있다. 그들의 종교적 배경을 고려해 볼 때, 헬렌의 부모는 헬렌이 '실종' 시 그녀의 성적인 안전에 대해 이해할 만한 걱정을 한다고 볼 수 있다.

　한편 작업장 직원의 업무체계는 근로자에게 생산의 극대화만을 조장하고, 반면 개인적이거나 창조적인 노력에 대해서는 보상을 주지 않는 것일 수 있다. 직원은 헬렌의 개인적인 노동욕구에 주의를 기울일 만한 시간이 없으며, 만약 헬렌이 하는 것과 같은 행동이 작업에 지나친 지장을 줄 경우 작업장의 존속에 대해 심각하게 걱정하게 된다.

따라서 요약하자면 헬렌의 말썽이 되는 행동은 헬렌의 입장에서는 거의 무력한 자신의 상황에서 약간의 힘을 얻기 위한 행동으로 볼 수 있다. 반면 이러한 행동은 헬렌의 삶에서 헬렌보다 많은 권한을 가진 집단의(작업장 직원과 부모) 이익에 순응하지 않기 때문에 '문제'나 일탈로 정의된다. 헬렌은 모순에 처해 있다. 즉, 그녀는 '장애를 가졌고' 따라서 '아이 같고 의존적'이라는 낙인이 찍힌다. 그러나 그럼에도 불구하고 '성인답고' '책임감 있는' 그리고 암암리에 '독립적으로' 행동할 것이 기대된다. 그녀는 의존적인 사람으로 취급받는 한편 독립적으로 행동하라는 기대도 받는다.

사회복지실천 목적

위와 같은 사정을 고려할 때, 관련된 모든 집단의 이해관계를 충족시키는 것이 가능한가? 혹은 몇몇 이해관계는 불가피하게 대립되는 것인가? 필자는 이 사례에서 모든 이익집단을 만족시키는 것이 가능하다고 생각한다. 이는 헬렌에게 권한을 부여하고, 그로 인해 책임감 있고 좀 더 성인처럼 행동하는 헬렌의 능력을 증진시킴으로써 가능해진다. 사실 헬렌이 좀 더 책임감 있게 행동한다면, 가정과 작업장에서의 문제가 줄어들 것이며, 그녀가 원하는 독립의 목적도 성취할 수 있을 것이다. 따라서 주요 목표는 헬렌에게 더 많은 권한을 부여하는 것이다. 이는 작업장 직원과 헬렌 부모에 대해서는 헬렌에 대한 정형화된 관점을 변화시키는 것과 모든 사람에 대해서는 사회적 낙인과정에 대한 자각을 증진시키는 것이 연계되어야 할 것이다. 또한 헬렌의 의존에 일조하는 물질적 제한이(서비스의 결여) 해결되어야 한다.

전략 제안

1 관료적 기술. 작업장의 요구사항이 일부 근로자의 창조적 능력을 어떻게 둔화시킬 수 있는지를 보여 준다. 사회복지사는 헬렌의 능력에 대한 사정결과를 작업장 직원에게 알려 준다. 작업장 직원과 함께 헬렌의 옹호자 역할을 맡는다. 헬렌의 능력이 더 잘 발휘될 수 있는 덜 반복적이고 좀 더 창조적인 활동의 작업 프로그램 개발을 지원한다. 직원의 기존 활동 중에서 헬렌이 도울 수 있는, 그렇게 함으로써 헬렌이 좀 더 실재적인 책임을 가질 수 있는 활동이 있는지 찾아본다.

2 역량강화 기술. 부모의 보호 없이 헬렌이 일을 처리할 수 있는 약간의 권한을 갖는 경험을 하게 한다. 예를 들면 리즈 언니가 아기를 돌보는 것을 헬렌이 실제로 도와 줄 수 있는지 여부와 헬렌이 혼자의 힘만으로 책임질 수 있는 활동이 있는지를 알아본다. 헬렌이 가정에서 이미 성공적으로 한 일의 목록을 뽑아내고, 앞으로 할 다른 일을 개발한다. 일처리 방법을 선택하게 함으로써 헬렌이 혼자서 이 일을 하도록 인정받게 한다.

3 비판의식의 발전. 부분적으로는 장애인에 대한 사회적 기대에 의해서, 그러나 다른 한편으로는 장애인을 위한 자원에 대한 구시대적인 사고방식으로 인해서, 헬렌을 보는 자신들의 관점이 모순적일 수 있음을 헬렌의 부모가 알도록 돕는다. 헬렌이 어떻게 '낙인' 찍혀 왔는지와 헬렌 자신의 행동이 어떻게 그러한 낙인에 기여하는지를 깨닫도록 돕는다. 완전히 독립적이거나 의존적이지는 않지만 때에 따라 독립적일 수도 있고 의존적일 수도 있는 헬렌을 위한 대안적인 역할을 가정 내에서 개발하도록 가족 모두를 돕는다. 예를 들면 헬렌이 아기 돌보는 것을 돕기 위해 리즈의 집에 가는 것은 독립적으로 할 수 있으며, 자신이 도울 수 있는 활동을 선택할 수 있다. 그러나 헬렌은 아마

도 혼자서 하루 종일 아기를 돌볼 수 있을 만큼 충분히 독립적이 될 수는 없을 것이다.

④ 자원의 창조적인 활용. 헬렌이 독립적으로 되도록 지원할 수 있는 다른 서비스를 (예를 들면 관리와 보호하에 떠나는 휴가 여행, 친척과 머무르기) 켈프 가족이 활용하도록 격려한다. 활용 가능한 자원에 관해 가능한 한 많은 정보를 가족에게 제공하고 하나의 자원을 사용하는 것에 대한 찬반을 비판적으로 토론하여 가족 모두(헬렌을 포함하여)가 그런 것에 관해 충분히 숙지한 후 선택을 하도록 한다. 만약 가족이 정부에서 제공하는 서비스의 이용을 싫어한다면, 다른 것을 창조적으로 활용하도록 격려한다. 예를 들어 가족은 헬렌이 교회활동에 더 많이 참가하는 것을 선호할 것이다. 만약 가족이 헬렌에게 참여할 일을 선택하는 데 있어서 더 많은 책임을 허락할 수 있다면, 그렇게 하도록 격려한다.

2) 비급진적 접근

사 정

헬렌의 작업장에서의 행동문제는 단순히 특정 자극에 의해 유발되는 행동 문제로 취급될 수도 있다. 아마도 작업장 직원은 다른 근로자보다 헬렌에게 더 많은 관심을 집중하며 헬렌을 '들볶고 있을' 수도 있다. 어쩌면 다른 근로자는 헬렌을 놀리고 있거나 헬렌에게 버릇없는 행동을 하라고 말하고 있을지도 모른다. 유사한 과정이 가정에서도 발생하고 있을 수 있다. 헬렌은 남동생인 스테판에게 경쟁의식을 갖고 있을 수도 있으며 그녀는 스테판의 상대적으로 자유를 누리고 있음에 대해 질투하고 있을지도 모른다. 그래서 스테판이 그녀를 비웃을 때마다 헬렌은 더 어긋난 행동을 하게 된다.

다르게 보자면 가정에서의 문제는 헬렌의 부모가 헬렌을 하나의 개인으로서 인정하는 어려움에서 기인한 가족 의사소통의 문제로 보일 수도 있다. 헬렌은 '성인' 이 되라는 기대를 받는 반면 '아이' 로 취급받는 상충된 메시지를 받고 있기 때문에 잘못된 행동을 하게 된다. 헬렌의 부모는 헬렌이 성인기로 이행되는 것에 대해 적절히 대처하지 못함으로 인해서 이러한 혼합된 메시지를 보내고 있는 것일 수 있다. 부모는 또한 자신들의 보살핌이 헬렌의 욕구를 충족시키기에는 부족하다는 이유로 약간의 양가감정을 느끼나 자신들이 무조건적인 보호와 관심을 제공할 수 없다는 점에서는 죄책감을 느낄지도 모른다. 또한 헬렌의 부모는 어쩌면 그저 과보호적이 되어서 헬렌이 성장하고 있으며 그녀 고유의 권리를 가지고 있다는 생각을 하지 못할 수도 있다. 부모는 그들의 신앙심 때문에, 또한 헬렌이 성적인 관심과 행동에 대해서 지나친 걱정을 하며, 헬렌이 성적인 존재가 될 수 있다는 생각에 적절하게 대처하지 못할 것이다. 따라서 근래 부모의 걱정은 헬렌이 '행방불명' 되는 것이다.

사회복지실천 목적

문제에 대한 이러한 관점에 기초할 경우, 사회복지실천의 목적은 가정과 직장에서 헬렌의 행동을 수정하는 것과 가족의 의사소통을 증진시키는 것이 될 수 있다.

전 략

1 헬렌을 위해서는 가정과 직장 양쪽에서 행동수정 프로그램이 이루어져야 한다. 헬렌은 아마 다른 근로자나 남동생에게 놀림을 당할 때 이전과는 다른 긍정적인 방식으로 대응하게 될 것이다.

2 헬렌을 위한 개별상담은 아마 본인의 행동이 어떻게 다른 사람에게 방해가 되는지를 깨닫고, 그것을 변화시키도록 그녀가 동기를 갖는

데 도움이 될 것이다.

③ 가족 상담이나 치료가 가족 의사소통의 문제를 해결할 수 있을 것이다. 모든 가족원에게 그들의 헬렌에 대한 태도와 헬렌의 능력에 대한 신념이 어떻게 헬렌의 행동에 영향을 미치는지를 보도록 할 수 있으며, 헬렌의 독립을 지원하는 데 있어서 가족단위로 함께 움직이는 것을 배울 수도 있다.

④ 헬렌의 보호에 대한 양가감정이나 죄책감에 관한 존이나 메리온 혹은 부모 모두와의 개별상담은 헬렌의 미래에 대한 그들의 모순적 공포와 걱정을 해소할 수도 있다. 여기에는 헬렌의 능력에 대한 실제적인 정보를 부모에게 제공하는 것이 포함될 수 있다. 또한 개별상담은 헬렌의 성적인 특성에 대한 부모의 감정을 해결하고 이에 대처하도록 도울 수도 있다.

2. 두 번째 사례: 토니 켈리

18세의 토니 켈리는 어떤 가족이 영리목적으로 운영하는(자격을 갖춘 정신보건 간호사가 몇 명 근무함) 규모가 큰 민간 호스텔에서 살고 있다. 호스텔 입주자 대부분은 경중의 장애가 있으며 주로 젊은 독신자다. 토니는 호주 원주민 혼혈인으로 몇 년 전에 자동차 사고로 경중의 뇌 손상을 입었다. 토니가 호스텔에서 일으키는 문제 때문에 호스텔 관리자는 지역보건소의 사회복지사에게 토니를 의뢰하였다. 토니는 자기방 청소를 하지 않으려고 하며, 다른 거주자와 다투고, 종종 술에 취한 채 귀가하며, 자기방과 공동 생활 구역을 파손했다. 토니는 성적으로 문란하다는 의심을 받고 있는데, 특히 호스텔의 여성입주자를 상대로 의심을 받고 있다. 또한 (비록 어떤 주장도 확실하지 않음에도 불구하고) 입주자 사이에서는 토니가 사건 이후 호스텔을 떠난 두 명의 여성에게 성적 공격을 가했다는 소문이 났다. 토니가 호스텔에서 거주한 기간은 5개월이며, 처음 4개월 동안은 아무런 문제도 없었다. 토니는 자신이 행한 최근의 행동에 대해 관리인에게 해명할 생각이 없으며, 호스텔 규칙에 협조하라는 요청에도 응하지 않고 있다. 관리인은 토니의 문제를 해결하려는 더 이상의 노력 없이 그를 퇴소시키는 것은 마음이 편치 않은 일이라고 느끼고 있다.

관리인은 토니와 사회복지사가 호스텔에서 면담하도록 약속을 정했다. 토니는 사회복지사와의 면담을 원치 않았지만 만약 사회복지사를 만나지 않으면 호스텔에서 즉시 퇴소시킬 거라는 말을 관리인에게서 들었다. 토니는 처음에는 사회복지사에 대해서 적대적이고 퉁명스러웠지만 사회복지사가 자신의 입장에 대해 들을 준비가 되어있다는 것을 알고 나자 부드러워졌다. 토니는 자신이 약간의 피해를 일으켰다는 점은 인정했다. 그러나 토니는 자신이 호주 원주민이기 때문에 호스텔 거주자가 집단으로 자신을 공격하고 자신에 대해 소문을 퍼뜨리고 있다고 믿고 있었다. 토니는 호스텔에 친구가 없으며, 함께 살 가족도 없었다. 5개월 전 토니의 어머니는 토니가 자신의 새 남자친구와 싸웠다는 이유로 그를 집에서 내쫓았으며 남동생은 현재 거리에서 생활하고 있다. 토니는 보호작업장에서 일하고 있으며 보호작업장 직원의 소개로 지금의 호스텔에 숙소를 얻었다. 토니에게는 두 달 전 직장에서 만난 여자친구(사례 1의 헬렌)가 있는데 토니는 헬렌과는 매우 잘 지냈다. 헬렌의 부모는 헬렌과 토니의 교제를 승낙하지 않았다. 헬렌은 주말에 몇 번 토니를 만나기 위해 '몰래 빠져나온' 적이 있었는데, 현재 헬렌의 부모는 만약 헬렌이 토니를 계속 만난다면 그녀를 직장에 보내지 않겠다고 위협하고 있다. 토니는 이 모든 상황에 매우 화가 나고 상처를 받았으며 '무엇 때문에 헬렌의 부모가 자신에 대해서 반대하는지'를 이해할 수 없었다. 토니는 자신이 호스텔에서 쫓겨날 경우 그 이후의 대책이 없으면서도 계속해서 사회복지사에게 '나 혼자 잘 해낼 수 있다.'고 말하고 있다. 토니는 만약 '모두 자신을 내버려 두고 자신을 괴롭히는 일을 멈춘다면' 호스텔에 계속 머물러도 상관없지만, 다른 곳으로 이주하는 것도 개의치 않았다. 토니는 자신의 행동이 올바르지 않다는 것에는 동의했지만, 관리자와 거주자가 자신을 폭발하도록 만드는 것에 대해서는 비난하였다. 토니는 정말로 사회복지사가 '그들이 더 이상 자신을 괴롭히지 못하게 해 주기를' 원했다.

이에 대한 사례계획을 급진적 접근과 비급진적 접근으로 나누어 살펴보면 다음과 같다.

1) 급진적 접근

사 정

토니와 관련하여 제기된 주요 문제는 새로운 숙소를 찾거나 아니면 그의 행동을 변화시켜서 현재 숙소에 남을 수 있도록 하는 것이다. 의심할 여지 없이 토니는 '부당한' 취급을 받았지만, 한편으로 토니는 호스텔의 다른 사람에게 어느 정도의 '해를 끼치고' 있는 것으로 보인다. 이 사례에서 어려운 문제는 서로 상충하고 있는 모든 이해관계를 공평하게 처리하는 것이 될 것이다. 토니가 현재 상황과 관련된 어떠한 비난도 수용하길 거부하는 것처럼 보인다는 사실은 문제를 복잡하게 만든다. 이런 의미에서 토니는 비자발적인 클라이언트다.

토니가 현재 처해 있는 상황을 설명할 수 있는 많은 사회적 이유가 있다. 토니는 가족의 지원이나 개인재산이 없는 매우 불리한 배경을 가지고 있다. 토니는 상당한 사회적 거부를 경험해 왔으며, 지금도 경험하고 있다.

과거에는 그의 어머니와 호스텔 거주자에게서 거부를 경험했고 현재는 헬렌의 부모에게서 거부를 당하고 있다. 토니의 장애가 의미하는 것은 그가 재정적·사회적으로 완전히 독립할 전망이 거의 없다는 것이다. 따라서 토니는 항상 일종의 공동 숙소에서 생활해야 할 가능성이 높으며, 이 때문에 그의 행동은 항상 다른 사람에게 걱정거리가 될 것이다. 그러므로 토니가 '문제'라는 낙인이 찍힐 가능성은 일반인보다 더 높다. 실제로 토니는 호스텔에서 약간의 인종차별(그리고 낙인)을 당했을 수도 있다. 이러한 인종차별은(최소한 부분적으로) 토니의 성적인 행동과 관련된 소문을 일부 설명할 수 있으며, 호스텔 거주자를 향한 토니의 분노와 이로 인한 행동을 설명할 수도 있을 것이다. 토니가 자신에게도 책임이 있는 상황에 대해 아무런 본인의 책임을 인정하지 않는 것은 바람직한 사회적 태도는 아니다. 그러나 이런 태도는 인종차별에 적응하기 위해 토니가 취할 수밖에 없었던 행동이었을 수 있다. 이는 이전에 토니에게 잘못이 있다고 비난한 백인 호주인을 대하면서 배울 수밖에 없었던 방어적 자세일 수도 있다. 또한 이는 단순히 그가 사회복지사를 신뢰하지 못한다는 것을 보여 주는 것일 수도 있다. 즉, 사회복지사를 개인적으로도 그리고 호주의 백인중심의 착취구조를 대표하는 사람으로서도 신뢰하지 못하는 것일 수 있다. 마찬가지로 분노와 신체적 폭력은 토니가 사회적 거부에 대응하기위해 사회적으로 학습해 온 용납될 수 있는 주요 방법일 수 있다.

토니의 행동에 대한 사회적 설명이 합리적으로 이루어짐에도 불구하고, 이러한 설명이 토니의 행동을 합리화시키거나 묵인 혹은 용서될 수 있음을 의미하지는 않는다. 토니가 다른 사람과 함께 공존해야 한다는 것이 사회적 현실이다. 토니의 주변 사람은 토니의 행동에 의해 피해를 입지 않을 권리가 있다. 만약 토니에 대한 여러 이야기가 모두 사실이라면, 그 이유에 관계없이 토니의 행동 중 일부는 불법적인 것이며 최소한 불쾌한 것이다. 다른 사람(호스텔 관리자와 거주자)은 이러한 행동을 중단하도록 요구하거나 만약 호스텔의 규정을 준수하지 않을 경우 떠나도록 요구할 권리가 있다.

여기서 숙고해야 할 점은 이런 상황 중에 어느 부분이 호스텔 책임이고 어느 부분이 토니의 책임인지를 밝히는 것이다. 그렇게 해야만 모든 당사자가 만족하는 방향으로 상대적 이해관계가 조정될 수 있을 것이나. 뿐만 아니라 만약 토니가 호스텔을 떠나더라도 여전히 행동을 변화시켜야 할 것이다. 왜냐하면 어떠한 곳에서든 그러한 행동이 묵인될 가능성은 거의 없기 때문이다. 그리고 만약 토니가 호스텔을 떠난다 할지라도 앞으로도 또 다른 사람과 유사한 상황이 발생하지 않도록 관리자와 거주자는 자신의 습관을 검토하고 가능하다면 변화시킬 필요가 있을 것이다. 추가적인 정보를 이용하지 않더라도, 이 시점에서 토니의 분노를 자극한 사람은 다른 사람이지만(예를 들어 인종차별적인 호스텔 거주자와 헬렌 부모의 교제 불허), 토니가 자신의 분노를 발산하기 위해 선택한 방법은(신체적 폭력 및 그 결과) 그의 책임이라고 단정할 수 있을 것 같다.

사회복지실천 목적

이 사례에서 핵심이 되는 궁극적인 목적은 토니의 숙소문제 해결이다. 그러나 이 사례에는 토니뿐만 아니라 호스텔 거주자의 행동, 특히 토니의 공격적 행동(성적인 공격을 포함해서)과 호스텔 거주자의 인종차별주의에 대한 어느 정도의 수정이 필연적으로 포함될 수 있다.

전략 제시

① 관료적 기술. 호스텔 관리자측과 함께 토니를 위한 옹호자의 역할을 맡는다. 호스텔 관리자와의 협력하에 호스텔 상황 및 거주자가(그리

고 관리적인 측면에서도) 보일 수 있는 인종차별적 행동을 점검한다. 여기에는 약간의 비판적 사각을 발전시키는 것이 포함된다. 예를 들어 그들에게 언제 그리고 어떤 방식으로 그들이 토니에게 낙인을 찍는지 그리고 그것이 토니에게 어떻게 느껴지고 어떻게 행동하게 하는지를 인식하게 만든다. 또한 그들이 토니 혹은 원주민에 대해 가지고 있을지도 모르는 어떤 '신화'나 편견에 도전하는 것도 포함될 수 있다. 호스텔 내에서 이러한 행동을 점검할 수 있는 프로그램을 개발한다.

2 비판 의식의 개발. 호스텔 거주자의 낙인적 태도가 어떻게 그로 하여금 그런 방식으로 행동하게 만드는지를 밝혀 줌과 동시에, 그의 반응에 대한 선택은 그 자신에게 있다는 것도 보여 준다. 대응 방식에 대한 토니의 선택안을 더욱 명확하게 해 줌으로써 토니에게 권한을 부여한다(예를 들어 영리하고 재치 있는 반박, 사람들의 태도를 무시하기, 자신의 방으로 가서 문을 닫기).

3 역량강화 기술. 토니의 긍정적 특성에 집중적인 관심을 보임으로써 일정 권한을 경험할 수 있도록 해 주며 호스텔 관리자에게 이를 지원하도록 요청한다. 예를 들어 토니가 잘하는 것이나 관심 있어 하는 것을 찾아내고, 그러한 것을 호스텔에서 책임지고 행할 수 있는지 여부를 파악한다. 현재 토니가 가지고 있는 권한이 어떠한 것 인지를 알려 준다. 예를 들어 호스텔을 떠날 수도 있고 머무를 수도 있으며, 호스텔 거주자에 대해서는 어떻게 반응할 것인지의 방법을 스스로 결정할 수 있으며, 그가 방에 머무르든지 나가든지 등등의 권한이다. 이것 하나하나에 대해서 자신이 선택을 하고 있으며, 각각의 선택과 관련된 것이 무엇인지를 토니가 깨닫게 만든다. 또한 다른 사람은 어떻게 선택을 하며, 그의 선택이 어떻게 다른 사람의 선택에 영향을 미치고 있

는지를 보여 준다.

4 권력 불균형의 균등화. 토니와 호스텔 관리자 그리고 다른 거주자로 하여금 폭력행동을 포함하여 일반적으로 받아들일 수 있는 행동에 관해 합의하고, 나아가 인종차별적인 행동이나 희생양 만들기 혹은 낙인 등이 존재한다면 그것에 관해서도 함께 합의하도록 유도한다. 어떤 환경에서는 어떤 행동이 수용가능하고 어떤 행동이 그렇지 않은지 그리고 그에 따른 결과는 무엇인지를 명확히 한다. 예를 들어 모든 성적인 공격에 대한 주장은 반드시 호스텔 관리자에게 직접적으로 보고되어야만 하며, 관리자는 경찰을 부를 수도 있을 것이다. 우연히 듣게 되는 모든 인종차별적 표현(그것이 어떤 것인지는 사전에 규정되어야만 한다)도 반드시 보고되어야 한다.

2) 비급진적 접근

사 정

주요 문제는 토니의 일탈적이고 용납할 수 없는 행동의 수정과 억제다. 토니의 행동은 그가 살게 될 어떠한 장소에서도 문제가 될 것이며 따라서 반드시 이를 해결해야만 토니는 환영받는 거주자가 될 수 있다.

토니는 걱정스러운 많은 개인적 특성을 나타내고 있는데, 이는 통찰력의 부족, 타인에 대한 비난이나 투사의 경향, 자신의 행동에 대해 책임지려는 능력의 부족이다. 토니는 여전히 매우 자기중심적인 청소년으로 다른 사람의 관점, 자신의 잘못된 허세, 호스텔 거주자를 향한 자신의 '편집증'을 이해하는 능력이 부족하다. 뇌 손상으로 인한 토니의 제한된 지적 능력은 토니가 다른 숙소를 찾는 능력에 제한이 있음을 의미할 것이며 따라서 토니가 현재 호스텔의 요구사항에 따르는 법을 배우는 것은 중요하다.

특히 토니는 사회적으로 고립된 청년으로 보이며, 따라서 토니에게 일반적인 사회기술을 학습시키는 것은 더욱 어렵다. 이것은 토니의 배경, 즉 확실히 비지지적인 어머니와의 관계에 의해 악화되었을 것이다. 호스텔 관리자와 토니 사이에는 의사소통 문제도 있는 것 같다. 왜냐하면 토니는 사회복지사와는 아주 만족스럽게 대화를 할 수 있기 때문이다. 의사소통의 문제는 또한 토니와 다른 호스텔 거주자 사이에서도 존재할 수 있다. 거주자는 아마도 토니에 대해 오해를 가지고 있으며 호스텔의 일탈적 구성원으로 희생시켜 왔다.

간략히 말해 토니의 개인적 및 지적 한계와 관련된 사회적 고립에는 아마도 몇몇 특정 유형의 행동수정이 가장 적절함을 보여 주고 있다.

사회복지실천 목적

토니의 행동을 수정하여 토니가 자신의 분노를 비폭력적인 방법으로 표현할 수 있도록 하며 성적 문란뿐만 아니라 성적인 공격 가능성도 중단하도록 한다.

전략 제안

1 행동수정. 토니를 위한 행동관리체제를 구성하고 선택된 행동을 개별적으로 수행하도록 한다. 호스텔 관리자, 거주자 그리고 심지어 직장의 직원도 도움을 줄 수 있다.

2 상담, 모델링 및 역할극. 분노를 표현할 대안적 방법에 대해 논의하고 토니와 함께 이러한 것의 모델을 설정하고 역할극을 해 본다.

3 사회기술집단에 의뢰. 위의 전략 중 몇 개는 이 집단에서 다루어질 수도 있을 것이다.

3. 세 번째 사례: 콘 드라코포울로스

콘 드라코포울로스(35)는 사회보장국 소속 사회복지사에게 의뢰되었다. 콘은 일시적 질병 때문에 정상적인 근무를 할 수 없어 2년 동안 수당을 받았는데, 사무직원 중 한 사람이 이 수당의 지속 여부에 대한 적격성 사정을 위해 사회복지사에게 의뢰하였다.

콘의 집은 거대한 대도시 내의 구시가 과밀지구에 있다. 사회복지사는 콘의 작은 집에서 콘과 그의 아내 마리아(30) 그리고 그들의 두 딸(2세, 4세)을 만났다. 콘이 살고 있는 지역은 과밀지역으로 소음이 심하고, 여가시설이 거의 없으며, 도시 내에 있는 아직까지 '정비되지 않은' 도심 지역 중 하나다. 콘은 등의 통증, 현기증 그리고 구토증 발작의 증가로 건강이 악화되어 2년 전에 종일제 건설노동자 일을 그만두었다. 그 이후 콘은 친구가 운영하는 포장전문(생선과 칩) 음식점에서 여러 종류의 시간제 근무를 하려고 노력했지만 구토증과 심한 두통 때문에 지속적으로 일하는 것이 불가능했다.

콘은 대부분 집에서 TV를 보거나 자면서 시간을 보내고 있다. 콘은 책을 읽으려고 노력했지만 그럴 때마다 두통이 왔다. 콘은 때로 지루하기는 하지만 일하는 것도 별로 즐겁지는 않다고 말했다. 콘의 말투는 조용했으며 강한 정서적 표현은 별로 없었다. 콘의 사회적 접촉은 많지 않은데, 그중 하나가 지난 6개월 동안 격주마다 만나고 있는 그리스인 심리학자로, 콘은 그를 만날 때마다 1회당 80달러를 지불하고 있다. 콘은 자신의 문제를 친구에게 말할 수 없기 때문에 심리학자와 대화를 나누는 것이 좋지만, 병에 대해 도움을 받고 있다는 느낌은 별로 없다고 하였다.

콘은 11년 전에 그리스의 농촌 마을에서 호주로 이민 왔다. 마리아는 6년

전 결혼하기 위해 콘이 있는 호주로 왔다. 콘과 마리아는 그리스에서 약혼했으며 콘은 마리아를 위한 가정을 꾸리기 위해 먼저 이민가는 계획을 세웠다. 콘이 마리아의 이주비용과 주택 담보금을 충분히 저축하는 데는 5년이 걸렸다. 약 4년 전에 주택담보 대출상환을 충당할 수 없었기 때문에 콘은 두 가지 직업을 가졌다. 콘은 하루에 18시간씩 일했고 주말에도 대부분 일했다.

콘은 자녀가 교육을 받을 수 있게 해 주는 것과 마리아에게 안정된 가정을 마련해 주는 것이 자신의 가장 큰 걱정거리라고 하였다. 현재의 경제적 상황에 대한 콘의 생각은 불명확했으며, 모든 것이 잘 유지되고 있다고 말했다. 면담 동안 마리아는 뒤에서 서성거렸다. 마리아는 사회복지사를 현관까지 배웅하며 자신은 콘이 매우 걱정스럽다며 콘을 위해서 뭔가를 해 달라고 간청했다.

이에 대한 사례계획을 급진적 접근과 비급진적 접근으로 나누어 살펴보면 다음과 같다.

1) 급진적 접근

사 정

이 사례의 주요 문제는 콘의 질병과 가족의 재정적 안정이다. 사회적·관료적 이유 때문에 드라코포울로스 가족은 재정적 위험에 처해 있다. 콘은 가족 부양을 위해 일할 수 없지만, 문화적 그리고 기타 사회적 이유 때문에 가족 부양은 아내가 아닌 자신의 책임이라고 생각할 가능성이 높다. 이와 더불어 정부 지원을 받기 위한 콘의 적격성이 위협받고 있다. 왜냐하면 그의 사례가 재검토를 받고 있기 때문이다.

콘의 질병은 그가 가진 배경을 고려해 볼 때 이해할 만하다. 이민 간 나라에서의 성공을 원하는 이민자로서 콘의 기대는 정서적, 사회적 그리고 재정적으로 무거운 압박을 가했을 것이다. 콘은 성공하기 위해 노력하는 신참 이민자라는 역할뿐만 아니라 아버지, 남편 그리고 한 집안의 기둥으로서 자신의 사회적 역할을 매우 진지하게 받아들여 왔다.

콘이 이러한 역할을 성공적으로 수행할 수 없게 만드는 매우 실재적인 사회적·물질적 제약이 존재한다. 그 제약은 언어의 장벽, 콘에게 주어지는 대부분의 직업이 요구하는 힘든 육체적 노동, 동시에 두 가지 직업을 계속하는 데 따른 과로, 나라 간의 그리고 도시생활과 농촌생활의 차이에서 오는 사회적·정서적 적응의 어려움, 그리고 아내를 위한 가정을 준비하기 위해 열심히 일하는 동안 그가 겪은 사회적·정서적 고립의 시기다. 또 콘을 괴롭히는 질병의 유형과 그 질병에 대한 콘의 태도에는 문화적 이유가 있을 수도 있다. 콘은 그가 가족을 적절히 부양할 수 없다는 점 때문에 수치심을 느낄 수 있으며, 그 결과 질병 자체가 노동 불능에 대한 사회적으로 수용 가능한 이유가 될 수도 있다.

콘은 자신의 처지에 대해 수치심을 느낄지도 모르며 따라서 친구와 어울리거나 자신의 처지에 대해 공개적으로 논의하는 것을 싫어할 수도 있기 때문에, 콘의 사회적 고립은 부분적으로는 스스로의 선택일 수도 있다. 콘은 농촌 출신이기 때문에 심리학자가 분명 자신을 도울 수 있는 중요한 사람이나 후원자라고 믿을지도 모르며(Huber, 1984 참조) 따라서 심리학자가 도움이 되든 그렇지 않든 계속 만날 것이다.

콘은 그에게 엄청난 요구를 부여하는 극도로 어려운 사회적 상황에 휘말린 입장에 처해 있는 사람이다. 이민자로서 성공에 대한 그의 개인적·사회적 기대와 가족의 기대 위에 매우 다른 사회, 문화, 도시 환경에 적응해야만 하는 압력이 가중되었다. 콘은 그가 의지할 수 있는 일반적인 지지도 없이 여러 가지 면에서 비교적 낯선 환경에 처해 있다.

사회복지실천 목적

이 사례에서의 주요 목표는 콘의 질병을 완화시킬 수 있는 자원을 연결시켜 주는 것과 아울러 드라코포울러스 가족이 어느 정도 재정적 안정을 확보하도록 힘쓰는 데 있다.

전략 제시

1 관료적 기술. 콘에게 좀 더 적절한 다른 연금이나 수당이 있는지의 여부를 조사한다. 그가 현재 받고 있는 수당의 적격성을 놓고 어느 정도의 융통성이나 자유재량이 발휘될 수 있는지를 파악한다. 콘에게 가장 도움이 될 만한 급여를 받도록 조치한다.

2 자원의 창조적 활용. 콘이 가지고 있는 스스로의 문제에 대해 독특한 문화적 접근을 이해하고 콘이 그것을 직면하도록 도울 수 있는 사회복지사나 심리학자, 정신과의사와 콘을 연결해 준다. 콘이 기존에 만나고 있는 심리학자가 적합할 수도 있다. 사회복지사는 이 심리학자가 그저 같은 그리스인임을 내세워 콘과의 관계를 이용하는 것이 아님을 확인해야 할 것이다. 그리스인 공동체에 콘이 수치심을 느끼지 않고도 활용할 수 있는 다른 자원이 있는지를 알아본다. 콘은 낯선 사람, 즉 자신과는 다른 공동체에 속한 사람과 섞이는 것이 덜 창피하다고 느낄지도 모른다. 또 재정에 관한 다른 자원을 조사하는 것이 도움이 될 수도 있다. 만약 콘이 자기 가족이 모두 다 잘 지내고 있다고 말한다면, 그가 사회복지사에게 자신의 어려움을 얘기하고 싶지 않기 때문인지 아니면 사실은 그가 의존하고 있는 다른 자원이 있기 때문인지(예를 들면, 친구)를 알아본다.

3 비판 의식의 개발. 콘의 상황에 대해 공감하면서 많은 이민자가 처하는 사회적 상황이 자신의 상황과 얼마나 유사한지를 알 수 있게 한다.

콘에게 그가 이미 극복해 온 어려움을 보여 줌으로써 어떠한 자기비난도 줄이게 하며, 가능한 한 더 현실적이거나 다루기 쉬운 기대를 설정하도록 노력한다. 이는 콘이 받는 압박과 스트레스를 감소시키는 데 도움이 될 것이다.

4 마리아에게 사회적 지지 제공. 마리아가 다른 그리스 여성과 만나고 이를 통해 지지를 받도록 격려한다.

2) 비급진적 접근

사 정

주요 문제는 콘의 가족 부양 능력 부족과 현재 받고 있는 수당을 계속 받기 위한 자격이 더 이상 유지되지 않을 가능성이다. 콘은 과거의 직업 스트레스에 대처하지 못한 것으로 보이며, 그 결과 육체적으로 그리고 정서적으로 침체되어 있다. 만약 콘이 지금까지 받아 온 것보다 더 많은 혹은 다른 원조를 찾으려는 움직임을 하지 않는다면 현재의 상황이 개선될 전망은 거의 없는 것처럼 보인다.

도움을 실제로 청할 수 있는 유일한 사람은 그의 아내다. 콘은 점점 더 우울해져서 몸이 회복되어 다시 직업을 갖는다는 희망을 거의 갖지 못할지도 모른다. 콘이 최근에 자신의 질병에 대해 의료진과 상담을 하지는 않은 것 같으며, 따라서 자신은 어떤 일도 할 수 없다는 것은 그냥 그의 가정일 수도 있다. 문제는 정서적인 것일 수도 있기 때문에 심리학자와의 정기적 상담이 필요할 수 있다. 콘의 문화적 배경을 생각하면, 이것은 그가 시인하기 어려운 것일 수 있다.

이 가족이 처한 재정적 어려움이나 구체적인 사항에 대한 콘의 막연함,

그리고 심리학자에 대한 회기당 80달러의 정기적인 지불을 고려할 때 재정관리가 잘못됐을 가능성이 있다. 현재의 체계를 변화시킬 수 있는 뭔가가 없다면 지금의 상황에서는 거의 희망을 찾기 어렵다. 현재 받는 수당을 유지한다는 것은 절망적인 상황이 영원히 지속되도록 하는 결과를 낳을 수도 있다.

사회복지실천 목적

주요 목표는 콘에게 변화의 동기를 부여하고 희망적으로 콘이 직장에 복귀하는 것을 돕기 위해 약간의 변화가 체계 내에서 일어나도록 노력하는 것이다.

전 략

1 마리아가 직업을 가져서 집안의 부양자 역할을 맡도록 시도한다. 자신의 역할이 침해당하는 것을 봄으로써 콘은 수치심을 느끼고 다시 일하려는 노력을 하게 될지도 모른다. 가족의 기능을 유지하기 위해 마리아의 강점을 구축한다.

2 현재 수당의 중단을 권유한다. 혹은 훨씬 더 빈번한 감독과 스트레스 관리를 위한 더 많은 도움을 구한다는 조건으로 현재 수당의 지속을 권유한다.

3 콘이 가지고 있는 병의 현재 특성과 가능성 있는 원인을 규명하기 위해 다른 종합적인 의료 검사를 받도록 조치한다.

4 가족의 재정적 상황을 사정하고 필요할 경우 재정 상담을 받도록 조치한다.

4. 네 번째 사례: 프랜시스 터너

작은 농촌 마을에 사는 프랜시스 터너(38)는 교회 목사님의 권유로 자신이 사는 지역의 보건복지사의 원조를 구하고 있다. 프랜시스는 전문적 도움을 요청하길 주지했으며 절박한 이유가 아닌 경우에는 도움을 청하지 않았다.

프랜시스는 자신이 부부문제를 가지고 있다고 하였다. 남편 조지(47)가 정신과 수련의이기 때문에 개인적으로 그 지역의 전문가를 많이 알고 있었다. 이 때문에 그녀는 전문가에게 접근하는 것이 매우 거북하게 느껴져서 전문적 원조를 청하는 것을 두려워했다고 말했다. 프랜시스는 자신이 전문적 원조를 받고 있다는 사실을 마을 주민이 눈치 채지 못하도록 비공개적으로 사회복지사를 만날 수 있는지를 물었다. 사회복지사는 일단 프랜시스의 문제가 무엇인지 그리고 제공 가능한 도움이 있는지를 알아보기 위해 프랜시스의 집을 방문하기로 했다.

프랜시스는 자신의 문제는 조지나 아들(거스 17세, 다랜 12세) 모두 그녀에게 관심이 없는 것이라고 말했다. 프랜시스는 고독감을 느꼈으며 조지가 자신을 신뢰하지 않는다고 느끼고 있었는데, 조지는 프랜시스가 '이해하지 못할' 것이기 때문에 본인의 일에 대해 그녀와 의논하려 하지 않았다. 프랜시스는 자신이 지루하고 우둔하다고 느꼈다. 시어머니인 소피아(65)는 홀로 조지를 키웠으며, 조지가 의학공부를 할 수 있도록 오랫동안 가정부로 일했다. 소피아는 프랜시스의 가장 큰 본분은 조지와 아이들을 위한 가정을 꾸미는 것이라고 생각한다. 프랜시스 역시 소피아의 생각에 동의하고 있지만, 자신이 이 의무를 다하지 못하고 있다고 느낀다. 때로 프랜시스는 자신이 결혼을 하지 않고 아이를 갖지 않았다면 좋았을 거라며 지난 삶을 후회하지만, 한편 자신이 성공할 수 있었을지에 대해서는 의구심을 갖고 있다. 프랜시스의 부모는 그녀가 의사가 되기를 원했다(그녀의 아버지는 근처 대도시에서 저명한 의료 전문가임). 프랜시스의 의심과 혼란은 상당 기간 동안 쌓여 온 것이다. 하지만 현재 프랜시스는 뭔가를 해야겠다고 절박하게 느끼고 있는데, 그 이유는 소피아가 관절염으로 인해 일상적인 집안일을 혼자 할 수 없어서 프랜시스 부부와 함께 살겠다고 결정했기 때문이다. 조지는 이 문제에 대해 꽤 무관심해 보이지만, 프랜시스는 만약 소피아의 요청을 (그녀에게는 매우 불만스러운 일인) 거절한다면 결혼이 파국을 맞을까 봐 두려워하고 있다. 또한 프랜시스는 만약 소피아와 함께 살게 된다면, 자신이 지금 가지고 있을지도 모르는 약간의 행복도 끝날 것이라고 느끼고 있다.

프랜시스와 조지는 19년 전 둘 다 의대생일 때 만났다. 그들은 곧 동거에 들어갔으며, 거스를 낳기 전에 결혼했다. 프랜시스는 이때 공부를 그만두었으며 그 후 곧 다시 의대공부를 시작하려고 노력했지만 이것이 '너무나 벅찬' 일이라는 걸 깨달았다. 그 후 몇 년 동안 프랜시스는 여러 개의 다른 과정을(심리학, 인문학위, 복지 관련 자격) 끝마치려고 노력했다. 프랜시스는 조지와 소피아의 계속적 압력으로 인해 둘째 아이인 다렌을 가지기로 결정했다. 프랜시스는 '내가 잘할 수 있는 유일한 일은 아마 애를 낳아 기르는 것일 거야.' 라는 느낌을 갖기도 했다. 이들 부부는 소피아와 더 가까이에 살기 위해서 5년 전 지금의 시골 마을로 이사했다. 프랜시스는 사회복지학위를 받기 위한 공부를 하려고 했지만 그 마을에는 사회복지학위 과정이 있는 대학교가 없었다.

이에 대한 사례계획을 급진적 접근과 비급진적 접근으로 나누어 살펴보면 다음과 같다.

1) 급진적 접근

사 정

제기된 문제는 두 부분으로 구성되어 있다. 하나는 부부문제가 있다는 프랜시스의 생각이며 또 하나는 함께 살려고 하는 시어머니 때문에 드리워지기 시작하는 잠재적인 갈등이다.

부부문제가 있다는 프랜시스의 믿음은 자신이 (남편은 물론 자녀에게서도) 사랑받지 못하며, 자신이 무관심을 받는 것은 남편과 자녀의 존중을 받을 만한 가치가 없기 때문이라는 생각에 근거하고 있다. 확실히 프랜시스는 자신의 능력을 평가 절하하고 있다. 아마도 이러한 생각의 대부분은 여성, 아내 그리고 어머니로서 자신이 가져야 할 적절한 사회적 역할에 대한 그녀의 혼란과 죄의식에서 비롯된 것으로 보인다. 프랜시스가 자신의 문제를 부부문제로 정의한다는 사실은 결혼의 중요성에 관한 그녀의 신념을 보여 주는 것으로, 이는 아마도 사회적인 영향인 것 같다. 프랜시스는 바로 가정 밖에서의 여성의 성취에 대한 변화 추세와 이에 대한 시어머니의 반대에 동시에 직면해 있으며, 가정에서 이와 관련된 갈등적 입장에 처해 있는 여성이다.

프랜시스 본인은 아내, 어머니 그리고 며느리로서 자신의 역할에 관해 상당히 보수적인 관점을 가지고 있으며, 이로 인해 내면적인 갈등을 경험하고 있다. 이러한 갈등은 많은 외부적 요소에 의해 악화되고 있다. 예를 들어 일반의이자 정신과 수련의라는 조지의 직업은 이 전문직이 지니고 있는 보수적 경향과 더불어 프랜시스가 가지는 개인적 경력 발달의 요구나 희망에 대해서 비지지적일 수 있음을 의미할 수 있다. 조지의 직업적 특성을 고려할 때 조지가 가족의 욕구에 관심을 가지고 여기에 많은 에너지를 사용할 가능성은 거의 없다. 조지는 프랜시스가 이러한 일을 해야 된다고 느끼며 또 그렇게 기대하고 있다. 또한 조지(와 소피아)가 가지고 있는 사회적 배경을 보면, 가정의 의무와 남편의 욕구 앞에서 아내는 자신의 욕구를 억제해야 한다고 생각하고 있는 것 같다. 소피아는 조지의 미래를 위해 자신의 욕구를 억제했다. 이러한 일은 소피아 세대의 편모에게는 그다지 특별한 경우는 아니었다. 이런 사례는 여성이 개인적 만족을 위해 과거에 취할 수 있었던 제한된 사회적 역할과 방법을 반영한다. 사회적 지위를 성취하기 위한 소피아의 유일한 기회는 아들의 성공을 통해서 실행되었으며, 소피아는 이 점에서 프랜시스가 조지를 (그리고 자신을) 위해 희생하길 기대할 것이다. 소피아는 아마도 시어머니인 자신을 보살피는 것이 남편에 대해 프랜시스가 져야 하는 부인의 의무 중 하나라고 믿을 것이다. 프랜시스 역시, 만약 자신이 소피아의 요청을 거절한다면 결혼이 끝날 것이라고 두려워하는 것으로 알 수 있듯이 그렇게 믿는 것으로 보인다.

이와 더불어 프랜시스의 갈등은 자신의 성장 과정과 조지의 성장 과정을 비교함으로써, 그리고 그녀 자신의 현재의 상황 때문에 야기되었다. 프랜시스와 조지의 성장배경에는 계층차이가 있으며, 이러한 계층차는 부분적으로 이들 부부에게 직업과 교육(특히 여성에 관해)의 중요성에 관해 상이한 이데올로기를 갖도록 하였을 것이다.

더 큰 문제는 소피아와 관련된 자원의 문제로서 노인이 자신의 가정에서 독립적인 생활을 할 수 있도록 도와주는 적절한 서비스가 결핍되어 있다는 문제다. 이는 경제적, 사회적으로 독립적인 핵가족 단위에서 생활하는 오늘날의 추세와 구조적 결함을 반영하고 있다.

프랜시스의 가족이 거주하는 곳은 농촌 지역이기 때문에 프랜시스는 자신이 원하는 유형의 공부를 못하고 있다. 이는 농촌 지역이라는 불이익과 여성의 학습 기회에 대한 접근성 제한이라는 두 가지 구조적 문제의 일부다. 프랜시스는 이 두 가지 이유로 인해 피해를 입고 있다.

요약하자면 프랜시스는 여성으로서 자신에게 적합한 사회적 역할이 무엇인가를 놓고서 발생하는 (다른 가족구성원과의) 갈등과 혼란으로 인해 우울한 것 같다. 프랜시스는 이러한 혼란과 갈등을 현재의 사회적 추세나 가족 중 더 막강한 권한을 가진 구성원(조지와 소피아)과의 지위갈등으로 인해 발생한 것으로 보는 대신 자기 자신과 결혼생활을 비난하고 있다. 그녀는 스스로를 비난하도록 학습된 것 같다. 학업을 완수하지 못한 것은 그녀의 환경적 어려움이 아닌 그녀 자신의 문제, 예를 들어 거스의 출산과 같은 것이 원인이 되었다고 규정하고 있다. 이와 더불어 스스로를 비난하는 것은 가족성원의 명백한 압력과 착취 가능성에 부분적으로 기인하는 것 같다.

사회복지실천 목적

주요 목적은 자기비난(그리고 그에 따른 우울증)을 완화시킴으로써 프랜시스에게 권한을 부여하는 것이다. 이는 그녀의 사회적 역할에 관한 다소의 갈등을 명료화하고 해결하도록 원조하고, 조지와 소피아가 그녀에게 가하는 명백한 착취를 감소시키고, 소피아가 이용할 수 있는 몇 가지 보호 방법을 발견하고 명료화하는 것이다.

전략 제시

1 비판적 질문. 이를 통해 프랜시스는 자신의 관점을 명료화할 수 있을 뿐만 아니라 타인의 기대와 압력에서 자신의 관점을 분리할 수 있다. 즉, 조지와 소피아에 대한 것인지 일반적인 사회적 기대에 관한 것인지 구분할 수 있다. 이와 더불어 비판적 질문은 프랜시스가 자기 비난적 태도를 완화시키는 데 도움을 줄 수 있다. 즉, 그녀는 문제의 어떤 측면이 자신의 책임이며, 어떤 부분이 다른 사람의 책임인지 좀 더 명

확히 이해할 수 있을 것이다.

2 대안 창출. 소피아의 보호 욕구를 충족시킬 수 있는 몇 가지 다른 방법을 창출하는 것이 프랜시스의 상황에 도움이 될 것이다. 예를 들어 소피아가 프랜시스 부부와 함께 생활하는 것은 유일한 대안이 아닐 수도 있다. 거주방법에 대해서 여러 가지 대안을 생각한 다음 어떤 대안이 현실적으로 가능한지를 탐색하도록 돕는다.

3 옹호. 만약 프랜시스가 가족에게 자신의 바람을 표현할 수 없다고 느낀다면, 사회복지사는 가족 내에서 프랜시스를 위한 옹호자로서 역할을 수행할 수 있다.

4 역량강화 기법. 프랜시스에게 자원봉사 활동이나 지역사회 활동 참여와 같은 몇 가지 역량강화적 경험을 제공함으로써 자기비난을 감소시킬 수 있다.

5 대안적인 사회적 지지와 지위 연결망 창조. 이것 또한 프랜시스에게 권한을 강화할 수 있을 뿐만 아니라 정서적·사회적 지지도 제공할 수 있다. 자신의 원가족과 더 강력한 유대를 회복시키도록 프랜시스를 격려할 수 있으며 혹은 그녀가 이미 가지고 있는 약간의 관심을 활용하여 지역사회에서 그녀만이 참여하는 모임을 시작하도록 격려할 수 있다(예를 들면, 독서 클럽, 토론 모임, 다시 공부를 시작하는 여성의 모임).

6 자원의 적극적 활용. 여성을 위한 기존 서비스에 연결하거나 현재의 자원을 창조적으로 활용하도록 프랜시스를 격려할 수 있다(예를 들면, 그녀만의 여성모임을 시작하기).

7 사회 교육. 의사표현훈련을 통해 프랜시스는 자신의 관점과 욕구를 좀 더 자연스럽게 표현할 수 있게 되며, 자신의 견해와 욕구에 대한 자각을 표현하는 방법에 대해서도 알게 된다. 또한 이를 통해 조지와 소피아가 가하는 명백한 착취를 경감시킬 수도 있다. 만약 가정에서

프랜시스의 의사표현이 실제로 더 많은 갈등을 유발한다면 프랜시스는 추가 지원을 요청할 수도 있다.

2) 비급진적 접근

사 정

주요 문제는 프랜시스가 '결혼생활'의 문제라고 칭하는 우울증인 듯하다. 아마 프랜시스는 자신의 정서적 안녕보다는 결혼에 대해서 더 걱정할 것이다. 확실히 프랜시스는 낮은 자아존중감으로 괴로워하고 있으며 자신의 과거가 실패처럼 보이는 것에 대해 스스로를 비난하고 있는 듯하다. 프랜시스는 갈등에 잘 대처하고 있지 못하는 것 같다. 즉, 두 가지 갈등 모두에 대해 원만히 대처하지 못하고 있는데, 하나는 소피아와의 동거문제로 인한 조지나 소피아와의 잠재적 갈등이며, 다른 하나는 자신이 좋은 아내이자 어머니로서 역할에 관한 갈등이다. 확실히 프랜시스의 성장배경인 가족규범과 조지의 성장배경인 가족규범 간에는 이에 대한 약간의 갈등이 존재한다. 즉, 프랜시스의 부모는 그녀가 의사로서 성공하기를 기대했으며, 조지의 어머니는 전통적인 아내와 같은 역할을 기대했다.

결혼 그 자체가 특별히 강한 결속력을 보이는 것 같지는 않다. 프랜시스와 조지 사이에는 거의 의사소통이 없으며, 확실히 프랜시스는 조지에게서 거의 지지를 받지 못한다고 느낀다. 소피아와의 동거문제는 프랜시스의 결혼에 대한 위협이자 개인적 행복에 대한 위협으로 인지된다. 즉, 만약 소피아와 함께 살지 않는다면 결혼은 끝날 것이다. 그러나 만약 소피아와 함께 산다면 자신의 행복은 끝날 것이라고 생각하고 있다. 프랜시스는 이 지점에서 '승리 없는' 불가능한 상황을 설정하고 있으며, 이 때문에 고도의 스트레스 및 이와 관련된 우울증이 야기되고 있다. 프랜시스가 대처하지 못하는 이러한 갈등의 원인은 바로 열악한 가족 기능에서 쉽게 찾을 수 있다. 프랜시스와 소피아 간의 역할 경계가 불명확하며, 소피아와 조지 사이에는 약간의 부적합한 세대간 동맹이 있는 것 같다. 소피아는 조지와 한편이 되어 있으며, 어머니와 아내의 역할 양쪽 모두를 수행하고 있는 것 같다. 소피아는 프랜시스가 자신과 같은 권한은 없으면서도 조지(와 자녀)를 보살피는 데는 동일한 책임을 떠맡기를 기대한다. 가족체계 내에서 효과적인 의사소통이(분명히 프랜시스와 다른 가족구성원 사이에) 나타나고 있지 않다. 프랜시스는 희생양이 된 것 같다. 소피아와 함께 사는 문제가 가족 전체의 걱정이라기보다는 주로 프랜시스의 문제인 듯이 말해지는 사실이 이를 증명해 준다.

프랜시스가 매우 고립된 여성이라는 사실이 문제 악화에 일조를 하고 있다. 프랜시스는 자신의 남편에게서 어떠한 지지도 받고 있지 못하며, 거의 친구가 없고, 지지해줄 만한 다른 가족구성원도 없는 듯하다. 이런 문제는 시골생활 때문에 악화된 것 같다.

사회복지실천 목적

주요 목표는 프랜시스의 우울증을 경감시키는 것으로, 이는 프랜시스의 자아존중감 향상과 갈등 대처능력의 향상을 통해서 가능할 것이다. 가족 갈등의 문제 역시 해결되어야 하며 가족구성원 간의 의사소통이 증진되어야 한다.

전략 제시

1 프랜시스의 스트레스 관리

2 프랜시스가 갈등을 해소할 수 있도록 도와주고, 자아존중감을 향상시키며, 지지를 제공하기 위한 개인상담

③ 의사소통을 증진시키기 위한 조지와 프랜시스의 결혼상담

④ 가족기능의 향상을 통해 프랜시스를 희생양으로 삼지 않기 위한 가족 치료

5. 다섯 번째 사례: 아만다 웨스트

7세의 아만다 웨스트는 특수교육센터의 프로그램에 참여하고 있다. 아만다는 발달지체가 의심되고 있지만 아직 사정 중이다. 센터의 교육심리학자는 아만다의 발달지체에 사회적 원인이 있을 수 있는지를 사정하기 위해 센터의 사회복지사에게 아만다와 아만다의 어머니 진(26)을 의뢰하였다. 교사들은 또한 신체적 학대의 가능성이 있음을 암시하였는데, 그 이유는 가끔씩 아만다의 팔에서 원인을 알 수 없는 멍 자국을 발견했기 때문이었다.

진은 사회복지사가 가정을 방문하는 것에 대해 매우 민감한 반응을 보였다. 진은 아만다를 위해 할 수 있는 모든 것을 하기를 원하고, 사례에 지금까지 관계해 온 모든 전문가의 의견에 동의하며, 모든 책임을 자신에게 돌렸다. 진은 외로워 보였고 자신과 아만다에 대해 말하기를 아주 좋아하였다.

아만다, 진 그리고 아만다의 아버지이자 진의 남편인 켄(30)은 작은 도시의 노동자 계층 지역에서 살고 있다. 켄은 공장에서 교대조로 일하고 있으며 진은 전업주부다. 집은 작고 아담하며 비교적 청결했으나, 깔끔하거나 정돈되어 있지는 않았다. 진은 사회복지사가 방문한 내내 불안하고 초조해 보였으며, 앉아 달라는 요청에도 불구하고 면담하는 동안 계속해서 집안일(설거지, 다림질)을 했다. 아만다는 다른 방에서 조용히 놀고 있었다. 아만다

는 깔끔하고 깨끗한 옷을 입고 있었으며, 수줍고, 건강하고, 예쁜 소녀로 보였다. 사회복지사가 방문하는 동안 아만다는 아무런 말도 하지 않았다. 진은 이따금 아만다를 살펴보러 갔으며, '옷이 구겨지니까 그렇게 앉지 말렴.' 등 사소한 일로 아만다에게 훈계를 했다. 아만다는 아무런 대꾸도 하지 않았지만 가끔은 명백한 좌절 때문에 투덜거리거나 징징댈 것 같다.

진은 아만다에 대해 매우 걱정하고 있는 것처럼 보이지만 그다지 현명하지는 않다. 진은 가사일을 매우 잘하고 있는 것처럼 보이는데 계속해서 걱정을 하고 있었다. 진의 말에 따르면, 남편 켄과 근처에 사는 시어머니 마거릿(58)은 자신이 전혀 잘하는 것이 없다고 생각하며, 아만다 문제의 책임도 자신에게 있다며 비난한다고 한다. 진은 가족에게 경제적인 문제가 있다고 털어놓았다. 그렇지만 그녀는 정확히 문제가 무엇인지 이해하지는 못했다. 진 자신은 아무런 문제가 없는 가정에서 성장했기 때문에, 이런 문제를 겪는 가정에서 자신은 좋은 아내도 엄마도 아닐 수 있다고 걱정했다. 이것이 바로 진 스스로가 자신에게 뭔가 문제가 있다고 느끼는 이유일 수 있으며, 아만다도 이런 것 때문에 문제를 겪고 있을 수 있다.

진은 자녀 양육에 대한 도움을 받고 모녀관계에 대한 더욱 심층적인 사정을 받기 위해 계속적으로 사회복지사와 만나는 것에 동의하였다. 켄은 진이 사회복지사와 무엇을 하는지에 대해 무관심해 보였으며 어떤 것에도 관여하고 싶지 않는 것처럼 보였다. 진은 또 특수교육센터의 부모지지집단에 의뢰되었다. 그러나 집단을 운영하는 심리학자는 진이 지나치게 자기중심적이거나 부적절한 소재를 가지고 대화를 장악한다며 불평하였다. 심리학자는 진 때문에 (주로 중산층 배경의) 다른 부모에게는 집단으로서의 기능을 하지 못할까 봐 걱정하며, 진을 어떻게 해야 할 것인지에 대해 물었다. 심리학자는 진이 더 이상 집단에 참여해서는 안 된다고 생각한다.

사회복지사는 진을 처음 만나고 얼마 지나지 않아 진이 정신과 병원에

갑작스럽게 입원했다는 사실을 특수교육센터 소장에게서 듣게 되었다. 사회복지사는 그 병원으로 진을 찾아갔다. 진은 입원한 것에 대해 괴로워했지만, 스스로에게 대처능력이 없다고 생각해 퇴원을 원하지는 않았다. 남편과 시어머니가 진이 제대로 대처할 수 없을 거라고 생각했기 때문에 정신과의사를 부른 것 외에 입원의 이유가 무엇인지는 진을 통해서는 알아낼 수가 없었다. 켄과 마거릿(그리고 정신과 의사)은 진이 '울분 발작증세'와 더불어 우울증을 보였으며, 입원이 필요했다고 주장하였다. 마거릿은 현재 아만다를 돌보고 있고, 진이 '완전히 나아서 좋은 엄마가 될' 때까지 계속 돌보려고 하고 있다. 정신과 의사는 진이 우울하며 (그가 그 이유를 모름에도 불구하고), 그녀에게 무기한의 요양이 필요하다고 단호히 주장하고 있다. 의사는 더 구체적인 원인을 밝히지 않을 것이다.

이에 대한 사례계획을 급진적 접근과 비급진적 접근으로 나누어 살펴보면 다음과 같다.

1) 급진적 접근

사 정

이 사례에서 관심을 가져야 할 구체적인 문제가 많다. 첫째는 아만다가 발달지체일 가능성에 대한 문제며, 둘째는 아만다에 대한 학대 가능성의 문제다. 나머지 문제는 진과 직접 관련된 것으로 진의 부모집단참여와 입원문제다.

기존의 정보만으로는 아만다의 발달지체 원인에 대한 최종 의견을 내기는 어렵다. 그러나 사회적 차원에서 볼 때, 진이 가지고 있는 사회적으로 불리한 배경과 이로 인한 그녀의 열악한 사회적 기술이 진이 아만다와 관계를 맺는 방식에 영향을 줄 수도 있다고 추측할 수 있다. 이로 인해 아만다의 행동과 사회적 발달 수준이 어느 정도 영향을 받았을지도 모른다. 학대 가능성 문제의 경우 제공된 정보에만 기초해서 의견을 말하기는 더욱 어렵다. 아마도 사회복지사는 진과 켄이 아만다를 어떻게 다루는지에 관해 더 많은 정보를 구하는 한편 이 문제에 대한 더 심도 깊은 의견을 들어 두는 것이 좋을 것이다.

집단에서의 진의 행동문제는 전적으로 그녀의 책임은 아니다. 진이 가지고 있는 사회적 배경을 고려해 볼 때, 진의 행동은 실제로 자신에게는 매우 적합한 듯 보일 수 있다. 이 상황에는 계급문화 간의 충돌이 존재할 수 있다. 진은 다른 구성원에게도 적당한 관심이 주어지는 균형 잡힌 참여와 자율적인 자기노출이 요구되는 집단 규범을 이해하지 못했다. 집단의 다른 성원이 진이 사용하고 있는 규범을 이해하지 못할 수도 있다. 진은 자기노출과, 경우에 따라서는 자기비난을 해야 한다는 기대를 받고 있다고 생각하는 것 같다. 또한 진을 집단에서 일탈적인 성향을 보이는 구성원으로 간주하는 일정의 낙인이 있을 수도 있다. 최소한 심리학자는 진이 집단을 떠나는 것만이 유일한 해결책이라는 태도를 취함으로써 진에게 낙인을 찍는 것 같다. 그러나 일반적인 집단과정을 통해서는 진의 문제를 해결하지 못하는 심리학자의 능력부족이 이 문제를 가중시키는 원인일 수도 있다.

진의 입원문제는 많은 요인으로 인해 복잡해지고 있다. 첫째로, 일정 정도 정신과 의사의(그리고 간접적으로는 마거릿과 켄의) 착취가 있을 수 있다. 의사는 충분한 증거에 기초한 명확하고 합리적인 진단을 내리지 못하며, 또한 명확한 치료계획이나 논리적 근거도 없는 것처럼 보인다. 진의 입원은 그저 모든 사람의 이해관계에 맞아떨어지는 것이 아닌가 하는 의심이 든다. 불행하게도 병원에 반드시 입원해야 한다는 결정을 진 스스로 내리지는 않았지만, 병원에 남기를 분명히 원하고 있다. 부분적으로 이는 진이 자기 스스로를 비난하며 자신에게는 대처할 능력이 없다고 믿기 때문일 것이다. 이러한 의미에서 진은 사회적 낙인의 희생자라고 할 수 있겠다. 가족과 정신과 의사 모두 그녀를 '문제'로 보고 있으며, 진은 자신에 대한 그러한 견해를 아주 당연한 것으로 받아들인다. 또한 모든 관련자는 진이 사회의 지배적인 어머니 역할을 수행하기를 기대하고 있다. 즉, 이는 어머니만이 아동의 만족스러운 발달과 보호에 책임을 져야 하는 사람이라고 보는 이데올로기적 신념이나. 아울리 이 가족의 경우 켄은 집안일에 무관심한 아버지라는 전통적인 가부장적 모델을 반영하고 있다. 또 하나의 가부장적 증상은 이런 상황에서 여성 간의 동맹은커녕 오히려 사회적 갈등이 존재한다는 것이다. 아만다는 '희생자'다. 왜냐하면 어머니에게 원인이 있다고 간주되는 문제를 자신이 가지고 있다고 보기 때문이다. 한편 마거릿은 아들 켄의 편에 서서 진을 비난하고 있다.

요약하자면 우리는 많은 문제가 있음에도 불구하고, 모든 문제에 대해 단 한 사람 진만이 비난받고 있는 듯한 상황에 부딪히게 된다. 이는 특정 상황에서 좀 더 강한 힘을 가진 관련자—켄, 마거릿, 정신과 의사, 심리학자—의 이익을 보호하는 전통적인 '희생자 비난하기' 상황일 수 있다.

사회복지실천 목적

이 사례의 주요 목표는 주어진 환경 내에서 권력을 평등화시킴으로써 아만다의 보호와 진의 행복을 확보하는 것이다. 이 목표는 진에게 거는 역할기대를 명확히 하고 역할기대에 대한 모든 잘못된 '신화'에 도전함으로써 이루어질 수 있다.

전략 제시

[1] 자원의 적극적 활용. 이것은 진과 켄이 처한 어려운 상황에 대해 공감하는 한편, 아만다에 대한 처우와 보호에 관해 두 사람에게서 좀 더 많

은 정보를 구하는 것과 관련된다. 또 아동과 부모가 갖는 상대적 권리
와 사회복지사의 의무에 관해 관계당국에서 정보를 얻는 것과도 관련
된다. 진과 켄은 이에 대해 정확히 알아야 하며, 자신의 행동이 내포
할 수 있는 법적 의미를 정확히 이해하고 그에 따른 적절한 행동을 선
택할 수 있다. 이들의 역량을 강화시켜 줄 수 있을 만한 아동양육 정
보를 제공한다. 즉, 현재 두 사람의 행동 중 긍정적인 것을 구체화하
고 활용한다.

2 비판의식의 개발. 아만다의 '문제'와 보호에 관해 진에게만 책임이
있다는(진, 켄, 마거릿이 개별적으로 혹은 집단적으로 가지고 있는) 신념에
도전한다. 그동안 있었던 낙인과정을 자각하게 한다.

3 역량강화 기법. 스스로를 바라보는 시각과 자기비난이 어디에서 기인
하는지를 보여 주기 위해 (비판적 탐색을 활용하여) 진에게 비판의식을
개발하고 이를 통해 역량을 강화하도록 돕는다. 진의 자기비난을 감
소시키기 위해 노력하며 이를 통해 진이 계속 입원할 것인지 혹은 퇴
원할 것인지에 대해 스스로 자유롭게 선택할 수 있도록 한다.

4 대안의 창출. 진에 대한 사회적 지지를 증가시킴으로써 진에게 도움
이 될 만한 다른 대안을 창출할 수 있다. 해결책 중 하나는 현재 대립
적 관계에 있는 관련 여성(아만다, 진, 마거릿)간에 동맹을 발전시키는
것이 될 수 있다. 마거릿이 같은 여성으로서 진과 아만다에게 감정이
입을 하도록 원조하며, 그들 모두가 자신이 처한 상황의 공통점을 파
악할 수 있도록 한다.

5 불평등한 권력의 균등화. 진과 심리학자 그리고 정신과 의사 사이의
상대적으로 불평등한 권력을 감소시킨다. 정신과 의사가 더 책임감
있게 행동할 수 있도록 진이 의사에게 진단과 치료 계획에 관해 구체
적으로 질문할 수 있게 격려한다. 심리학자와 함께 진을 위한 옹호자

의 역할을 취하며, 심리학자로 하여금 집단기능 향상을 위해 활용할
수 있는 집단기법을 검토하도록 한다.

6 관료적 기술. 직원 사례 회의에서 진의 사례를 발표하되, 사례의 사회
적·구조적 차원을 설명하고 진의 상황에 대한 더 많은 이해를 요청
한다. 다른 직원이 진을 도울 수 있는 방법을 마련하기 위해 노력한
다. 예를 들면 더 참을성 있는 태도로 대하고, 진에게 아만다를 다루
는 더 구체적인 방안을 제공하는 것이 될 수 있다.

2) 비급진적 접근

사 정

이 사례에서의 주요 문제는 아만다의 복지다. 확실히 어머니인 진은 아
만다의 양육을 감당하지 못하고 있다. 따라서 아만다의 발달지체를 적절
히 해결하고, 아만다가 학대받지 않는다는 것을 확인하기 위해서는 외부의
개입과 감시가 필요하다. 진은 전형적인 대처 능력이 부족한 어머니로 우
울하고, 잘 울며, 자신의 정서적 욕구에 우선적으로 관심을 두는 신경증 환
자일 수 있다. 아마도 진이 가지고 있는 불우한 배경이 이러한 정서적 부적
절함에 일조했을 수 있다. 또 진이 부모지지집단의 목적을 이해하지 못한
것으로 보인다는 점을 고려해 볼 때 진은 그리 현명하지 않은 것 같다. 진
의 가족은 별로 지지적이지 않은 것 같으며, 이로 인해 진은 더욱더 자신을
부족한 사람이라고 생각하게 된 것 같다. 그러나 가족은 최소한 진을 입원
시킴으로써 약간의 책임감을 보여 주고 있다.

사회복지실천 목적

여기에서의 주요 실천 목표는 아만다의 행복을 확보하는 것이다.

전략 제시

1 진(아마도 켄 역시)을 위한 부모교육 훈련 교실. 부모교육 훈련 교실이 부모지지집단보다 더 적합할 수 있다.

2 진을 위한 가사 원조 및 가족 지원. 이 서비스는 집안일에 대한 원조 뿐만 아니라 진이 받는 압박을 감소시킬 것이다.

3 정서적 지지를 제공하고 진 자신의 정서적 박탈과 아만다와의 현재의 관계 간의 관련성을 탐색하기 위한 상담

4 진이 아만다와 좀 더 긍정적인 방식으로 관계하는 것을 돕기 위한 행동적 기술

5 아동보호를 담당하는 관계당국과 접촉하여 현 상황이 갖는 법적 함의를 탐색한다. 현 상황에서 사회복지사가 져야 할 의무를 결정하며 만약 필요하다면 그 의무를 수행한다.

6. 여섯 번째 사례: 딕슨 가족

테리 딕슨(25)과 샤론 딕슨(28) 그리고 샤론의 이전 결혼에서 얻은 두 명의 자녀 로버트(5)와 피오나(4)는 일주일 전에 농촌 마을에서 거대한 대도시로 이사했다. 여행 중에 그 가족은 교통사고를 당하여 샤론과 피오나는 입원해야만 했다. 샤론은 골반뼈 골절과 커다란 타박상을, 피오나는 시력에 영향을 줄 수 있는 두부 외상을 입었다(피오나는 현재 관찰과 정밀검사를 받고 있는 중임). 샤론이 피오나의 상태에 대해 지나친 걱정을 하는 것 같아 병원직원은 사회복지사에게 딕슨 가족을 의뢰하였다.

사회복지사와의 면담을 통해서 본 결과, 샤론이 불안해하는 이유는 일차적으로 피오나에 대한 진단과 치료에 대해 많은 것을 알지 못하기 때문이

며, 다음으로 테리와 로버트가 자기 없이 어떻게 지내는지에 대한 걱정이
었다. 차는 사고로 폐차되었으며, 가족의 짐은 무사하지만 다른 이동수단
을 구입할 만한 경제적 능력은 없었다. 샤론은 골반뼈 골절로 움직일 수 없
었기 때문에 사고 후 피오나를 만날 수 없었다. 테리는 현재 병원에서 (대
중교통 수단으로) 두 시간 이상 걸리는 이동주택 지구에서 생활하고 있고 차
도 없기 때문에 자주 올 수가 없었다. 샤론은 또 한 번도 엄마를 떠나 집밖
에서 자본 적이 없는 수줍음이 많은 피오나가 어떻게 입원생활을 견디고
있는지도 걱정되었다. 더구나 피오나는 샤론이 아버지(현재 그녀가 만나지
않는 전남편)와 이혼하고 테리와 재혼한 후로 샤론에게 더 집착했다.

딕슨 가족이 이사를 하기로 결정한 것은 직업상의 이유였다. 테리는 자
동차 회사의 영업직에서 해고된 후 일 년 동안 실직상태에 있었으며, 도시
에는 더 많은 일자리가 있을 거라는 희망을 가졌다. 샤론 역시 가족 부양을
돕기 위해 취업하려는 계획을 세웠다. 현재 저축은 바닥이 났으며 샤론이
일할 수 있기까지는 얼마나 시간이 걸릴지 알 수 없다. 더 골치 아픈 것은
병상 수 부족으로 병원 측에서는 가능한 한 빨리 샤론이 퇴원하기를 원한
다는 것이다. 샤론은 자신이 목발을 짚은 상태에서 어떻게 이동주택지구
에서의 생활을 해 나갈지 걱정이다.

이에 대한 사례계획을 급진적 접근과 비급진적 접근으로 나누어 살펴보
면 다음과 같다.

1) 급진적 접근

사 정

구조적 관점에서 볼 때, 딕슨 가족은 경기 침체와 농촌 지역에 거주함에
따라 받게 되는 불이익 양쪽 모두의 희생자다. 가족의 이번 이사는 도시에

서 더 나은 삶의 기회를 찾아야 할 필요가 있었기 때문이다. 농촌 지역은 종종 경기 침체로 인해 최악의 타격을 받는다. 피오나에 대한 샤론의 불안은 그 가족이 처한 다음과 같은 사회적 여건을 고려해 볼 때 모두 이해가 간다. 첫째, 생활상의 변화(결혼 붕괴와 재혼, 농촌에서 도시로의 이주). 둘째, 고통스러운 사고와 피오나 부상의 특성. 그리고 마지막으로 정보(병원 직원)와 지지(병원 직원과 가족)의 부재 가능성이다. 샤론은 아마 병원 직원으로부터 '과잉 보호적'인 문제 어머니로 낙인찍혔을 것이다. 이에 대해서는 확인해 볼 필요가 있는데, 만약 사실이라면 (이 사례에 한해서는) 샤론에게 정보를 주지 않거나 샤론의 불안을 완화해 주려는 노력을 하지 않는 데 대한 책임이 부분적으로는 병원 직원에게 있다. 또한 테리와 로버트에 대한 샤론의 불안도 여성에게 기대되는 보호의 역할을 고려해 볼 때 이해가 가능하다. 딕슨 가족의 전체적인 문제상황은 자원의 결핍 때문에 더욱 복잡해진다. 즉, 가족의 재정은 어렵고, 여행수단이 제한되어 있다는 것, 가족임에도 물리적으로 떨어져 있다는 것, 이동주택지구에 거주하고 있다는 점 그리고 병원의 병상 수 부족 때문에 압박을 받고 있다는 점 등이 문제를 더욱 복잡하게 만들고 있다.

사회복지실천 목적

첫 번째 목표는 병원에서 샤론의 권한을 신장시켜 불안감을 제거하는 것이다. 또한 딕슨 가족은 최근 겪은 사회적 변화에 대처할 수 있는 지원이 필요할 수도 있다. 딕슨 가족에게 약간의 물질적 자원이 제공될 필요가 있다.

전략 제시

① 자원의 적극적 활용. 샤론에게 피오나에 대한 정보를 지속적으로 제

공하여 더 많은 정보를 획득하게 한다. 예를 들어 병원 직원에게 샤론을 만나서 피오나의 상황에 대해 설명해 줄 것을 요청한다. 사회복지사는 샤론으로 하여금 자신이 가장 염려하는 것에 관해 질문할 수 있도록 원조한다. 사회복지사는 샤론이 앞으로도 이러한 질문을 자신 있게 할 수 있도록 격려하며 샤론이 병원직원을 효과적으로 다룰 수 있는 전략을 익히도록 돕는다. 이것은 또한 병원에서 샤론의 권한을 신장시키는 데 일조할 것이다.

2 옹호. 피오나의 상황에 관한 정보를 획득하고 좀 더 장기간 병원에 체류하기(만약 샤론이 원하는 것이 그것이라면) 위해서 병원 직원과 더불어 샤론의 옹호자로서의 역할을 한다. 샤론이 가지는 고도의 불안감 때문에 직원이 샤론에게 직접적으로 가할 수 있는 모든 비난을 축소시킨다. 비밀보장 원칙하에 직원이 샤론의 어려운 사회적 상황을 인식하도록 한다.

3 물질적 자원의 제공. 소득보장을 위한 여러 가지 가능성을 탐색한다. 이를 위해 테리의 권한을 신장시켜 이러한 자원뿐만 아니라 구직정보를 적극적으로 활용하도록 원조한다.

4 비판 의식의 개발. 샤론, 테리와 함께 현재의 재정 상황을 어떻게 타계할 것인지에 대해 토론하며, 그럼으로써 샤론과 테리가 스스로를 비난하지 않도록 한다. 또한 어떻게 사회적·경제적 변화가 개인적으로 그들에게 영향을 미쳤는지에 대한 비판 의식을 발전시킨다. 현재 샤론이 느끼고 있는 피오나의 상황과 엄마에 대한 피오나의 집착으로 인한 불안을 표현하도록 원조하며, 두 번의 결혼으로 인해 발생한 사회적 지위의 변화가 피오나와의 관계에 어떤 영향을 미쳤는지 인식하게 한다.

2) 비급진적 접근

사 정

딕슨 가족의 주요 문제는 최근의 가족 이사와 사고로 인해 악화된 경제적 자원의 결핍이다. 어머니인 샤론은 재혼으로 인한 과보호 때문에 자신의 딸 피오나에 대해 지나치게 걱정하고 있는 것 같다. 혹은 샤론은 단순히 과잉보호적인 어머니일 수도 있다. 또한 샤론이 현재 느끼는 고립감은 정기적인 가족 간의 만남을 방해하는 자원의 결핍 때문에 가중된 것이다. 현재의 위기상황은 농촌에서 도시로의 이주와 교통사고로 인한 가족체계 혼란 때문이다.

사회복지실천 목적

주요 목적은 자원을 제공하고 샤론의 불안감을 완화시키며 가족의 정상적 기능을 회복하는 데 있다.

전략 제시

1 이용 가능한 급여, 좀 더 편리한 숙소, 응급지원과 같은 적절한 물질적 자원을 제공한다.

2 샤론을 안정시키고 자신의 감정을 발산할 수 있도록 도우며, 불안감을 감소시키고 피오나에 대해 갖는 불안의 이유를 탐색하기 위한 개별상담

3 가족의 정상적 대처기제를 동원하기 위한 위기 개입

4 병원 직원은 피오나가 받게 될 진단과 관련된 사항을 샤론에게 알려준다.

제9장

미세조정

사회복지실천에서 급진접근은 상대적으로 새로운 영역이기 때문에 여전히 미세조정(finetuning)의 여지가 남아 있다. 겉으로 보면 급진사회복지실천에서의 실천적 한계뿐만 아니라 다수의 윤리적·이론적 문제가 남아 있으며, 이러한 것이 명료화되어야만 사회복지사는 더욱 명확한 실천을 진행할 수 있다. 예를 들어 비판적 자각의 개발과 관련하여 7장에서 논의했던 것처럼, 클라이언트를 정치화하는 것과 비판적 관점에서 그들을 대상으로 실천 활동을 하는 것 사이에는 어떤 차이가 있는가? 급진접근과 페미니스트 접근은 모든 유형의 클라이언트 집단에 적절한가? 구조적이고 젠더적인 분석을 활용하는 데 계급적 편견이 내재하는가? 이런 것은 급진실천을 원하는 사회복지사가 종종 제기하는 질문이지만 일상적인 실천 현장이나 클라이언트에게서 나타나는 실질적이고 근본적인 한계를 넘어서지는 못했다.

1. 급진사회복지실천의 한계

급진사회복지실천에 있어서 주요한 한계 중 하나는 특정 개인이 원조를 받는 행위나 그 상황과 관련될 수 있다. 원조를 받는 사람은 실제적으로 급진실천모델의 어디에 적합한가? 원조과정에서 개인의 역할과 권리는 무엇인가? 그 사람은 원조의 맥락에서 어떠한 권력을 행사하는가? 원조를 하고 원조를 받는 것에 대해 어떠한 선택이 이루어지는가?

먼저, 급진관점은 항상 원조를 받는 사람과 전문가 사이의 평등을 가정한다는 점을 상기해야 한다. 개인의 해방이 중요하기 때문에 사회복지사와 클라이언트 간의 권력 차이를 줄이는 것이 암묵적 목표다. 여기서 중심이 되는 것은 자기결정권의 윤리로 이는 전통사회복지실천에서도 장려되지만 급진관점에서는 더욱더 강조된다. 그러나 사회복지사가 급진관점을 활용할 때 실제로 어느 정도의 자기결정권을 클라이언트에게 부여하는가?

상황을 변화시키기 위해 개입하고자 할 때, 자기결정권의 윤리를 놓고 몇 가지 모호성이 항상 나타난다. 이러한 모호성은 전통사회복지실천이론 가에게 의해 충분히 인식되어 왔으며, 급진사회복지사가 추구하는 변화에 도 마찬가지로 적용된다. 예를 들어 두 사람이 변화를 위해 협력하는 과정 에서 가치를 강요하거나 교환하지 않을 수 없다(Pincus & Minahan, 1973). 따라서 사회복지사는 어떤 방법으로든 원조를 받는 사람에게 영향을 미치 게 될 가능성이 높기 때문에 클라이언트가 전적으로 자기결정을 하고 있 다고 말하는 것은 진실이 아니다.

둘째, 개인이 자기주도적으로 살기에는 사회적, 도덕적, 물질적 한계가 존재한다. 사람은 생활에서 사회와 다른 사람의 행동으로 인한 해를 당하 지 않을 권리가 있다. 개인의 선택은 법적, 경제적 혹은 정치적 구조와 같 은 사회의 선택과 일치하지 않을 수 있다(Bernstein, 1960). 주어진 길을 가 기 위해 선택해야 하는 자원이 없을 수도 있다.

셋째, 그 사람 자신에게 특별한 한계가 있을 수 있다. 그들은 자신이 원 하는 것을 모르기 때문에 자신이 원하지 않는 것을 선택할 수 있다. 독자적 인 선택 수행에 익숙하지 않은 사람이 있는데, 고의적으로 무력해진 장애 인이 대표적인 예다. 사람은 자신이 원하는 것에 대해 모순적이거나 불명 확한 태도를 갖거나, 아니면 자신이 원하는 것에 대해 자기결정을 내릴 수 없는 경우가 있다. 불행하게도 급진사회복지실천의 일부 목표(개인의 자율 성과 같은)는 바로 이 목표를 성취하기 위한 열망과 능력을 전제로 한다. 한 개인이 사회복지사의 간단한 설명에만 의존한 채 원하는 것에 대해 확신 을 갖지 못할 경우, 사회복지사의 역할은 당사자로 하여금 의사결정기술 을 학습하게 하거나 이미 존재하는 한계 내에서 선택을 할 수 있도록 지도

하는 것이다. 물론 사회복지사가 개인의 역량강화에 초점을 둔다면 이러한 개인의 한계는 해결될 수 있을 것이다.

한 개인은 선택을 하지 않을 권리, 즉 자기결정적이지 않을 권리를 인정해 주어야 하는가? 이 질문에 대한 대답은 명백하게 어렵다. 왜냐하면 어떤 경우에는 신속한 행동이 취해져야만 하는데, 클라이언트가 신속한 결정을 내릴 능력이 없음에도 불구하고 자기결정권을 고려하다 보면 다른 고려사항이 간과될 수 있기 때문이다. 물론 자기결정권을 포기할 다른 이유도 있다. 그들이 스스로 무능력하다고 믿거나, 자신을 지도할 책임은 사회복지사에게 있다고 믿거나, 독자적 결정에 대한 책임을 원하지 않거나, 독자적 결정을 내리는 것에 대해 두려움을 가지는 경우다. 그러나 원칙적으로 급진관점을 취한다면 자기결정권은 당연히 중시되어야 한다. 만약 어떤 사람이 지금까지 언급된 자기한계를 이유로 자기결정권을 행사하지 않으려 한다면, 그들의 신념체계는 급진접근과 양립할 수 없으며 다른 관점을 택해야 한다고 결론지을 수밖에 없다.

급진접근의 또 다른 한계로서 개인과 사회복지사 간에 나타날 수 있는 의견의 불일치를 들 수 있다. 이러한 불일치는 특히 정치적 해석을 놓고 발생할 수 있는데, 급진접근은 전통접근보다 더 강력한 정치적 성향을 띠기 때문이다. 따라서 의견의 불일치는 더 큰 잠재적 위협이 된다. 만약 어떤 사람이 급진사회복지사의 상황 해석에 동의한다 할지라도 그들 개인 생활의 커다란 변동이 예상된다면, 이러한 접근법을 쉽게 따르지 않을 것이다. 이러한 주장은 급진실천에만 해당되는 것은 아니다. 변화는 그 자체로 위협적일 수 있기 때문에 자신의 상황 변화를 원치 않는 사람은 과거에 익숙했던 문제로 회귀해 버리며, 사회복지사는 이로 인해 가끔 좌절을 경험한다. 따라서 급진사회복지사에게 필요한 것은 그 사람이 변화에 대처하도록 원조하는 것이다.

클라이언트는 사회복지사의 의견에 동의하지 않을 권리가 있다. 만약 의견이 불일치하는 이유가 규명되고 그러한 의견불일치가 해결될 수 없는 것이라면, 클라이언트는 또한 정치화되지 않을 권리를 갖는다. 왜냐하면 급진실천의 일차적 목적은 사람을 원조하는 것이지 정치화하는 것이 아니기 때문이다. 물론 종종 두 과정은 분리될 수 없지만 한 개인이 원조를 받는 대가로 정치화되고 있다고 인식하게 된다면, 이 시점에서 급진실천가는 더욱 전통접근을 취하거나 급진입장을 취하더라도 암묵적으로 접근해야 한다. 여기서 본인은 사회복지사가 의도적으로 성차별주의자가 되어야 함을 의미하는 것이 아니다. 본인이 의미하는 것은 이러한 경우 어떤 문제상황에 대해 사회적 혹은 정치적 원인에 관심을 갖기보다 클라이언트의 개인적 감정에 초점을 두게 되면 클라이언트는 더욱 적극적으로 수용하게 될 것이라는 점이다.

클라이언트에게는 비동의권(非同意權)과 더불어 실패할 권리도 있다(Soyer, 1963). 이 권리는 클라이언트가 자신의 인생의 방향을 선택할 권리에서 명확하게 나타난다. 클라이언트는 사회복지사에게 즐거움을 주기 위해 과업을 계속해야 할 의무는 없다. 그러나 Soyer(1963)가 지적한 대로 개인의 선택을 존중해야 하지만 사회복지사는 반드시 현실이라는 명목하에 지나치게 보수화되는 것을 경계해야 한다. 사회복지사와 클라이언트는 '현실'이 변화될 수 없다고 가정함으로써 지나치게 협소한 목표를 설정하는 위험에 빠질 수 있다. 바로 이러한 가정으로 인해 변화의 가능성이 차단될 수 있다. 반면 목표가 좀 더 도전적이라 할지라도 이러한 목표가 현실적인 맥락에서 설정된다면 사람들은 시도를 할 것이다. 또한 클라이언트는 스스로를 위해 자신의 현실 속에서 나타난 한계를 알 권리를 갖는다.

급진사회복지사는 더 넓은 범위에서 개인과 사회의 변화를 저해하는 이러한 모든 개인적, 사회적 제한을 어떻게 다루는가? 우선 갤퍼(Galper,

1980)가 지적한 바와 같이 우리는 "클라이언트가 처한 바로 현재의 상황에서 시작해야 한다."는 사회복지실천의 격언에서부터 시작해야 한다.

사회복지사가 익히 알고 있는 것처럼 우리의 출발점은 사람들이 현재 처한 위치, 그들의 삶에서 가장 절실하게 경험하고 있는 문제 그리고 그들이 이해할 수 있는 입장 등이 된다. 사람들이 급한 문제로 기관을 찾아올 때 우리는 반드시 그들이 이러한 문제를 처리할 수 있도록 원조해야 한다. 심각한 심리적 압박을 받고 있는 사람은 증상이 완화되지 않는 한 자신이 겪는 스트레스에 대해 더욱 포괄적인 관점을 가질 수 없다.

개인이 처한 현재의 입장에서 출발하기 때문에 급진사회복지사와 클라이언트는 개인적인 해방과 변화를 저해하는 한계의 본질을 함께 모색할 필요가 있다. 급진접근의 원칙은 항상 이러한 한계를 그대로 받아들이는 것이 아니라 최소화시키는 데 있다. 이러한 의미에서 개인적 해방의 본질은 사회적으로 결정된 한계가 꼭 개인적 한계는 아니라는 것을 인정하는 것이다. 좀 더 깊게 생각해서, 만약 이러한 한계가 불가피하게 받아들여져야 한다면 목표 자체는 이러한 한계 내에서 개인의 선택을 극대화하는 것이어야 한다.

2. 급진실천의 대상자로서 비자발적 클라이언트

급진실천의 두 번째 한계는 공공복지 혹은 비자발적 클라이언트와의 관계에서 나타난다. 사회복지사는 종종 '사회통제의 대행자'로 고용이 되며, 그들이 활동하는 전형적 시설은 교정적, 보호적, 제도적, 관료적인 성격을 갖는다. 이러한 유형의 시설에서, 즉 사회복지사의 주요 역할이 사회적으로 바람직하지 못한 행동을 지도, 감독, 규제하는 시설에서 개인적 해방을 격려하는 것이 가능하다고 주장하는 것은 역설이다. 물론 현재 공공 아동복지 시설에서 역량강화에 대한 연구가 진행되고 있기는 하지만 (Hegar & Hunzeker, 1988), 불행하게도 이러한 유형의 시설에서 실천되는 급진사회복지실천에 대한 구체적인 연구가 충분치 않다.

역설적으로 급진관점이 가장 큰 잠재력을 발휘할 수 있는 분야가 바로 이러한 실천현장일 수 있다. 왜냐하면 바로 이 분야에서 사회적 한계와 그들이 개인에게 미칠 수 있는 악영향이 가장 명확하고 두드러지게 나타나기 때문이다. 급진사회복지사는 이러한 시설의 바람직하지 못한 측면으로 인해 더욱 악화된 클라이언트의 바람직하지 않은 행동에 대중의 관심을 집중시킬 수 있다. 장기간 유폐된 시설생활자의 시설화된 행동은 최근 광범위하게 전개되는 탈시설화 운동이 왜 대중적 관심을 받고 있는지를 보여 주는 예가 된다. 클라이언트에게 최대한 많은 정보를 제공하여 제한된 상황에서 그들의 선택범위를 극대화시킨다면 클라이언트는 일정 정도의 자율성을 얻게 된다. 특정의 한계에 대한 이유를 정치적 · 사회적인 것에서 찾음으로써 자기비난을 축소시킬 수 있다면, 이 또한 잠재적으로 해방의 기능을 수행할 수 있다.

이를 위해 사회복지사는 주어진 상황에서 자신의 개인적, 사회적, 정치적 이해관계에 대해 솔직해야 한다. 그렇게 해야만 클라이언트는 의사결정을 내리는 데 있어 이러한 것을 고려할 수 있기 때문이다. 바버(Barber, 1991)가 제시한 '타협적 사회복지실천' 모델은 이러한 문제를 더욱 구체적으로 다루고 있다. 이 모델은 사회복지사가 협상할 수 있는 것과 할 수 없는 것에 대해 명확한 입장을 취하면서 주어진 한계 내에서 협상이 이루어질 수 있도록 하는 데 초점을 두고 있다.

3. 비급진적인 환경에서 급진실천이 갖는 의미

성차별주의적, 착취적 구조와 과정을 이용하는 급진 페미니스트 관점을 가지고 사회복지실천을 전개할 수 있는가? 다시 말해 페미니스트나 급진 가정에 대해 동의하지 않는(혹은 단순히 이해하지 못하는) 동료나 슈퍼바이저와 함께 실천활동을 전개할 수 있는가?

대다수 급진사회복지실천은 실제로 특정 기관의 영역을 넘어서거나 특정기관에서 행해지는 특정 사회복지실천의 역할의 범위를 넘어설 수 있다. 페미니스트 혹은 급진관점과는 정반대의 상황에서 활동하면서 급진관점을 따르기 위해 다음과 같이 믿기 쉽다. 즉, 급진접근은 광범위한 변화를 요구하며 기존 체계에 소규모의 변화를 가하는 것은 구조적으로 바람직하지 않다는 것이다. 불행히도 이런 식으로 생각한다면 현재 존재하는 많은 비인간적이고 비역량강화적인 실천은 계속적으로 번성할 것이다. 따라서 비급진적인 환경에서 급진관점을 가지고 접근할 때에는 그러한 환경을 어느 정도 급진화시키려는 노력이 필요하다. 제7장에서 논의하였던 '미완의' 정치는 이러한 상황에 직면했을 때 취할 수 있는 유용한 입장이다. 이러한 입장에서 볼 때, 소규모의 변화는 대규모 변화를 가져오기 위한 필수불가결한 부분이지만 아직은 목표로 하는 전체 변화가 완결될 것으로 간주되지는 않는다. 따라서 소규모의 변화는 중요한 것이고 단지 대규모의 변화가 아니라는 이유로 평가 절하되어서는 안 된다. 이러한 의미에서 소규모의 변화가 대규모의 변화를 대체하지 않고 목표로 하는 전체 변화의 방향을 왜곡하지 않는 한 모든 변화는 가치 있는 것이다.

비급진 혹은 성차별적인 환경에서 아무런 변화가 없는 것보다 소규모의 변화가 바람직한 것이라 할지라도, 과연 그러한 변화가 발생할 수 있는가? 사회복지사가 어느 정도 자율적이고 자기주도적인 전문가가 될 것인가라는 의문이 제기된다면, 대답은 '그렇다' 다.

통제가 극심한 상황에서도 사회복지사는 클라이언트와의 관계에서 어느 정도 재량권을 갖는다. 따라서 클라이언트와 가능한 한 동등하고 역량을 강화시키는 방법으로 관계를 맺을 수 있다. 사회복지사는 클라이언트가 갖고 있는 문제의 구조적 원인 때문에 비난을 받지 않도록 상황을 분석하고 공감할 수 있어야 한다. 클라이언트에게 창조적인 대안을 제시하고 우리의 영향력 밖에서도 그러한 대안을 이용할 수 있도록 해야 한다. 규제적인 기관의 실천활동을 변화시키고 재정립할 수 있으며, 동료의 성차별적이거나 희생자 비난적인 태도에 대항할 수 있다. 이와 더불어 페미니스트 운동의 이점을 강조하고 남성과 아동에 대한 비성차별적 분석을 강조할 수 있다. 도미넬리와 맥로드(Dominelli & McLeod, 1989)의 저서는 이러한 문제를 간략하게 언급하고 있을 뿐만 아니라, 페미니스트의 정치적 입지를 확고히 할 수 있는 방안에 대해 면밀히 검토하고 있다. 일부 급진 혹은 페미니스트 실천은 어떠한 기관을 막론하고 일정 정도의 수준에서 행해질 수 있다.

4. 클라이언트를 정치화하기

급진사회복지실천은 단순히 클라이언트를 정치화하는 것인가? 이 질문에 대한 답은 긍정과 부정 모두 가능하다. 우리의 실천에 근거를 제공하는 모든 아이디어는 암묵적으로나마 정치적 기반을 갖는다는 점을 고려할 때, 전통, 보수, 페미니스트, 급진 등 그 명칭이 어떠하든 간에 모든 사회복지실천은 일종의 정치화라고 이야기할 수 있다. 그러나 급진 페미니스트 관점에서 핵심은 정치에 있지 않다. 그러나 갤퍼에 따르면, "급진주의자는 비정치적인 상황에 정치적인 것을 도입하려고 하지 않는다. 오히려 우리가 의미하는 것은 순종의 정치에 도전함으로써 저항과 변화의 정치를 도입하려는 것이다."(1980: 11)

그렇지만 보수적이건 급진적이건 사회복지실천의 원조는 본질적으로 정치적이라는 이유가, 클라이언트를 원조하는 것과 그들을 적극적으로 정치화시키는 것이 동일하다는 것을 의미하지는 않는다. 보수적이건 급진적이건 간에 사회복지실천의 일차적 목표는 개인에 대한 원조다. 어떤 경우에 한 개인을 적극적으로 정치화시키는 것은 아주 유용할 수 있다. 이혼 직후 파경의 책임을 자신에게 돌리면서 독신상태를 수용하지 못하는 여성의 경우가 그 예가 될 수 있다. 그녀가 만약 결혼파경이 가부장적인 것에 원인이 있고, 독신이 사회적 낙인을 수반하지 않는다는 것을 알게 된다면 자존감은 향상되고 스트레스는 낮아질 것이다.

정치화가 도움이 되기는 하지만 반드시 암묵적인 형태를 가져야 하는 다른 상황도 있다. 예를 들어 노부모를 양로원에 입소시키기로 결정한 가족의 경우, 이러한 힘든 선택은 전적으로 그들만의 잘못은 아니라는 점을 인식시켜 준다면 어느 정도 도움이 될 것이다. 사회적으로 허용된 실질적인 노인부양 대안이 부재하다는 사실 때문에 그들은 쉽게 결정을 내리지 못할 것이다. 그러나 노인부양에 대한 부적절한 사회적 반응에 가족의 관심을 집중시키는 것은 도움이 되지 않는다. 왜냐하면 이는 상황에 대한 그들의 절망감만을 증가시킬 수 있기 때문이다. 대신 부모를 보호하기 위한 더 나은 선택에 초점을 두고, 이러한 상황 때문에 발생한 슬픔이나 죄책감에 대한 사회적 원인을 다루는 것이 더 나을 것이다.

5. 급진사회복지실천에 적절한 대상

겉으로 보기에, 급진 페미니스트 관점은 사회적으로 불이익을 받는 집단 (저소득층, 노인, 청소년, 여성, 소수민족과 소수인종, 장애인, 성적일탈집단, 농촌 거주자)에게 가장 유용할 것 같다. 그러나 이는 기껏해야 급진주의지와 페미니스트가 사용하는 사회적 분석을 피상적으로 적용한 것에 불과할 뿐이다. 왜냐하면 모든 사회적 집단이 어떻게 사회적으로 결정되는지(반드시 억압은 아닐지라도)를 근본적으로 이해하려고 하기 때문이다. 급진(그리고 페미니스트) 분석은 모든 집단이 특정 집단의 불이익에 기여하는 방법을 명확하게 설명한다. 억압하거나 억압받는 모든 집단은 실질적으로 역할과 신념을 갖고 있으며 그렇기 때문에 기존의 불평등을 지속시키려는 구조를 구축한다는 것이다. 따라서 이러한 분석은 이론적으로 모든 잠재적 클라이언트 집단에 적용된다. 페미니스트 역시 자신의 분석이 남성을 대상으로 한 실천에서도 적용될 수 있음을 인정하고 있다. 특히 남성이 그들의 정서적 욕구를 저해하는 특정의 정형화된 성역할에 사로잡혀 있는 경우에 그렇다(Dominelli & McLead, 1989: 95-96). 그러나 급진 페미니스트 접근은 전통적으로 무능력하다고 간주되는 집단에 대한 실천전략을 더 개발될 필요가 있다.

급진접근만을 전적으로 적용할 수 없는 또 다른 집단이 있다. 우리는 이미 제5장에서 문제유형을 범주화하는 방식을 검토할 때 이 문제를 다루었다. 거기에서 본인은 문제의 개인적 측면이 전적으로 지배적인 경우보다 전통 상담기법이 더 적절할 수 있음을 주장하였다. 물론 전통기법이 클라이언트의 역량을 약화시키지 않고 본질적으로 사회적 원인을 갖는 문제를 놓고 클라이언트를 비난하지 않게 된다면, 이러한 전통적 기법 또한 급진접근의 영역에 해당된다고 할 수 있다. 예를 들어 신체적 · 정서적 욕구가 긴급히 해결되어야만 하는 심각한 위기 혹은 재난의 사례를 들 수 있다. 이혼, 사별, 실직, 갑작스러운 질병, 장애 등과 같이 슬픔, 상실을 수반하는 기타 상황 역시 초기에는 이러한 방법으로 다루어질 수 있다. 이민, 정착과 같은 변화나 전환에 대한 적응, 은퇴 등의 경우에도 우리는 유사한 욕구를 초기에 다뤄야 할 것이다. 조금 더 장기적인 관점에서 볼 때, 구조적인 측면이 더욱 중요하게 다루어져야 하며 적정한 시기에 처리되어야 한다. 이는 자연스럽게 특정 기관에 소속된 사회복지사의 단기적 방침에 달려 있지만 개인을 위한 장기적 사례계획에도 여러 가지 권고를 할 수 있다.

어떤 집단에게 있어 급진 혹은 페미니스트 관점은 전적으로 거부될 수 있다. 농촌주민은 불이익을 받고 있지만 전통적으로 보수적인 인구집단으로 구분된다. 그러나 이는 급진접근이 이들에게 부적합하고 부적절하다는 것을 의미하지는 않는다. 사실 그들은 사회적으로나 경제적으로 불이익을 당하고 있기 때문에 급진접근이 특히 유용할 수 있다. 페미니즘은 특히 대부분의 농촌여성에게 적용될 수 있는데(Alsom, 1990), 그 이유는 의심할 여지없이 농장에서 여성이 수행하는 경제적 역할이 명확하기 때문이다. 이러한 모든 것은 급진 혹은 페미니스트 실천이 특정의 국가에서는 특정한 방식으로 취해져야 함을 의미한다(Fook & Colingridge, 1988; Alston, 1990). 관점이 지나치게 위협적으로 느껴지지 않으면서도 이러한 분석이 농촌주민의 일상에 명백히 적용될 수 있도록 신중을 기해야 할 것이다.

보수적인 정치 견해가 받아들여지는 전통적인 문화 배경을 가진 사람에게도 동일한 접근이 취해질 수 있다. 예를 들어 개발도상국 여성의 사회적 지위는 다른 국가의 여성의 사회적 지위보다 훨씬 열악하다. 이러한 점을 고려할 때, 개발도상국 여성이 겪는 어려움은 아주 미묘한 사안이다. 그러나 이러한 나라출신의 여성(과 남성)은 가정폭력에 관한 호주의

법역주을 수용하는 데 특히 어려움을 겪게 된다. 이러한 문제점에 우리는 급진 혹은 페미니스트적 접근이 갖게 되는 또 하나의 의구심을 갖게 된다. 즉, 이러한 접근은 본질적으로 도시 편향적일뿐만 아니라 계급적, 문화적으로도 편향되어 있다. 따라서 현실적으로 모든 사회복지실천 클라이언트에게 적용될 수 없다는 것이다.

6. 중산층 편향

급진 혹은 페미니스트 관점은 본질적으로 중산층 편향적인가? 이에 대한 답은 의심할 여지없이 '그렇다' 다. 그러나 이는 모든 사회복지실천전문직에도 해당된다. 여기서 굳이 이 문제를 따지지 말자. 사회복지실천의 모든 영역—예를 들어 채용되는 인력, 인증기준과 요구조건, 대학교육, 직업조직, 치료 방법론에 있어서의 문화적 편견, 사회문제에 대한 분석, 전문가로서의 지위, 급여수준, 전문직으로서의 하위문화—이 중산층의 성격을 갖는다. 이것이 오늘날 우리 사회제도의 현실이다. 급진주의자건 페미니스트건 혹은 전통주의자이건 간에 이러한 관점에 대한 우리의 생각은 중산층에서 유래하였다. 왜냐하면 학문적 활동과 관련된 직업은 중산층의 직업이기 때문이다. 그러나 단순히 그들이 중산층이기 때문에 다른 계급에 유용하지 않다는 것을 의미하지는 않는다. 이론은 세상의 복잡성을 설명하는 것으로 그 능력이 평가되어야 한다. 만약 급진 페미니스트 이론이

역주 | 호주의 가정폭력방지법은 가정폭력범죄만을 다루는 특별법이다. 호주 연방 및 각 주와 특수구역은 아동에 대한 성학대와 가정폭력 등의 문제를 강조하고 성폭력과 가정폭력 관련법의 개정 작업을 계속하고 있다.

인간의 사회적 투쟁을 설명할 수 있다면 중산층이든 노동자 계급이든 관계없이 가치를 지닌다. 노동자 계급의 변화에 관심을 갖는 다수의 노력은 중산층이 당연하게 여기는 것—행운, 자원, 의사결정력, 사회적 이동성, 교육, 더 나은 삶의 선택, 더 나은 생활수준, 서비스 접근성—을 노동자 계급에게 제공하는 데 그 목적이 있다. 그러므로 이러한 목적을 달성하기 위해 중산층의 신념과 행동방법을 그들에게 지도하는 것은 모순이 아니다.

7. 문화적 편향

그러나 급진접근이 취하는 가정이나 전략에서 중산층 중심의 문화적 편향을 잠재적으로 지닌 요소가 있다. 이러한 이유 때문에 급진접근의 일부 방법은 계급 혹은 문화를 초월하여 적용될 수 없거나 적용의 어려움이 나타날 수 있다. 예를 들어 급진 페미니스트 사회복지실천은 개별화와 독립(자기결정권 윤리 혹은 개인의 자율성과 해방을 목표로 한)에 높은 가치를 둔다. 이러한 전제는 문화적 범주를 초월하여 공유될 가능성이 낮다(Pederson, 1987). 어떤 문화는 지역사회 책임과 상호 의존을 더욱 강조하기 때문이다.

권위에 대한 관계 역시 계급과 문화에 따라 다양한 모습을 갖는다. 특정 계급과 문화는 사회복지사로 대표되는 권위에 극도의 회의감을 가질 수 있다. 이러한 경우 급진사회복지사는 다른 계급과 문화적 배경을 가진 클라이언트의 역량을 강화하기 위해 최선을 다하지만, 클라이언트의 신뢰를 받지 못할 수 있다.

유사한 문제가 발생할 수 있는 또 하나의 이유는 의사소통 방식의 차이이다. 일반적으로 문화 사이에는 의사소통 방식의 차이가 있으며(예를 들면 Nguyen, 1991), 젠더 간에도 하위문화적 차이(Holmes, 1985)가 있다고 인식되고 있다. 심지어는 서구문화 내에서도 이러한 의사소통원칙과 관련한 차이가 존재할 수 있다(Fook, 1989b: 95). 이러한 차이가 존재한다는 것을 고려해 보건대 급진사회복지사는 아이비(Ivey, 1989)와 같은 학자가 주장한 바와 같이, 미시적 상담기법을 무비판적으로 수용하는 데 유의할 필요가 있다. 왜냐하면 이러한 접근은 주로 미국 중산층에 근간한 것이기 때문이다. 사실 미시적 심리상담 기법을 무비판적으로 수용한다는 것은 급진 페미니스트 접근과는 반하는 것일 수 있다. 왜냐하면 이는 사회와 구조적 맥락의 중요성을 경시하며, 보수주의적 사회 신념을 지지하기 때문이다(Fook, 1989b). 의사소통 유형에 대한 젠더 중심적 분석에 따르면, 젠더집단이 의사소통하는 방법 간에 차이가 있다는 것으로 이러한 경우에 급진사회복지사는 반드시 젠더에 따른 적절한 의사소통 방식을 개발하도록 노력해야 한다. 미시적 상담은 특히 감정의 표현과 공감을 강조하기 때문에 여성적인 의사소통 유형이 더 적합할 수 있다. 이는 남성에게는 다른 적합한 원조형태가 있을 수 있다는 것이며(McHugh, 1990), 급진사회복지사는 이를 개발하기 위해 노력해야 한다.

8. 향후 방향

지금까지 저자는 다음과 같은 목적하에서 이 글을 집필하였다. 즉, 급진사회복지실천에 필요한 특정의 전략을 구체화시키고, 이러한 것이 어떻게 급진 페미니스트 분석 및 전통적 실천에서 직접적으로 도출되었는지를 보여 줌으로써 원하는 사람이 좀 더 쉽게 급진사회복지실천을 실천할 수 있도록 방향을 제시하고자 하였다. 그러나 앞으로도 먼 여정이 남아 있으며 이 길은 모든 전문가가 밟아 왔던 길과 크게 다르지 않다. 급진 페미니스트 사회복지사는 이미 실천활동을 시작했지만 여전히 우리의 실천이 효과적인지 아닌지, 얼마나 효과적인지, 왜 효과적인지에 대해 해답을 듣지 못했다. 하지만 이러한 점에서 특정 접근의 효과성을 평가하고자 할 때 우리는 전통적인 입장을 취하는 동료와 크게 다르지 않다. 오늘날의 평가 경향은 실천이론 전체보다 특정 프로그램의 효과성을 측정하는 데 집중하는 경향이 있다(예를 들면, Rubin, 1985). 따라서 적절한 시기에 상이한 접근법을 올바르게 취한다 할지라도, 아직까지 우리는 상이한 이론적 관점의 상대적인 효과성에 대한 최종적인 결론을 내릴 만한 입장에 있지 않다. 이제 급진 페미니스트 사회복지사에게 필요한 것은 다른 관점을 지향하는 동료처럼 특정의 상황에서 자신이 추구한 구체적 기법을 문서화하고 검증하는 것이다. 이 책을 통해서 급진사회복지실천의 이론적 기반이 좀 더 명확해져서 구체적인 실천에 대해 지속적인 검증이 가능하게 되기를 바란다. 이렇게 함으로써 궁극적으로 급진사회복지실천에 대한 기존의 모호한 접근을 더욱 구체화시키는 야심찬 과업에 기여할 것이다.

부 록

부록1: 급진사회복지실천의 동향과 평가*

1. 급진사회복지실천의 개념

급진사회복지실천은 클라이언트의 문제를 해결하는 데 그 원인을 개인보다 클라이언트의 환경에서 찾고자 한다. 그러나 그 모습은 전문직 안팎에서 매우 다양하게 사용되어 왔다.

초기의 급진사회복지실천은 자본주의에 대한 이해와 사회주의를 받아들이는 정도에 따라 다르게 나타나서 혁명적 마르크스주의자, 점진적 마르크스주의자, 사회민주주의자 또는 진보주의, 개혁주의, 사회주의, 마르크스주의 등으로 분류되었다(Bakley & Brake, 1975; Leonard, 1983; Mullaly & Keating, 1991). 그러나 최근에는 ① 영국의 베일리와 브레이크, 코리간과 레너드(Corrigan & Leonard), 미국의 갈퍼(Galper), 호주의 스로셀(Throssel), 리스(Rees), 드마리아(De Maria), 푹(Fook, 1993)으로 대표되는 급진사회복지실천과 ② 모로(Moreau)와 물라이(Mullay)의 구조주의 사회복지실천 그리고 ③ 구조적 차원의 성문제에 관심을 갖는 페미니스트 접근으로 분류되고 있다(Fook, 2003). 라이쉬와 앤드루스(Reisch & Andrews, 2001)는 1990년대의 급진사회복지실천 개념의 혼란성을 지적하면서 위에서 제시된 개념 외에 역량강화와 다문화주의를 표방하는 전문주의, 지배와 저항을 다루는 반억압-반차별 운동, 푹(2003)의 생태체계이론에 입각한 급진사회복지실

---

* 이 장은 독자의 급진사회사업의 최근 동향의 이해를 돕기 위해 역자의 부록으로 마련되었다. 이 글은 엄명용, 김성천, 오혜경, 윤혜미의 『사회복지실천의 이해』(학지사, 2006) 중 김성천이 쓴 글에서 발췌한 것이다.

천, 포스트모더니즘에 입각한 비판사회복지실천 등을 급진사회복지실천 이론의 유형에 추가하였다.

이러한 다양함에도 불구하고 급진사회복지실천의 공통적인 기본 원리는 다음과 같다(Fook, 2002; Reisch & Andrews, 2001).

1 사회의 제도적 구조가 클라이언트 문제의 일차적인 원인이라는 신념과 현존하는 사회적, 정치적, 경제적 제도에 대한 지속적인 비판

2 사회적 · 개인적 문제의 주된 원인으로서 경제적 불평등과 억압과 차별에 초점을 둠

3 사회복지실천 전문직과 사회복지체계의 사회 통제 기능에 대한 분석

4 구조적이고 내면화된 억압에 초점을 맞춤

5 원인과 기능 그리고 사적 문제와 공공 쟁점의 연계에 관심을 지님

6 인간 해방과 사회적 변화를 추구함

급진사회복지실천은 사회복지실천의 전문화가 클라이언트의 이익을 도모한다고 간주하지 않는다. 오히려 이 전문직이 어떻게 클라이언트를 억압하며 사회적 이익을 대변하는 국가의 통제수단으로서 발전해 왔는지에 관심을 갖는다(서진환 외 역, 2001). 급진사회복지사는 문제가 개인이 아닌 구조에 있다고 보기 때문에 개인과 미시적 환경보다는 개인과 사회경제적 구조 간의 상호작용에 초점을 맞춘다. 따라서 클라이언트의 문제는 개인의 권력부족, 이데올로기적 역할 제한, 이익집단과의 갈등, 개인적/사회적 변화에 대한 무능력, 사회적 낙인과정, 사회경제적 구조의 제한 등에 원인이 있기 때문에 개인은 사회경제적 구조에 의해 통제되고 착취당한다고 인식한다(Fook, 1993).

이러한 문제점을 해결하기 위해 태동한 급진사회복지실천은 매우 다양한 접근법들을 갖는다. 기존 사회의 혁명이나 대폭적인 개혁을 전제로 하

는 모델이 있는가 하면, 한국에서 주류를 이루고 있는 기존 사회복지실천 모델을 부정하지 않으면서도 이들의 한계를 극복하기위해 확장의 개념을 채택한 푹(1993)의 『급진사회복지실천』과 사회조사와 옹호의 기법을 중시하는 웰츠와 그로즈(Walz & Groze, 1991)의 『임상적 행동주의자 모델』 등도 있다. 이 중 특히 임상적 행동주의자 모델이 기존의 전통적 사회복지실천 모델과 다른 점은 다음과 같다.

1 문제의 사회적 인과요인을 파악하고 이해하며, 그러한 원인을 고치는 데 강조점을 둔다.

2 임상사회복지사가 임상적 조사를 중시하고 참여적 조사자의 역할을 수행해야 한다.

3 억압받고 가장 궁핍한 사람에게 자원을 제공하기 위해 옹호기법을 잘 활용해야 한다.

4 사회복지정책을 결정 시 사회복지사의 영향력을 증진시켜야 한다.

5 사회복지실천을 교육하는 대학에서는 좀 더 행동지향적인 학생집단 을 모집하는 것이 필요하다.

6 사회복지기관에서는 자신을 빈민과 동일시하며 사회변화에 영향을 줄 수 있는 사람을 채용해야 한다.

한편 이 책의 저자 푹(1993)은 기존 사회복지실천 모델을 인정하면서 환경적인 문제에 초점을 두는 급진사회복지실천 모델을 주장하였다. 그는 클라이언트에 대한 심리적 원조도 중시하면서, 기존의 급진주의자가 잘 언급하지 않았던 구체적인 실천과정인 조사와 사정, 개입방법 그리고 다양한 개입 사례를 제시하였다. 그는 급진사회복지실천과 전통사회복지실천 간의 가장 큰 차이점을 사회환경에 대한 이해에서 찾고자 했다. 전통사회복지실천에서 사회환경은 단순히 가족, 친구, 동료와 같은 미시적 주변요소

로 이해되는 반면, 급진사회복지실천에서는 보다 넓은 사회경제적 구조(지
배 이데올로기, 권력갈등, 은폐되어 있는 착취적·억압적 관습, 제도 등)로 이해
하였다.

2. 이론적 배경과 주요 접근

19세기 이래 급진주의는 사회주의 혹은 좌파의 정치적 급진사상을 의미
한다. 이는 광범위한 정치적 운동과 더불어 마르크스주의 정치철학 및 사
회학에서 유래하였으며(서진환 외 역, 2001), 사회복지는 이의 영향을 받아
급진사회복지실천을 태동시켰다. 20세기 초 급진사회복지실천은 노동조
합운동, 1세대 페미니즘, 평화주의와 같은 사회운동과 긴밀한 관계를 맺었
다(Michale & Andrews, 2001).

개인의 변화보다 사회변혁에 관심을 기울이는 급진적 경향은 1930년대
미국 사회복지실천에서 클라이언트를 둘러싼 환경을 중시하고 사회개혁을
중시하는 정의와 아담스(Adams)의 인보관 운동 그리고 뉴딜정책 시기에 나
타난 풀뿌리운동(Rank and File Movement)에서 그 활동을 찾아볼 수 있다. 이
시기 급진주의의 중요한 이데올로기적 원천은 선험론(transcendentalism), 마
르크스시즘 그리고 사회주의와 같은 19세기의 세속적 이상주의 철학과 종
교였으며, 그 이후인 20세기 초에는 다양한 사회운동, 즉 국내외의 노동조
합주의, '1세대' 페미니즘, 평화주의 등과 깊은 관련을 맺었다. 이후 매카
시즘의 영향으로 급진사회복지실천은 위축되었으나 1960년대 들어와 다
양한 사회운동이 촉발되면서 다시 부활하여 사회복지실천에서 사회적 맥
락을 주요한 쟁점으로 부각시켰다. 사회경제적 구조와 역사적 조건이 개
인의 경험에 영향을 미치는 영향에 관심을 갖게 함으로써 강력한 사회개
혁을 요구하게 되었다(Fook, 2003).

1970년대에 들어와서는 전문사회복지실천에 대한 비판이 나타나기 시작하였다. 급진사회복지사는 전문사회복지사가 클라이언트의 이익보다는 자신의 이익을 더 중시하며 사회복지서비스를 클라이언트를 통제하는 도구로 활용하고 있다고 비판하였다(Payne, 1997: 210). 또한 사회복지 전문직 내부에서도 사회복지실천이 '희생자를 비난' 하며, 문제를 일으키는 사회구조에서 개인에게 문제 원인의 초점을 돌리게 한다는 비판이 제기되었다(Fook, 1993: 5-6). 그러나 되살아난 매카시즘의 여파로 급진주의는 사회주의로 공격을 당하게 되고, 1980년대 영국의 대처리즘과 미국의 레이거노믹스의 보수화 물결은 또다시 급진주의의 쇠퇴를 재촉하였다. 그러다가 1990년대 초반의 사회주의 몰락으로 급진주의 운동에 대한 저항감이 약화되었고, 1980년대에 집권한 영미의 보수주의 정권의 실정(失政)으로 인한 불평등 문제의 심화에 대한 비판이 거세지면서 급진주의는 재조명되고 새로 부각되었다. 이 시기 급진주의는 다양한 성격으로 분화되어 발전하게 되었다. 1970년대부터 급진주의는 인도주의와 평등주의 사회의 구현을 위해 계급주의, 인종주의, 젠더차별주의를 없애자는 목표를 갖게 되었으며, 이는 페미니즘의 확산, 인종차별주의와 성차별주의를 막기 위한 입법, 장애와 성적 취향의 자유, 노인에 대한 반차별-반억압 접근 등으로 확산되었다(Thomson, 2000).

이와 같이 최근 급진주의는 사회계급을 중시하던 전통적 급진사상에서 다양한 집단에 가해지는 불평등과 억압을 분석하는 관점으로 발달하게 되었다. 이들 가운데 최근 부각되는 것이 페미니즘 사상과 반차별−반억압 관점인데, 이들은 사회의 특정 집단에 가해지는 억압을 분석하는 데 초점을 두었다(Payne, 1997: 211). 반차별−반억압 사회복지실천은 사회적 구분의 기준이 되는 계층, 인종/민족, 성, 연령, 장애 등의 요인으로 인한 억압과 차별을 분석하고, 이를 축소시키거나 제거하는 데 초점을 두고 있다.

　　최근 급진사회복지실천의 대표적 학자인 푹(Fook, 1993), 톰슨(Thompson, 2001), 도미넬리(Dominelli, 2002)의 사회문제에 관한 접근을 고찰함으로써 최근의 경향을 살펴보고자 한다. 급진주의가 기존 사회복지실천에 어떻게 반영될 수 있는지를 연구한 푹은 급진사회복지실천을, 차별의 문제를 강조한 톰슨은 반차별 사회복지실천을 발달시켰고, 권력관계와 정체성에 따른 억압 역동을 설명한 도미넬리는 반억압 사회복지실천을 추구하였다.

　　세 학자가 주장하는 사회문제의 원인과 대안적 실천을 톰슨이 주장한 PCS 분석틀의 개인적 수준(P), 문화적 수준(C), 사회구조적 수준(S)에 의해 분류하여 정리하면 다음의 〈표 1〉과 같다(이수정, 2005).

　　푹(Fook, 1993)은 클라이언트의 문제가 개인의 권력부족, 이데올로기적 역할 제한, 이익집단과의 갈등, 개인적/사회적 변화에 대한 무능력, 사회적 낙인과정, 사회경제적 구조의 제한 등에 원인이 있다고 보았다. 톰슨(2001) 은 사회적 구분에 의한 차별을 사회문제로 보았다. 차별은 특정 개인이나 집단이 사회구조적으로 불공정하거나 불평등하게 취급됨으로써 불이익을 받게 되는 편견적인 행동으로 정의된다. 사회적 구분인 계급, 젠더, 인종/ 민족, 연령, 장애 등이 주요 요소가 되며, 이들이 권력, 지위, 기회의 분배에 있어서 중요한 역할을 하게 된다. 또한 톰슨은 이데올로기와 언어의 역할을 강조하였다. 사회에는 다수의 이데올로기가 존재하지만 지배집단의 이데올로기가 그 사회의 지배적 이데올로기가 되면서 기존 사회의 권력관계와 사회적 합의를 강화, 유지, 정당화하게 된다. 이데올로기는 특정 집단에 대한 편견으로 발전하게 됨으로써 지배, 불평등, 부정의를 유지시킨다. 또한 언어에 담겨 있는 차별적 성격에 대해 주목하였다. 예를 들어 일부 연구자(Cameron, Badger, & Evers, 1989; Thomson, 2001에서 재인용)는 '허약한 노인' 이라는 잘못된 용어의 사용을 논하면서 이 용어가 서비스에서 클라이언트의 목소리를 배제시키는 효과를 갖는다고 보고 언어가 갖는 이러한

표 1 사회문제의 원인과 대안적 실천

구분		폭(1993)	톰슨(2001)	도미넬리(2002)
문제의 원인	P	• 부족한 권력 • 사회변화에 대처하지 못함	• 개인의 신념과 행위 • 편견	• 정체성
	C	• 사회적 낙인 • 이데올로기 규제: 역할행동, 신념제한 • 사회통제	• 문화적 가치와 규범 • 정상(normality)에 대한 합의 • 사회적 규범에 대한 순응 • 이데올로기(고정관념) • 언어	• 차이의 정치화 • 타자화 과정
	S	• 이데올로기 규제: 제도적 규제(가족, 교육, 사회계층) • 사회통제(법)	• 사회적 구분과 권력관계의 망(net) • 사회질서, 사회구조, 사회압력, 사회-정치 특성	• 시민권 • 불평등한 제도(정치적/경제적 압력)
대안적 실천	P	• 사회교육 • 적극적 자원 활용 • 비판적 인식개발 • 임파워먼트 • 옹호	• 임파워먼트 • 의식고양 • 자존감 증진 • 옹호	• 정체성 재정의 • 클라이언트를 주체로 인식 • 자기역량강화 • 자율성 증진
	C	• 사회적 공감 • 사회적 지지	• 지배적 이데올로기(고정관념)에 저항 • 부정적 언어 사용에 논쟁 • 가치절하 타파 • 차별적 태도, 가치, 실천에 도전, 문제화시킴	• 사회적 지위 재협상을 위한 집단적 행동 • 대안적 담론 형성 • 이타주의, 평등, 사회정의 회복
	S	• 법 개정 • 이데올로기 변화	• 차별적 구조에 도전, 폭로, 문제화 • 시민권 증진	• 집단화를 통한 요구의 법령화 • 시민권 회복 • 사회개발

차별의 잠재성을 인식하고 민감해지는 것이 매우 중요하다고 하였다.

도미넬리(2002)는 사회구조적 권력관계에서 발생하는 억압에 더 초점을 두고 사회문제를 설명하였다. 그는 억압을 이해하기 위해서는 억압이 일어나는 상호작용의 맥락을 이해하는 것이 중요하다고 보았다. 즉, 사회구조적인 억압은 개인이나 집단이 가지는 정체성 형성, 차이의 정치화(politicization of difference), 타자화 과징(othering process) 등을 통해 구성된다고 보았다. 여기에는 인종, 성, 성적 지향, 연령, 장애, 정신건강, 계급의 사회적 분리에 따른 배제와 수용의 원칙이 적용된다. '차이의 정치화' 란 남녀나 인종과 같은 생득적인 차이를 상이한 본성으로 보기보다 그 차이를 불평등한 차별로 당연시하는 것이다. 불평등에 뿌리를 둔 이원론의 역동성은 '타자화 과정' 의 핵심적인 요인이 된다. 타자화 과정은 사람 사이의 경쟁적인 비교를 하게 하고 권력의 발휘와 배제, 수용에 대한 정의적 기준을 활용해서 내부자와 외부자로 범주화시키게 한다. 타자화 과정은 사람을 비인간화시켜 외부자에 대해서는 인간성을 부정하고 폭력 등의 행사를 허용하게 된다고 한다.

이러한 차별과 억압이 발생하는 맥락을 톰슨은 PCS의 틀로, 그리고 도미넬리는 전체적 접근의 분석틀로 제시하였다.

톰슨의 PCS 분석은 세 가지 수준으로 구분된다. 개인적 수준(P)은 개인적 또는 심리적 생각, 감정, 태도, 행동과 대인관계가 해당되며, 문화적 수준(C)은 공유된 시각, 생각, 행동의 방식인 문화와 공통점, 무엇이 옳고 정상인지에 대한 가정의 합의, 사회적 규범에 대한 순응 등이 포함된다. 마지막으로 구조적 수준(S)에는 사회적 구조, 사회구분과 권력관계의 망, 사회적 압력, 사회적-정치적 특성이 속한다. 이 세 수준은 서로 밀접하고 지속적으로 다른 수준과 상호 작용하기 때문에 차별을 분석하기 위해서는 이들 간의 상호작용에 초점을 맞추어야 한다.

도미넬리(2002)는 다중적인 억압을 분석하고 사회적 변화를 일으키기 위해서는 다차원적인 사회적 맥락을 고려할 수 있는 전체적 접근이 필요하다고 주장하였다. 억압은 개인적·제도적·물질적 요인의 상호작용 속에서 발생하기 때문에 이들의 역동적 상호작용 맥락을 이해할 수 있어야 한다고 보았다. 따라서 그는 이런 개인적·제도적·물질적 맥락을 이해할 수 있는 다차원적 분석틀을 제시하였다.

3. 활용과 평가

사회복지실천이 발달한 미국에서 급진주의 사회복지실천의 영향은 상반되게 평가되고 있다(Reisch & Andrews, 2001). 부정적인 관점에서는 급진사회복지실천이 사회문제의 해결에 큰 영향을 미치지 못한다고 평가한다. 1980년대 이후 계급의식, 노조와 같은 조직적 사회운동이 약화되고 개인주의적이고 물질주의적인 열망이 강해지며, 전문사회복지실천이 보수화됨으로써 급진주의의 영향은 미풍에 지나지 않았다고 본다. 반면에 급진주의는 사회복지실천에 계속적이고 긍정적인 영향을 미치고 있다는 평가도 존재한다. 비록 현 사회복지실천에서 급진주의자의 영향력은 미약하지만, 사회복지실천의 발달사에서 급진주의는 중요한 역할을 했다고 평가한다. 특히 사회정의, 법적 수급권, 제도화된 보상 등과 같은 사회복지의 기본적 개념의 형성과 사회복지실천의 기초 원리인 자기 결정권, 역량강화, 다양성의 인정 등은 급진주의의 영향을 지대하게 받아 형성된 예로 지적되고 있다. 또한 급진사회복지실천은 기존의 사회복지실천이 갖고 있는 환경구조의 변화와 사회정의 추구에 대한 약점을 보완해 주고, 현상유지에 도전할 수 있는 시각을 제공해 주며, 풀뿌리 형태의 지역사회 기반 실천의 노하우를 제공해 주고, 사회복지실천이 타당성 없이 임상적 또는 심리치료화되는 상황에 대해 비판적 시각을 제공해 주고 예방적 활동에 관심을 갖게 하여 준다(Reish & Andrews, 2001).

한국의 경우에도 두 가지의 측면에서 조망할 수 있다. 먼저 급진주의라고 하면 사회주의와 노조운동을 연상하여 일단 거부반응을 일으키는 기존의 보수적인 사회복지실천 현장의 풍토를 들 수 있다. 그리고 대부분의 사회복지시설과 기관이 정부의 재정적 지원을 받는 상황에서 급진적 접근은 사회행동을 수반하는 민원을 일으킬 수 있는 위험한 모델이라는 부정적 인식이 우선한다. 이러한 이유때문에 제도권 내의 사회복지 실천현장에서 급진사회복지실천 모델을 채택하지 않을 가능성이 높다. 또한 학교에서 보수적 성향의 심리모델에 입각한 사회복지실천 교육을 받고, 이에 순응적인 사회복지실천 현장에서 일하여 온 사회복지사는 클라이언트의 문제를 해결함에 있어서 사회구조적인 요인을 도외시한다. 오히려 이들은 클라이언트의 심리적 문제나 관계의 문제에 관심을 가짐으로써 문제의 환경적 요인을 간과하는 성향을 갖는다. 급진적 접근과 맥을 같이 하는 간접적 개입방법인 조정, 중재, 옹호, 의뢰 등의 활동은 교과과정에서 간단하게 소개만 될 뿐, 구체적 교육과 훈련의 영역에서는 소홀하게 취급되고 있다. 더욱이 이러한 간접적 개입방법은 지식과 기술이 필요한 일이라기보다는 열정을 가지고 발로 뛰며 몸으로 때우는 시간 소모적 업무라고 생각하여 비전문적 업무라고 잘못 인식되는 경향이 있다(이은주, 2002).

반면에 다수의 젊고 진보적인 사회복지사는 보수적인 사회복지실천방법에 한계를 느끼고 있고 사회운동과 노동조합활동과 같은 급진적인 방법에 관심을 보이고 있기도 하다. 그리고 정부지원을 받지 않고 있는 민간단체와 장애인복지 분야 그리고 여성복지의 일부 분야에서는 이미 급진주의 사상과 기법이 활발히 적용되고 있다. 오히려 장애인복지 운동의 경우는 그 실천 방법이 너무 급진적이어서 장애인의 사회적 목표를 달성하는 데 역효과를 일으킨다는 비판도 제기되고 있다.

한편 급진사회복지실천에서 주장하는 이론체계에도 한계가 있다. 예를 들어 급진주의는 개인의 자기결정권을 주장하고 있으나 불평등한 서비스의 구조 속에서 각 개인이 어느 정도까지 그리고 어떻게 자기결정권을 주장할 수 있을 것인가에 대해서는 회의적인 의견이 많다. 또한 비자발적 클라이언트와 일하는 경우와 공적사회복지 분야에서 급진적인 실천을 행하는 데는 상당한 한계가 있다. 그리고 성차별적이고 억압적인 구조와 절차를 사용하는 현장에서 일하는 사회복지사나 급진적 실천에 대한 이해가 부족한 슈퍼바이저나 동료와 함께 일하는 급진적 사회복지사는 매우 큰 어려움에 봉착할 수 있다.

이러한 한계에도 불구하고 현존하는 한국 사회복지실천 모델의 구조적 약점을 보완하고 한국 사회에 적용 가능한 기존 사회복지실천의 확장으로서 급진사회복지실천이 재평가되고 적극적으로 소개되는 비판적 수용의 자세가 필요하다고 생각한다(이수정, 2005; 이은정, 2006). 물론 급진사회복지실천의 효과성을 증명할 수 있는 과학적 방법이 개발되고 이를 통하여 효과성이 검증됨으로써 책임 있는 수용이 되어야 할 것이다. 외국의 경험을 통해서 보면 급진적 관점은 사회적으로 불이익을 당하는 저소득집단, 노인집단, 여성집단, 소수민족과 소수인종, 장애인, 동성 부부, 시골 거주자 등의 문제 분석과 개입에 매우 적합하게 적용될 수 있다고 생각한다.

❖ 참고문헌

김미원(1997). 사회사업실천의 임상중심경향과 전문화 지향에 대한 비판적 고찰. 한국사회 복지학, 통권 31호.

김성이, 김상균(1994). 사회과학과 사회복지. 서울: 나남.

김영모(1981). 현대 사회사업의 동향과 그 비판: 급진적 관점을 중심으로. 사회복지연구, 제15집. 중앙대학교 사회복지학과.

김융일, 조흥식, 김연옥(1995). 사회사업실천론. 서울: 나남.

김인숙(2001). 사회복지실천의 탈계층화: 정체성의 확립인가? 정체성의 위기인가? 서울: 비판사.

복지연구회 역(1984). 제3세계의 사회사업. J. Midgley 저. 서울: 한복연출판부.

서진환, 이선혜, 정수경 역(2001). 말콤 페인 저. 현대사회복지실천이론. 서울: 나남.

서진환, 이선혜, 정수경 역(2001). 현대사회복지실천이론. 서울: 나남.

엄명용, 김성천, 오혜경, 윤혜미(2000). 사회복지실천의 이해. 서울: 학지사.

엄명용, 노충래, 김용석(2004), 사회복지실천기술의 이해. 서울: 학지사.

오혜경(1999). 사회사업 실천에 있어서 세력화(Empowerment)에 관한 연구(급진주의 사회사업 실천 중심). 한국사회복지, 제4호 .

윤혜미(2000). 미국의 복지개혁과 공공부문 사회복지사의 역할의 변화. 한국사회복지학회 춘계학술대회 자료집.

이수정(2005). 새터민청소년의 학교적응에 관한 연구: 반차별-반억압 관점. 중앙대학교 석사학위논문.

이은정(2006). 지역사회정신보건사회사업 실천현장에서 급진적 사정지표의 적용 가능성에 관한 연구. 중앙대학교 석사학위논문.

이은주(2002). 사회복지실천의 전문성과 정체성에 대한 고찰. 상황과 복지, 제16호.

임상사회사업연구회 역(1991). 임상사회사업기술론. R. Dorfman 저. 서울: 홍익재.

최준식(2003). 한국인에게 문화가 있는가. 서울: 사계절.

Bailey, R., & Brake, M. (eds.). (1975). *Radical Social Work.* London: Edward Arnold.

Brake, M., & Bailey, R. (1980). *Radical Social Work and Practice.* London: Sage Publications.

Dominelli, L. (2002). *Anti-Oppressive Social Work Theory and Practice.* London: Palgrave Macmillan.

Fook, J. (1993). *Radical Casework: A Theory of Practice.* Singapore: Allen & Unwin.

Fook, J. (2002). *Social work: Critical Theory and Practice.* London: Sage Publications.

Goldberg, G., & Elliot, J. (1980). Below the belt. *Journal of sociology & social welfare. Vol. 7.*

Hughes, B., & Mtezuka, E. M. (1992). *Social Work and Older Women*. in Langan and Day.

Leonard, P., & Corrigan, P. (1983). *Social Work under Capitalism*. London: The Macmillan Press Ltd.

Mullally, R. P. (1993). *Structural Social work: Ideology, Theory and Practice*. Toronto: McCelland and Stewart.

Mullaly, R. P., & Keating, E. F. (1991). Similarities, differences and dialectics of social work. *Journal of Progressive Human Services, 2*(2).

Payne, M. S. (1997). *Modern Social Work Theory*. London: Macmillan Press LTD.

Reisch, M., & Andrews, J. (2001). *The Road Not Taken*. Sheridan Books.

Roberts, R. W., & Nee, R. H. (1972). *Theories of Social Casework*. The University of Chicago Press.

Rothman G. C. (1985). *Philanthropists, Therapists and Activists: A Century of Ideological Conflict in Social Work*. Ma: schenkman pub. com. ING.

Specht, H. (1994). *Unfaithful Angels*. N.Y.: The Free Press.

Thompson, N. (2001). *Anti-discriminatory Practice*. London: Palgrave Macmillan.

Walz, T., & Groze V. (1991). The Mission of Social Work Revisited: An Agenda for the 1990s. *Journal of Social Work, Vol. 36*, No. 6.

부록2: 비판과 탈근대적 관점에서의 문제 개념화와 사정

푹(Fook)은 2002년의 그의 저서 『사회복지실천: 비판 이론과 실천(*Social Work: Critical Theory and Practice*)』에서 비판과 탈근대적 관점에서의 문제 개념화와 사정을 새로이 집필하였다. 그의 책이 급진사회복지실천과 반드시 부합하는 것은 아니지만 많은 부분에서 급진사회복지실천과 맥을 같이하고 있다. 또한 사회복지실천의 사정을 탈근대적 관점에서 탁월하게 조명한 글로 사회복지실천의 사정 과정에 많은 함의를 제시하는 글이라고 생각한다. 이에 이 책의 사정과 문제 개념화 부분(제9장)을 요약·발췌하여 제시한다.

여기에서의 사정은 급진접근과 완전히 일치하지는 않으나 급진방법을 적용하는 데 참조할 만한 다양한 전략과 구체적 방법이 포함되어 있다는 면에서 그 의의가 있다. 또한 급진접근이 아닌 전통접근을 사용한다 하더라도 사정과 사정방법에 대한 이런 이해와 실천은 기존의 접근에 충분히 덧붙일 수 있다고 생각하며, 이런 확장은 사회복지실천을 더욱 풍부히 하는 데 도움이 될 수 있을 것으로 기대된다.

푹에 따르면 문제를 사정, 기술, 정의하는 방식은 개인이 세계에 대한 지식을 구성하는 방식과 나아가 그 세계에서의 자신이 차지하고 있는 위치와 일반적으로 관련되어 있다고 한다. 따라서 주체성과 정체성, 지식의 특성, 권력의 구성물에 대해 사회복지사가 어떤 이해를 가지고 있는가는 사회복지사가 해결하고자 하는 '문제'를 어떻게 개념화하고 사정하는가와 밀접한 관련이 있다.

1. 전통적인 문제와 사정 개념에 대한 비판

사정과 문제에 대한 현재의 가장 보편적인 개념에 따르면, 사정은 문제에 효과적으로 접근하는 데 도움이 될 만한 행동을 취하려는 목적으로 상황에서의 문제 특성에 관해 전문적 판단을 내리는 것과 관련된 일이라고 규정된다. 전통적인 사정 개념은 '과학적' 담론과 결부되어 있기 때문에, 문제의 사정과 개념화는 '원인' 을 확인하는 것과 관련되며, 이에 따른 '개입' 을 통해 접근이 가능하다고 보는 것이다. 또한 사정을 하는 전문가에 대해서는 단지 경험적 사실을 수집하고 그 '사실' 에 기초해서 판단을 내리는 비교적 객관적이고 수동적인 입장에 있다고 가정하고 있다.

요약하자면 전통적인 문제와 사정 개념은 다음과 같다.

1. 문제는 잠재된 그러나 확인이 가능한 '원인' 을 가진다는 '과학적' 가정
2. 자료 수집, 문제 확인, 문제의 원인 및 '치료' 와 관련된 합리적이고 일직선적인 과정
3. 사정을 행하는 사회복지사는 수동적이고 객관적인 관찰자로, 그 역할은 단지 연관된 경험적 '사실' 을 수집하고 문제에 대한 '진실' 을 확인하는 것이라는 가정
4. 문제 상황을 예상했던 범주나 낙인(label)에 끼워 맞추는 것
5. 담론의 기능(discursive function)으로, 착수되는 과정과 적용되는 낙인은 '문제' 를 경험하고 있는 사람보다는 현재 더 많은 권력을 가지고 있는 집단의 담론을 반영하고 지지하는 경향이 있다는 점
6. 문제와 문제를 경험하는 사람의 정체성에 대한 정태적인 개념정의로, 이런 정의는 문제를 양산해 내는 맥락보다 이 같은 집단의 특성을 '비난' 하게 함

푹은 이런 전통적 사정 개념을 살펴보면서 사정과 문제화에 대한 새로운 접근을 발전시키기 위해서는 담론이 어떻게 작용하며, 어떻게 창조되고 유지되는가에 초점을 맞추는 것이 중요하다고 보았다.

2. 대안적 접근: '전문적 이야기의 구성'으로서의 사정

푹에 따르면 사정 활동의 이해와 실천에 대해 새로운 접근을 한다는 것은 사정 활동이 담론적으로 기능하는 일련의 의미를 창조하는 것과 관련이 있다는 포괄적인 인식과 연결된다. 사정의 과정과 내용은 모두 지배적 담론의 특성을 잠재적으로 보여 준다. 이런 의미에서 사정은 사회복지 전문가가 문제 상황에 대해 그만의 고유한 이야기를 구성하는 것이다.

탈근대와 비판적 관점에서의 사정 활동은 다양한 맥락 속에서 서비스 이용자를 도우려는 목적으로 작동하는 전문적 이야기를 구성하는 활동이라고 할 수 있다. 푹은 사회복지사가 서비스 이용자를 돕기 위한 전문적 이야기를 구성하는 데 다음의 아이디어를 고려할 것을 권유하고 있다.

1 문제 상황에 대한 하나의 '원인'이 반드시 존재하는 것은 아니다. 대신 상황에는 수많은 요인이 관계될 수 있으며, 그것은 경쟁적이고 모순적일지도 모른다. 이런 요인은 복잡하고 계속적으로 변화하는 상황을 야기하면서 서로 상호작용을 할 수도 있다.

2 전문적 이야기를 구성하는 과정은 지속적이면서 통합된 과정일 수 있다. 정보 수집이 행동계획 형성 전에 반드시 선행되어야 하는 것은 아니다. 서비스 이용자와의 관계가 변화되고 맥락 속에서 새로운 정보가 획득되고 해석됨에 따라 의미는 변화되고, 구성되고, 재구성될 것이다.

③ 사회복지사는 활동적이고 성찰적으로 전문적 이야기의 구성에 관여
한다. 자신만의 가정과 해석은 어떤 지식이 어떻게 선택되고, 어떤 이
야기가 창조되는지에 영향을 미칠 것이다. 이야기는 상황에 대한 사
회복지사의 해석이나 관점을 나타내며, 서비스 이용자의 이익을 위해
사용될 수도 그렇지 않을 수도 있다.

④ 서비스 이용자가 문제를 정의하는 절대적인 방식이라는 점에서 현재
의 낙인과 범주에 저항할 필요가 있을 수 있다. 새롭게 구성된 이야기
에 적합한 문제정의나 이야기 및 정체성을 더 잘 표현하기 위해 새로
운 낙인이나 범주가 창조되거나 현재의 낙인이나 범주가 수정될 필요
가 있을 수 있다.

⑤ 서비스 이용자를 지지하는 이야기의 구성을 시도하며, 새롭게 창조된
'사정 이야기'의 담론적 기능을 인식한다.

⑥ 좀 더 개방적인 서비스 이용자의 정체성과 문제 범주 혹은 정의를 만
들며, 계속적으로 변화하는 맥락의 영향을 인식한다.

이런 포괄적 원칙에 기초해서 구체적으로 사정의 실천에 적용할 수 있는
방법을 살펴보면 다음과 같다.

문제화

문제화의 중요 원칙은 문제의 특성을 설명할 수 있는 다양하면서도 다중
적인 방식으로 광범위한 차원에서 원인을 찾는 것이다. 학제적 관점에서
상황을 바라보고 또한 우리가 놓치고 있는 관점에 특별한 관심을 기울인
다면 우리는 작용하고 있는 지배적 담론뿐만 아니라 문제를 만들고 있는
다른 잠재적 방식을 인식할 수 있을 것이다.

문제화에 대해 이런 관점을 가지게 된다면 우리는 사정에 있어서 다음과

같은 신중함을 가질 수 있다.

1 다수의 모순되는 '원인'을 인정하기 때문에 너무 손쉬운 '해결책'을 결정하는 위험의 가능성에 대해 경계할 수 있다.

2 영향을 미치는 요소의 한 차원이 반드시 다른 하나를 배제하는 것이 아니라고 인식하기 때문에 잠재적으로 상황이 어떻게 경험되는지에 대해 더욱 민감할 수 있다.

3 문제가 누구에게 문제인가를 질문하게 되면 누구의 담론이 지배적이 며 왜 그런가에 대해 경계하게 만들며, 이는 상황이 가지고 있는 다소 의 정치적 차원에 대해 주위를 환기시키며 나아가 상황을 바라보는 다른 잠재적 방식에 대해서도 주의하게 만든다.

적절한 분위기와 과정의 확립

서비스 이용자의 관점이 전문직의 문화와 환경에 성공적으로 전달되기 위해서는 그들의 관점이 이해되고 존중될 필요가 있으며, 이를 위해 전문 사회복지사는 사정 과정에서 서비스 이용자와 협조적으로 참여해야 할 것 이다.

푹은 사회복지사는 서비스 이용자와 공동으로 창조하는 이야기를 '자신 의 것으로' 만들 필요가 있다고 제안하며, 전문가는 그 이야기에 관여하고 융통성 있게 활용하기 위해서 이러한 담론을 자신이 어떻게 수정하고 창 조해 왔는지를 인식할 필요가 있다고 한다.

그러나 신뢰할 만한 이야기를 공동으로 창조하기 위해서는 이것을 격려 하는 분위기와 문화가 확립되어야만 한다. 이는 '사실 발견'이나 자료 수 집 면담과는 다른 대화, 이해 그리고 해석을 위한 장소의 설정을 요구한 다. 협조가 확립될 수 있는 방법이나 범위는 상황에 따라 다양할 수밖에 없으나 분위기와 과정을 확립하는 것은 중요하며, 어떤 실천현장이든 사회복지사와 관련 당사자 사이의 관점에 대한 상호교환을 촉진하는 것이 필요하다.

조사연구에 대한 관심과 전략

반영적 사고방식을 가지고 사정에 대한 전문적 이야기를 구성하는 과정은 조사연구를 수행하는 것과 매우 유사하다. 사정과 조사연구는 그 결과를 다양한 환경으로 전달하기 위해 일련의 경험에서 의미를 만들어 내는 것이다. 따라서 사정을 수행하는 사회복지사는 문제 상황에 대한 전문적 이야기를 구성하는 데 풍부한 조사연구전략을 활용할 수 있다. 즉, 어떤 의미에서 사정을 수행하는 전문가는 조사연구 활동을 수행 중임으로 사정과정에서 조사연구 기술을 비판적이며 창조적으로 활용할 필요가 있다.

정치와 맥락

구성된 이야기와 상호 해석은 확실히 서비스 이용자의 상황이 가지고 있는 정치와 맥락, 그리고 사회복지사와 서비스 이용자가 놓여 있는 전문적 맥락에 의해 영향을 받을 것이다. 예를 들어 기관, 정책 그리고 지역사회 맥락은 특정 행동과 태도에 대한 판단과 해석에 영향을 미친다.

따라서 효과적인 사정 이야기를 만드는 전문가의 역할은 이런 맥락의 영향을 평가하고, 현재 영향력이 있는 이야기 중 효과 있는 서비스 이용자의 이야기를 구성하는 데 있다. 이는 서비스 이용자에 대해 끊임없이 계속되는 것에 관한 이야기 그리고 맥락과 변화에 의해 반대 영향을 받아 온 이야기를 형성하는 것과 연관될 수 있다. 또한 현재의 전문 기관의 맥락이 어떻게 서비스 이용자에게 불이익을 주는지에 대한 이야기와 관련될 수 있다.

전문적 이야기 구성의 통합적이고 지속적으로 변화하는 특성

구성된 이야기는 변할 수도 있기 때문에 항상 어느 정도의 불확실성이 존재한다. 이런 의미에서 이야기는 결코 '완전'하거나 '완결'된 것이 아니며 항상 구성의 과정 중에 있다고 볼 수 있다. 사회복지사는 특정 시점에서 상황에 가장 도움이 될 만한 관점을 가지고 활동을 하고 있으며, 이런 이야기를 계속해서 재검토 중이며, 이야기가 불확실하다는 것을 인식하도록 한다.

주요 개념과 언어의 재명명

사회복지사는 비판 및 탈근대적 사고에 적합하게 전통적인 사정 개념과 관련된 특수 용어나 문구를 변화시킬 필요가 있다.

예를 들면 다음과 같다.

1. '사실'이나 '진실'보다는 '시각', '관점', '경험'과 같은 용어를 활용하도록 한다.
2. '지식'이나 '정보'와 같은 용어에 대해 재명명한다.
3. '문제'에 관해 이야기한다는 것은 부정적이고 지나치게 단순화된 개념을 제시한다. 이 대신에 더욱 복잡한 이해를 전달하고 또한 문제가 구상되고 경험되는 가운데 변화하는 방식과 맥락적인 것에 대한 주위를 이끌어 내는 '상황'이나 '맥락' 혹은 '여건'에 대한 이야기를 더 선호한다.
4. 문제의 '원인'에 대해 말하기보다는 '영향'과 '요소' 그리고 어떻게 그것이 '상호작용'하는지에 대해 생각하는 것이 더 바람직하다.

4. 전문적 이야기의 주요 요소

푹은 비판과 탈근대적 관점에서의 사정을 수행할 경우, 즉 전문적 이야기를 구성할 때 다음의 요소가 포함되어야 한다고 지적하고 있다.

서비스 이용자의 관점과 이야기

전문적 이야기에 포함되어야 할 첫 번째 요소는 자신의 상황에 대한 서비스 이용자 고유의 관점과 이야기다. 이 이야기는 사회복지사의 진척과 더불어 발전되고 변화될 것이다. 또한 서비스 이용자가 자신을 정의하기 위해 사용하는 진단이나 범주 혹은 정체성의 관점이나 그들이 활용하는 자기 자신과 자신이 처한 상황에 대한 담론의 유형이 이 이야기에 포함될 것이다.

다른 참여자의 관점

다른 참여자를 확인하는 것과 더불어 한 명의 참여자로서 사회복지사 자신을 포함시키는 것 역시 중요하다. 여기서 유의할 것은 첫째, 이런 참여자의 관점과 이해관계는 무엇인가? 둘째, 현 상황에서 어떤 사람의 담론이 지배적인가? 셋째, 상황에 문제가 있다고 정의하는 것은 어떤 사람의 담론인가? 등이다.

맥락과 변화

맥락의 변화를 이해하기 위해서는 첫째, 사회복지사와 서비스 이용자가 위치한 맥락은 어떤 것인지, 둘째, 이런 맥락이 특정한 문제 상황에 어떻게 영향을 미치고 있는가, 셋째, 어떻게 그리고 어떤 변화가 이런 맥락과 관련되어 결부될 것인가를 이해해야 한다.

사회복지사가 속해 있는 전문적 맥락에서 이야기가 어떻게 해석되고 규정될 것인가

서비스 이용자가 적절하게 서비스에 접근하게 만드는 방식으로, 즉 가능한 한 효과적으로 이용자의 욕구를 충족시킬 수 있도록 하는 방식으로 사정 이야기를 구상하고 구성하는 것이 중요하다. 이를 위해 사회복지사는 서비스의 맥락이나 혹은 자신의 소속 기관에 작용하는 담론과 문화에 대한 현명한 이해가 필요하다.

이러한 맥락에서 효과가 있을 만한 이야기를 구성하기

일단 사회복지사가 '좋은 클라이언트'에 대한 그림을 가지고 있다면, 이에 따라 서비스 이용자의 상황을 둘러싼 이야기를 구성하는 것이 가능할 것이다. 예를 들어 여성 쉼터에서, 만약 어떤 여성이 '절박한 욕구를 가지고 있고 희생자가 되는데, 그 여성에게는 아무런 책임도 없고 도덕적으로 존경할 만한' 것으로 보인다면, 이것은 '좋은 여성 쉼터 클라이언트'에 관한 그림과 잘 맞는 것으로 보이게 된다. 따라서 이 클라이언트를 둘러싼 이야기를 구성하는 데 도움이 될 것이다.

5. 사정 전략

지금까지 설명한 비판과 탈근대적 사정은 기존의 전통적인 사정과는 매우 다른 특성을 가지고 있으며 훨씬 더 다양하고 풍부한 내용으로 구성된다고 볼 수 있다. 따라서 이런 이야기를 구성하기 위해서는 기존의 사정 방법만으로는 충분치 않을 것이다. 이에 대해 푹은 조사연구에서 사용되는 전략의 적용을 통해서 사회복지사는 클라이언트와 클라이언트가 처한 상황에 대해 복합적인 이해를 가질 것을 권유하고 있다.

민족지학적이고 관찰에 입각한 방법

질적 접근 및 민족지학적 방법과 관련된 연구 방법은 서비스 이용자와 그들의 경험에 대한 우리의 이해를 심화하는 데 적절하게 활용될 수 있다고한다. 이에 따르면 사정의 과정은 자연주의 탐구 과정에 비유될 수 있다.

먼저 관찰은 맥락과 특정 행동 간을 연결 짓는 데 도움이 될 수 있으며, 특히 다양한 상호작용의 집합 사이를 연결하는 데 도움이 된다. 또한 특정 참여자의 관점과는 약간은 다른 관점을 아는 데 유용한 도구가 될 수 있다.

또한 민족지학적 방법은 조사연구자가 참여 관찰자로서 상황에 자신을 몰입시키게 하는 방법으로, 이를 통해 조사연구자는 가능한 한 최대한 많은 사람의 관점에서 사람의 경험을 이해하려고 노력한다. 이 방법에는 한계가 있는데, 조사연구자가 연구대상자와 동일한 사회적 상황에 처할 수 없기 때문이다. 그러나 자신을 가능한 한 유사한 경험에 빠뜨리는 것은 분리된 방법으로 경험을 이해하려고 노력하는 것보다 더 깊이가 있을 것이다.

반영적 방법

서비스 이용자의 세계에 대한 이해와 깨달음을 얻는 데 있어서 민족지학적 연구에서 비롯된 새로운 이슈는 반영성을 조사연구의 도구로 제기하는 것이다. 대표적으로 참여적 행동 조사연구와 협동적 탐색은 반영성의 요구와 잘 부합하는 조사 설계다. 이런 연구방법을 통해 조사 연구자와 참여자와는 상호작용을 할 수 있으며, 연구 대상자가 자료 창조의 협동 과정에서 조사 연구자로서 참여할 수 있다.

한편 굿맨(Goodman)은 '반영적' 정보 수집을 제안하였는데, 이는 다양하고 숨겨진 관점을 밝히는 데 도움이 되는 방법이다. 여기서는 먼저 다양한 사회적, 문화적 배경을 가진 연구 보조자를 선택하고, 유사한 사건에 대한 해당 보조자의 독특하고 다양한 인식을 탐색하기 위한 보고를 듣는데 많은 시간을 할애한다. 한편 선입견적인 아이디어를 피하려고 의식적인 노력을 하며, 이를 위해 사전 보고서 검토를 가능한 한 피하고 연구 참여자의 세계에 감정이입적으로 들어가려고 노력한다. 마지막으로 연구자는 처음의 관찰, 개념 및 경험에 도전하는 것처럼 보이는 현상에 관심을 기울이며 처음에는 명백해 보였던 것일지라도 그것의 이면을 보려고 노력한다.

민족지학적 연구에서 연구자는 정보를 획득하고, 선택하고, 해석하는 중간물인 도구가 된다. 이 같이 연구자에 대한 '도구로서의 자기'라는 개념은 사회복지사가 서비스 이용자와 함께 이야기를 공동 구성하는 가운데 자신을 활용하고 바라보는 방식에 적용될 수 있다.

기타 방법

다양한 관점에서 서비스 이용자의 경험과 상황에 대한 그림을 구축하기 위해서 염두에 두어야 할 중요한 것은 타인이 이해를 위한 유일한 수단이 아니라는 점이다. 문서나 시각적인 기록은 상황에 대한 또 다른 해석을 제공하며, 이 외에 사례 파일, 과거 보고서, 서비스 인명록, 의뢰 기록, 정책 기록 및 매뉴얼, 회의 문서, 효과 분석과 프로포절, 프로그램 제안과 평가는 잠재적으로 다른 관점을 제공하는 기록의 예가 된다.

부록3: 사정 지침

이 사정 지침은 제5장에서의 논의와 결부되어 사용될 수 있다. 이 지침은 점검표로서, 사회복지사는 클라이언트의 상황을 사정하는 과정에서 이런 요소를 유용하게 이용할 수 있다.

물질적 또는 신체적 측면

- 전반적인 모습과 외모
- 전반적인 건강과 의료 상태. 예를 들면 연령, 장애, 질병
- 주거 상황. 예를 들면 주택 유형, 가구원, 소유주
- 전반적인 재정적 상태. 예를 들면 소득의 유형과 수준
- 가족 및 생애의 주요 사건과 역사

심리적 측면

- 전반적인 지적 능력 및 지각, 언어 표현 능력
- 자기상: 그 사람은 자기 자신, 개인적인 목표 그리고 자신이 수행하는 역할을 어떻게 보고 있는가?
- 자아 존중감: 그 사람은 스스로를 얼마나 높게 평가하는가? 예를 들어 얼마나 자신감이 있는가?
- 동기: 그 사람이 사회복지사와 관계를 맺는 이유는(공표된 것 외에) 무엇인가? 그 사람은 얼마나 적극적으로 변화하려고 하는가?
- 대처 기제: 예를 들면 그 사람은 자신의 상황을 어떻게 합리화하는가? 자신의 불안을 투사하는가? 문제 상황의 특성을 부정하는가?

- 전반적인 정서와 행동 수준: 그 사람은 지나치게 불안하고, 우울하고, 좌절하고, 분노하거나 무관심해 보이는가?
- 생애 변화: 그 사람은 생애를 통해 지각된 변화들에 어떻게 대처해 왔는가? 예를 들면 상실, 전환, 지위의 변화, 생애 단계
- 문제 상황에 대한 인식: 상황에 대해 그 사람이 가지고 있는 관점은 무엇인가?
- 그 사람은 생활에서 얼마나 많은 선택이나 권한을 가지고 있는가?

사회적 측면

- 그 사람이 밀접한 관계를 맺고 있는 부분은 어떤 것인가?
- 그 사람의 생활에서의 의미 있는 모든 권력 관계
- 어떻게 그 사람이 가족, 동료, 친한 친구, 이웃, 배우자 등과 관련되는가? 예를 들면 정기적으로 누구를 만나는가?
- 그 사람이 어떤 사회적 집단에 소속되는가? 예를 들면 클럽, 교회 집단, 청소년 비행 집단
- 어떤 사회적 역할을 그 사람이 수행하는가? 예를 들면 부모, 사랑하는 자매, 주소득원, 이웃 원조자
- 그 사람의 자신의 여가 시간을 어떻게 활용하는가?
- 전반적인 사회적 지지 체계: 그 사람이 중요한 정서 및 사회 지지를 얻는 주된 원천은 어디인가? 예를 들면 배우자, 애완동물 또는 주간보호
- 직업 혹은 직장
- 생애 과정에서의 사회적 변화. 예를 들면 직업적 변화, 파경, 이사 또는 이민

구조적 측면

- 사회 경제적 계급: 그 사람이 가지고 있는 가치, 관계를 맺는 방법 그리고 경험의 범주는 과거나 현재의 계급적 특성과 어떠한 관계를 가지고 있는가?

- 젠더: 그 사람의 성별은 어떻게 그의 과거와 현재의 삶에 영향을 미치고 있는가?

- 그 사람이 지니고 있는 어떤 특정한 사회적 꼬리표. 예를 들면 '연금 수급자', '이민자', '실업자' 등. 그 사람은 이로 인해 낙인찍혔는가?

- 종교: 그 사람은 어떠한 가치를 특정 종교적 가르침에 따라 지니고 있는가? 이것이 그 사람의 삶에서 어떤 중요한 역할을 하는가?

- 문화와 민족: 그 사람의 문화적 배경은 어떤 것인가? 그 사람은 인종적, 문화적 혹은 민족적으로 소수 집단에 속하는가? 그 사람의 삶에서 이것은 얼마나 중요한가? 이것에서 이러한 문제가 기인했는가?

- 하위문화: 그 사람은 자신의 상황에 특별한 영향을 줄 수도 있는 하위문화에 속해 있는가? 예를 들면 약물 혹은 범죄 하위문화, 청소년 하위문화 등

- 직업과 교육 수준: 직업과 교육 수준이 서로 상응하는가? 그 사람은 이러한 것에 만족하는가? 그 사람은 어떤 다른 특정한 지위나 직업적 가치를 가지고 있는가?

- 사회제도와의 관계(과거 혹은 현재). 예를 들어 법위반, 공교육에 대한 거부

- 사회적으로 가지고 있는 신념 혹은 '사회 통념' : 어떻게 이러한 것이 그 사람과 그 사람의 상황에 영향을 미치는가?

- 그 사람의 생애에 걸쳐 나타난 구조적 변화. 예를 들어 계급이나 문화

- 특정 문화 혹은 정치적 분위기가 그 사람의 과거 혹은 현재 경험에 미친 영향

부록4: 사회적 자기자각 연습

이 연습은 개별 혹은 소집단 세팅에서 수행될 수 있다. 이 연습의 목적은 누구인가에 사회구조가 어떻게 영향을 미치고 미쳐 있고, 왔는지를 사회적으로 규정하고, 이러한 것을 통해 당신의 자각을 증진시키는 것이다.

1 당신의 삶의 선택에 영향을 미친다고 생각하는 사회구조적 측면, 즉 사회구조의 목록을 작성하시오.

- 결혼 상태
- 직업
- 사회적 계급(과거와 현재)
- 교육
- 가족유형과 배경
- 민족
- 국적
- 인종 배경
- 종교
- 소속집단 혹은 하위집단
- 젠더
- 성적 취향
- 건강
- 연령
- 역사적 시기(과거/현재)

- 사회적 지칭(labels)
- 특정 이데올로기

②각 항목에서 자신의 현재 위치를 확인하자.

③이후에 각각의 항목이 어떻게 당신의 삶에 영향을 미치고 있고, 미쳐
  왔는지에 관해 생각해 보자.

다음은 호주의 사회복지학과 학생이 대답할 수 있는 전형적인 예를 가정
해 본 것이다.

1단계와 2단계

- 결혼 상태: 이혼과 재혼
- 직업: 학생이면서 주부
- 사회적 계층: 중산층(현재), 중하층(과거)
- 교육: 석사학위 과정(학사를 마침)
- 가족유형: 첫 번째 결혼 가족은 전통적인 핵가족이었으나 현재는 전통
  적이지는 않은 핵가족임: 첫 번째 결혼에서 두 자녀(아들 21세, 딸 20세)
  를 얻음
- 민족: 이탈리아계 호주인(부모는 이탈리아에서 태어나심)
- 국적: 호주
- 인종배경: 이탈리아계
- 종교: 현재는 아니지만 가톨릭이었음
- 집단 혹은 하위집단: 지역의 '환경운동' 모임에 소속됨
- 젠더: 여성
- 성적 취향: 이성애
- 건강: 약간의 장애-자동차 사고 이후 걸을 때 지팡이를 사용함

- 연령: 41세
- 역사적 시기: 1960년대와 1970년대 청년기를 보낸 영향으로 여성운동의 영향을 받음
- 사회적 명명: 주부, 대학원생, 환경운동가
- 이데올로기: 환경운동, 페미니즘, 사회정의

3단계

이러한 것이 오늘날 당신에게 어떻게 영향을 미쳤는가? 내가 성장하면서 경험한 특정 역사적 시기가 여성은 결혼하여 일찍 아이를 가져야 한다는 것으로 자기 자신의 모습을 찾으려 한다. 내가 중년의 나이에 공부를 하기 위해 학교로 돌아왔다는 사실은 여성의 변화된 역할과 관련이 있다. 비록 내 스스로를 페미니스트라고 생각하지는 않지만 페미니스트가 하는 말에는 관심이 있다. 왜냐하면 오늘날 자라나는 여자 아이에게는 상황을 훨씬 더 쉽게 해 주기 때문이다. 나는 환경운동에도 관심이 있다. 그 이유는 내 자녀가 학창시절에 여기에 깊은 관심을 갖게 되었기 때문이다. 생각해 보면 다문화주의가 대중화되기 전에 이미 이탈리아계 아동으로 자라났기 때문에 이것이 사회적으로 어떻게 다르게 될 것인지를 잘 예상하는 것 같다. 내가 약간의 장애를 가지고 있다는 사실이 때로는 사람들이 나에게 접근하고 관계를 맺을 때 사고 나기 전보다 훨씬 가부장적 방식으로 나에게 접근한다는 것을 의미하는 것은 아니다. 내가 약간의 장애를 가지고 있기 때문에 과거의 사고가 있기 전보다 나를 무능력(애취급)하게 대한다는 것을 안다. 겉으로 보이는 외모로 사람들이 얼마나 쉽게 낙인을 찍을 수 있는지를 알게 되었으며 따라서 그러한 기반하에서 당신에 대한 태도도 결정하게 된다. 이러한 이유로 나는 훨씬 더 적극적으로 내가 생각하는 자신을 증명하게 된다.

나는 또한 사회적 계급이 가져다주는 차이에 대해 더 큰 인식을 갖게 되었다. 왜냐하면 어느 정도 사회적 이동을 경험했기 때문이다. 새로운 이민자로서 나의 아버지는 공장 일을 했었고 나중에 소규모 자영업자가 되었다. 나는 이제 건실한 중산층이다. 교육을 받았고, 현재의 내 남편은 건축가다. 내가 지금까지 경험한 이러한 사회적 변화를 통해서 어떻게 사회가 한 사람을 결정하게 되는지를 인식하게 되었다. 예를 들어, 만약에 내가 10년 전에 태어났다면 혹은 내 남편이 전문직에 종사하지 않는다면 혹은 내가 자동차 사고를 경험하지 않았더라면 지금 사회사업을 공부하고 있지 않을 것이다. 이러한 특별한 사회적 환경으로 인해 사회정의에 대해 관심을 갖게 되었고 그에 대해 공부하고 뭔가를 할 수 있는 기회를 갖게 되었다.

논 의

• 어떠한 요인이 더 중요한가?

• 오늘날 당신이 누구인가를 결정하는 것, 즉 당신이 현재의 위치(예를 들어 사회사업을 공부한다는 것)에 있어 그러한 요인이 얼마나 중요한가? 이러한 것은 당신에게 개인적으로 직접적인 영향을 미친 사회구조로 야기된 특정의 신념, 기대, 규칙 혹은 한계인가?

• 당신 자신을 사회적으로 규정하기 위해서 어떠한 특정 명칭이 사용되는가? 특정 명칭이 사용되었다면 그것은 무엇인가? 이러한 명칭은 어떻게 규정되는가?

• 이러한 명칭은 사회적으로 바람직한 혹은 정상이라는 것에 대해 어떠한 신념을 부여하는가?

• 당신의 삶에 영향을 주는 요인 중에서 좀 더 개인적인 것은 어떠한 것인가?

• 이러한 것은 어떻게 구조적 요인과 상호 작용하는가?

부록5: 클라이언트와 활동하는 과정에서
사회적 자각을 활용하는 방법

　자신의 사회구조적 정체성을 표로 나타내 보고, 8장에서 한 사례를 선택하여 그를 대상으로 같은 과정을 반복하세요. 이제 유사성과 차이성에 주목하면서, 당신의 분석표와 사례 연구의 분석표를 항목별로 비교해 보세요. 당신은 이러한 사회적 유형의 사람과 활동에 대해서 어떻게 느끼십니까? 이러한 각각의 유사성과 차별성이 어떤 영향을 줄 수 있을까요?

- 서로에 대한 인식
- 서로에 대해 가질 수 있는 가정
- 상호 기대
- 서로에 대해 의사소통하고 관계하는 방식
- 제안할 수 있는 전략의 유형

　당신은 사회적으로 유사한 사람과 일할 때 사회적으로 다른 사람과 하는 것과는 상이하게 할 수 있습니까?

부록6: 사회적 공감 연습

밥(Bob, 53세)은 이혼 후 겪게된 스트레스를 다루기 위해 전문적인 원조를 요청하였다.

아내는 제가 지루하다며 이혼하자고 했습니다. 좋은 남편이자 가장이 되려고 노력했지만 요즘 같은 시대에 여자가 무엇을 원하는지 도무지 알 수 없었어요. 그건 아마 여자도 모르는 것일 수 있지요. 이제 집이며, 자동차며, 늦은 밤까지 하는 공부며 모든 것이 하나도 소용없었다는 생각에 잠을 이룰 수 없습니다. 보다시피 저는 최고의 전문가이지만 여자에게는 그것만으로 충분치 않은 모양입니다.

1️⃣ 위의 내용에 비추어 보았을 때 밥의 개인적 근심은 무엇인가?

2️⃣ 사회적 근심은 무엇인가?

3️⃣ 밥의 개인적 근심에 대해 공감하는 방법은 무엇인가?

4️⃣ 사회적 근심에 대해서 공감하는 방법은 무엇인가?

5️⃣ 밥의 개인적 근심과 사회적 근심 모두에 공감하는 방법은 무엇인가?

예 시

1️⃣ 밥은 자신이 아내의 기대에 미치지 못하였다는 점에 당황하는 것으로 볼 수 있다. 또한 그의 잘못인지, 아내의 잘못인지 아니면 일반적으로 여성이 원하는 바를 명확히 하지 않는 탓인지 판단하지 못하는 것으로 보인다. 밥은 이처럼 상당한 스트레스를 유발하는 인생에 대해 의문을 품기 시작하고 있다.

② 밥은 여성이 남성에게 갖는 이 시대의 사회적 기대를 염려한다. 그는 여성이 너무 많은 것을 원하거나, 원하는 것이 비현실적이거나 분명치 않다고(따라서 불공평하다고) 생각하고 있다. 밥이 생각하기에, 분명치는 않지만 여성은 집과 자동차, 그리고 성공한 남편을 가진 데 대해 만족하는 것 같다. 자신 역시 사회적 성공이라는 장식물에 스스로 만족하고 있는지의 여부가 분명하지 않은 것도 사실이다.

③ Mr. 밥에게: '당신은 자신의 기대와 아내의 기대가 서로 부합하지 않는다는 사실로 인해 당황하고 있습니다. 또한 그로 인하여 정말 많은 스트레스를 받고 있으며, 지금까지 도달하기 위해 애써 왔던 모든 것에 대해서도 의문을 품고 있습니다.'

④ Mr. 밥에게: '여성이 품고 있는 남성에 대한 이 시대의 사회적 기대가 불공평하다고 생각하십니까?' 혹은 '당신이 달성하려고 항상 노력해 왔던 여러 가지 사회적 기준이 일반적으로 여성에게 충분히 훌륭한 것이라 생각하시나요?'

⑤ Mr. 밥에게: '당신은 아내가 가졌던 남편에 대한 기대와 여성이 일반적으로 갖는 남편에 대한 기대, 그리고 그로 인해 지금까지 이룩해 온 성과의 가치에 대해 스스로 의심을 하게 되었다는 사실 때문에 상당히 당황스러워하는 것처럼 보입니다.'

사회적 공감 연습에서 활용할 수 있는 또 다른 사례

요양원에서 살고 있는 여성 노인

정말 끔찍해요. 다른 사람이 오가는 동안 저는 그저 항상 여기 누워 있어야 하고… 내가 원하는 게 있을 때에는 다른 사람에게 가져다 달라고 이야기해야 해요. 우리한테는 왜 모든 게 다 이 모양이지요?

실업자

　가끔은 모든 게 끔찍스러울 만큼 나빠지곤 하지만, 절대로 그런 일이 나를 낙담하게 만들도록 내버려 두지 않아요. 결국 내가 포기하면 가족이 어떻게 생각하겠어요?

직장에서 일어난 일을 토로하는 여성

　지금 제게 무슨 일이 일어나고 있는지 절대로 입 밖에 내지 않아요. 물론 사람들은 제 의견을 묻지만, 다음 날이 되면 빙빙 돌리다가 결국 반대로 할 거예요. 어쩌면 제가 여성이기 때문에 제 의견은 전혀 고려하지 않는지도 몰라요. 도대체 왜 물어보는지 모르겠어요. 다음에는 대답하지 않을 거예요.

참고문헌

Agel, R. 1971, *The Radical Therapist*, Ballantine, New York.

Albury, R. 1976, 'Ideology: the origin of the term', Tharunka, 13 October, pp. 3-4.

Alfrero, L. A. 1972, 'Conscientisation', *New Themes in Social Work Education*, International Association of Schools of Social Work, New York.

Alston, M. 1990, 'Feminism and farm women', *Australian Social Work*, vol. 43, no. 1, pp. 23-7.

Alinsky, S. 1971, Rules for Radicals, Vintage, New York.

Armstrong, J. and Gill, K. 1978, 'The unitary approach: what relevance for community work?', *Social Work Today* vol. 10, no. 11, November, pp.18-21.

Bailey, R. and Brake, M. eds 1975, *Radical Social Work*, Edward Arnold, London.

Bailey, R. and Brake, M. eds 1980, *Radical Social Work and Practice*, Edward Arnold, London.

Barber, J. 1988, 'Are microskills worth teaching?', *Journal of Social Work Education*, no. 1, pp. 3-12.

Barber, J. 1991, *Beyond Casework*, Macmillan, London.

Barbour, R. S. 1984, 'Social work education-tackling the theory-practice dilemma', *British Journal of Social, Work*, vol. 14, pp. 557-77.

Bartlett, H. M. 1970, *The Common Base of Social Work Practice*, National

Association of Social Workers, New York.

Beecher, S. 1986, 'A gender critique of family therapy' *Gender Reclaimed*, eds H. Marchant and B. Wearing, Hale & Iremonger, Sydney, pp. 64–79.

Berlin, S. and Kravetz, D. 1981, 'Women as victims: a feminist social work perspective' , *Social Work*, pp. 447–9.

Bernstein, S. 1960, 'Self–determination: king or citizen in the realm of values?' *Social Work*, vol. 5, no. 1, pp. 3–8.

Biestek, F. P. 1957,. *The Casework Relationship*, George Allen & Unwin, London.

Bolger, S., Corrigan, P., Docking, J. and Frost, N. 1981, *Towards socialist Welfare Work*, Macmillan, London.

Bouchier, D. 1983, *The Feminist Challenge*, Macmillan, London.

Bowers, S. 1949, 'The nature and definition of Social casework: park III' , *Journal of Social Casework*, December, pp. 412–17.

Brennan, T. and Parker, N. 1966, *The Foundations of Social Casework*, Ian Novak, Sydney.

Briar, S. and Miller, H. 1971, *Problems and Issues in Social Casework*, Columbia University Press, New York & London.

Bricker–Jenkins, M. and Hooyman, N. R. 1986, 'A feminist world view: ideological themes from the feminist movement' , *Not for Women Only*, eds M. Bricker–Jenkins and N.R. Hooyman, National Association of Social Work, New York.

Brodsky, A. M. 1980, 'Therapeutic aspects of consciousness–raising groups' , *Alternative Social Services for Women*, ed. N. Gottlieb, Columbia University Press, New York.

Brook, E. and Davis, A. eds 1985, *Women, the Family and Social Work*, Tavistock, London & New York.

Brown, M. A. G. 1966, 'A review of casework methods' , *New Developments in Casework*, ed. E. Younghusband, George Allen & Unwin, London.

Bruno, F. J. 1957, *Trends in Social Work 1874–1956*, Columbia University Press, New York & London.

Bryson, L. 1977, 'Poverty Research in the Seventies: Unmasking Noble Terms' ,

Australian & New Zealand Journal of Sociology, vol. 13, and no. 3, pp. 196-202.

Callan, V. 1985, *Choices About Children*, Longman Cheshire, Melbourne.

Carkhuff, R. R. and Berenson, B. G. 1977, *Beyond Counsellng and Therapy*, Holt, Rinehart & Winston, New York.

Carr, E. H. 1961, *What is History?*, Penguin, Harmondsworth.

Chamberlain, E. 1975, 'Value dilemmas in old and new methods of social work', *Australian Social Work*, vol. 28, no. 1, pp. 5-13.

Chamberlain, E. ed. 1988, *Change and Continuity in Australian Social Work*, Longman Cheshire, Sydney.

Clapton, G. 1977, 'Radicalism—what does it all add up to?', *Social Work Today*, vol. 8, no. 28, p. 16.

Clarke, M. 1976, 'The limits of radical social work', *British Journal of Social Work*, vol. 6, no. 4, pp. 504-5.

Cohen, S. 1975, 'It's all right for you talk: political and sociological manifestos for social action', *Radical Social Work*, eds R. Bailey and M. Brake, Edward Arnold, London.

Coleman, J. V. 1950, 'Distinguishing between psychotherapy and casework', *Techniques and Principles of Social Casework (1940-1950)*, ed. C. Kasius, Greenwood, Connecticut.

Compton, B. R. and Galaway, B. 1989, *Social Work Processes*, Dorsey, Illinois.

Considine, M. 1978, 'The death and resurrection of conservative ideology: Australian social work in the seventies', *Social Alternatives*, vol. 1, no. 2, pp. 50-4.

Cornwell, M. 1976, 'Develropments in Social Casework since 1965', *Social Work in Australia*, eds P. Boas and J. Crawley, Australian International Press & Publishing, Sydney.

Corrigan, P. and Leonard, P. 1978, *Social Work Practice under Capitalism: A Marxist Approach*, Macmillan, London.

Cowger, C. D. and Atherton, C. R. 1977, 'Social control: A rationale for social welfare', *Welfare in Action*, eds P. Halmos et al., Routledge & Kegan Paul, London.

Crawley, J. 1989, 'Marital casework: option or necessity?', *Australian Social Work*, vol, no. 1, pp. 3-13.

Davies, B. 1982, 'Towards a "personalist" framework for radical social work education', *Theory and Practice in Social Work*, eds R. Bailey and P. Lee, Basil Blackwell, Oxford.

Dominelli, L. and McLeod, E. 1989, *Feminist Social Work*, Macmillan, London.

Egan, G. 1982, *The Skilled Helper*, Brooks & Cole, Monterey.

Eisenstein, H. 1984, *Contemporary Feminist Thought*, Unwin Paperbacks, London.

Fischer, J. 1976, *The Effectiveness of Social Casework*, Charles C. Thomas, Illinois.

Fook, J. 1984, 'Practice principles from life span studies', *Welfare in Australia*, Winter, pp. 22-7.

Fook, J. 1986, 'Feminist contributions to casework practice', *Gender Reclaimed: Women in Social Work*, eds H. Marchant and B. Wearing, Hale & Iremonger, Sydney.

Fook, J. 1987, 'Structural perspectives in casework: can they guide practice?' *Australian Social Work*, vol. 40, no. 4, pp. 43-4.

Fook, J. 1988, 'Teaching casework: incorporating radical and feminist perspectives in the current curriculum', *Advances in Social Welfare Education*, eds R. Berreen et al., University of New South Wales, Kensington.

Fook, J. 1989a, 'New directions for social casework', *Australian Social Work*, vol. 42, no. 2 pp. 42-3.

Fook, J. 1989b, 'Teaching casework: incorporating radical and feminist perspectives in the current curriculum part II' *Advances in Social Walfare Education*, eds D. James and T. Vinson, University of New South Wales, Kensington.

Fook, J. 1990a, 'Australian rural social work in the 1990s' *Australian Social Work*, vol. 43, no. 1, pp. 2-3.

Fook, J. 1990b, 'Radical social casework: linking theory and practice' *Social Change and Social Welfare Practice*, eds J. Petruchenia and R. Thorpe,

Hale & Iremonger, Sydney.

Fook, J. 1991, 'interest in radical social work today', *Australian Social Work*, vol. 44, no. 1, p. 2.

Fook, J. and Collingridge, M. 1988, 'Teaching rural social work and welfare', *Australian Association of Social Workers Newsletter (NSW) Branch*, no. 3, pp. 18–20.

Foren, R. and Bailey, R. 1968, *Authority in Social Casework*, Pergamon, Lodon.

Freire, P. 1972, *Pedagogy of the Oppressed*, Penguin, Harmondsworth.

Furlong, M. 1987, 'A rationale for the use of empowerment as a goal in casework', *Australian Social Work*, vol. 40, no. 3, pp. 25–30.

Gambrill, E. 1983, *Casework: A Competency–based Approach*, Prentice–Hall, New Jersey.

Galper, J. H. 1975, *The Politics of the Social Services*, Prentice–Hall, New Jersey.

Galper, J. H. 1980, *Social Work Practice: A Radical Perspective*, Prentice–Hall, New Jersey.

Germain, C. and Gitterman, A. 1980, *The Life Model of Social Work Practice*, Columbia University Press, New York.

Gilbert, L. A. 1980, 'Feminist therapy', *Women and Psychotherapy*, eds A. M. Brodsky and R. T. Hare–Mustin, Guilford Press, New York, pp. 245–65.

Goffman, E. 1963, *Stigma*, Penguin, Harmondsworth.

Goldberg, G. 1974, 'Structural approach to practice: a new model', *Social Work*, pp. 150–5.

Goldberg, G. and Elliot, J. 1980, 'Below the belt: situational ethics for unethical situations', *Journal of Sociology and Social Welfare*, vol. 7, nos 4–6, pp. 478–86.

Gottlieb, N. 1980, 'Women and mental health: the ploblem of depression', *Alterative Social Services for Women*, ed. N. Gottlieb, Columbia University Press, New York.

Hain, P. 1975, *Radical Regeneration*, Quartet, London.

Halmos, P. 1965, *The Faith of the Counsellors*, Constable, London.

Hamilton, G. 1950, 'The underlying philosophy of social casework', *Principles and Techniques in Social Casework (1940–1950)*, ed. C. Kasius,

Greenwood Press, Connecticut.

Hamilton, G. 1951, *Theory and Practice of Social Casework*, Columbia University Press, New York & London.

Hanisch, C. 1971, 'The personal is political', *The Radical Therapist*, ed. J. Agel, Ballantine, New York.

Hart, N. 1976, *When Marriage Ends*, Tavistock, London.

Healy B. 1991, Can social work be radical?, unpub.

Hearn, G. 1985, 'Patriarchy, professionalisation and the semi-professions', *Women and Social Policy*, ed. C. Ungerson, Macmillan, Basingstoke.

Hegar, R. L. and Hunzeker, J. M. 1988, 'Moving towards empowerment-based practice in child public welfare', *Social Work*, pp. 499–502.

Hepworth, D. H. and Larsen, J. A. 1982, *Direct Social Work Practice: Theory and Skills*, Dorsey, Illinois.

Hollis, F. 1964, *Casework: A Psychosocial Therapy*, Random House, New York.

Hollis, F. 1980, 'On revisiting social work', *Social Casework*, vol. 61, no. 1, January, pp. 3–10.

Holmes, J. 1985, 'Sex differences and miscommunication', *Cross Cultural Encounters*, ed. J. B. Pride, River Seine, Melbourne.

Howe, D. 1987, *An Introduction to Social Work Theory*, Wildwood House, London.

Huber, R. 1984, 'People of the Mediterranean', *Communication and Cultural Diversity and the* Health Professions, eds H. Allen and I. Lee, Multicultural Centre, Sydney CAE.

Illich, I. 1977, *Disabling Professions*, Marion Boyars, London.

Irvine, E. E. 1966, 'A new look at casework', *New Developments in Casework*, ed. E. Younghusband, George Allen & Unwin, London.

Ivey, A. E. 1988, *Intentional Interviewing and Counselling*, 2nd edn, Brooks Cole, Pacific Grove.

Johnson, L. C. 1989, *Social Work Practice: A Generalist Approach*, Allyn & Bacon, Boston.

Kasius, C. ed., 1950, *Principles and Techniques in Social Casework (1940–1950)*, Greenwood Press, Connecticut.

Keefe, T. 1980, 'Empathy skill and critical counsciousness', *Social Casework*, pp. 387−93.

Keefe, T. 1984, 'Alienation and social work practice', *Social Casework*, pp. 145−53.

Keith−Lucas, A. 1953, 'The political theory implicit in social casework theory', *American Political Science Review*, December, pp. 1076−91.

Kellehear, A. 1984, 'Are we a "death−denying" society? A sociological review', *Social Science and Medicine*, vol. 18, no. 9, pp. 713−23.

Kellehear, A. and Fook, J. 1989, 'Sociological Factors in Death Denial by the Terminally Ill', *Advances in Behavioural Medicine*, vol. 6, pp. 527−37.

Kirk, S. 1983, 'The role of politics in feminist counselling', *Women Changing Therapy*, eds J. H. Robbins and R. J. Siegel, Haworth, New York.

Langan, M. and Lee, P. 1989, "Whatever happened to radical social work', *Radical Social Work Today*, eds M. Langan and P. Lee, Unwin Hyman, London.

Laursen, K. 1975, 'Professionalism', *Social Work: Radical Essays*, ed. H. Throssell, University of Queensland Press, St Lucia.

Lee, P. 1982, 'Some contemporary and perennial problems of relating theory to practice in social work', *Theory and Practice in Social Work*, eds R. Bailey and P. Lee, Basil Blackwell, Oxford.

Leonard, P. 1975, 'Towards a paradigm for radical practice', *Radical Social Work*, eds R. Bailey and M. Brake, Edward Arnold, London.

Leonard, P. 1984, *Personality and Ideology*, Macmillan, London.

Loewenberg, F. M. 1983, *Fundamentals of Social Intervention*, Columbia University Press, New York.

London−Edinburgh Weekend Return Group 1980, *In and Against the State*, Pluto Press, London.

Longres, J. F. 1981, 'Reactions to working statement on purpose', *Social Work*, pp. 85−7.

Longres, J. F. and McLeod, E. 1980, 'Consciousness−raising and social work practice', *Social Casework*, vol. 61, no. 5, pp. 267−76.

Lurie, H. L. 1954, 'Responsibilities of a socially oriented profession', *New*

Directions in Social Work, ed. C. Kasius, Harper Bros, New York.

McHugh, J. 1990, 'Involvement of fathers in child abuse treatment programs', unpublished Bachelor of Social Work Honours Dissertation, Department of Social Work, Monash University, Melbourne.

McIntyre, D. 1982, 'On the possibility of "radical" casework: a "radical" dissent', *Contemporary Social Work Education*, vol. 5, no. 3, pp. 191–208.

Mailick, M. D. 1977. 'A situational perspective in casework theory', *Social Casework*, vol. 58, no. 7, pp. 401–11.

Marchant, H. 1986, 'Gender, systems thinking, and radical social work', *Gender Reclaimed*, eds H. Marchant and B. Wearing, Hale & Iremonger, Sydney, pp. 14–32.

Martinez–Brawley, E. E. 1986, 'Beyond cracker–barrel images', *Social Casework*, vol. 67, no. 2. pp. 101–7.

Means, R. 1979, 'Which way for "radical" social work?', *British Journal of Social Work*, vol. 9, pp. 15–28.

Middleman, R. R. and Goldberg, G. 1974, *Social Service Delivery: A Structural Approach to Social Work Practice*, Columbia University Press, New York.

Milford Conference 1974, *Social Casework: Generic and Specific*, American Association of Social Workers, New York.

Miller, H. 1968, 'Value dilemmas in social casework', *Social Work*, pp. 27–33.

Mills, C. W. 1943, 'The professional ideology of the social pathologist', *American Journal of Sociology*, vol. 49, no. 2, pp. 165–80.

Mills, C. W. 1959, *The Sociological Imagination*, Penguin, Harmondsworth.

Moreau, M. J. 1979, 'A structural approach to social work practice', *Canadian Journal of Social Work Education*, vol. 5, no. 1, pp. 78–94.

Mowbray, M. 1981, 'A new orthodoxy: all–purpose radicalism', *Australian Social Work*, vol. 34, no. 2, p. 2.

Napier, L. and George, J. 1988, 'Social work in health care', *Advances in Social Welfare Education*, eds R. Berreen et al., University of New South Wales, Kensington.

Nguyen, C. 1990, 'Barriers to communication between Vietnamese and non–Vietnamese', *Proceedings of the Fifth National Network for Intercultural*

Communication Conference, eds J. Fook and C. Rana, La Trobe University, September, pp. 26-31.

North, M. 1972, *The Secular Priests*, George Allen & Unwin, London.

Northern, H. 1982, *Clinical Social Work*, Columbia University Press, New York.

Nursten, J. 1974, *Process of Casework*, Pitman, London.

Pearson, G. 1975, *The Deviant Imagination*, Macmillan, London.

Pedersen, P. 1987, 'Ten frequent assumptions of cultural bias in counselling', *Network for Intercultural Communication Newsletter*, May, pp. 13-15.

Pemberton, A. G. and Locke, R. G. 1971, 'Towards a radical critique of social work and welfare ideology', *Australian Journal of Social Issues*, vol. 35, no. 1, March, pp. 29-35.

Perlman, H. H. 1957, *Social Casework: A Problem-solving Process*, University of Chicago Press, Chicago & London.

Perlman, H. H. ed. 1969, *Helping: Charlotte Towle on Social Work and Social Casework*, University of Chicago Press, Chicago & London.

Perlman, H. H. 1971a, 'Putting the "Social" Back in Social Casework', *Perspectives on Social Casework*, ed. H. H. Perlman, Temple University Press, Piladelphia.

Perlman, H. H. 1971b, 'Social Components of Casework Practice', *Perspectives on Social Casework*, ed. H. H. Perlman, Temple University Press, Philadelphia.

Petruchenia, J. 1990, 'Anti-racist welfare practice with immigrants', *Social Change and Social Welfare Practice*, eds J. Petruchenia and R. Thorpe, Hale & Iremonger, Sydney.

Pincus, A. and Minahan, A. 1971, *Social Work Practice: Model and Method*, F. E. Peacock, Illinois.

Pinderhughes, E B. 1983, 'Empowerment for our clients and for ourselves', *Social Casework*, pp. 331-8.

Piven, F. F. and Cloward, R. A. 1971, *Regulating the Poor*, Vintage Books, New York.

Plamenatz, J. 1971, *Ideology*, Macmillan, London.

Plant, R. 1970, *Social and Moral Theory in Casework*, Routledge & Kegan Paul,

London.

Pritchard, C. and Taylor, R. 1978, *Social Work: Reform or Revolution?*, Routledge and Kegan Paul, London.

Radov, C. G., Masnick, B. R. and Hauser, B. B. 1980, 'Issues in feminist therapy: the work of women's study group', *Alternative Social Services for women*, ed. N. Gottlieb, Columbia University Press, New York.

Reay, R. 1986 'Bridging the gap: a model for integrating theory and practice', *British Journal of Social Work*, vol. 16, pp. 49−64.

Rees, S. 1978, *Social Work Face to Face*, Edward Arnold, London.

Reid, W. J. and Epstein, I. 1972, *Task−Centred Casework*, Columbia University Press, New York.

Rein, M. 1970, 'The crossroads for social work,' *Social Work*, vol. 27, no. 2, pp. 18−27.

Richmond, M. 1922, *What is Social Casework?*, Russell Sage, New York.

Roberts, H. 1981, *Doing Feminist Research*, Routledge & Kegan Paul, London.

Roberts, R. and Nee, R. H. 1970, *Theories of Social Casework*, University of Chicago Press, Chicago & London.

Robertson, I. 1977, *Sociology*, Worth Publishers, New York.

Rojek, C., Peacock, G. and Collins, S. 1988, *Social Work and Received Ideas*, Routledge, London.

Rolston, B. and Smyth, M. 1982, 'The spaces between the cases: radical social work in Northern Ireland', *Theory and Practice in Social Work*, eds R. Bailey and P. Lee, Basil Blackwell, Oxford.

Rosenfeld, J. M. 1983, 'The domain and expertise of social work: a conceptualisation', *Social Work*, pp. 186−91.

Rowbotham, S., Segal, L. and Wainwright, H. 1979, *Beyond the Fragments*, Merlin, London.

Russianoff, P. 1982, *Why Do I Think I'm Nothing Without a Man?*, Bantam, New York.

Ryan, W. 1971 *Blaming the Victim*, Pantheon, New York.

Schodek, K. 1981, 'Adjuncts to social casework in the 1980s', *Social Casework*, pp. 195−200.

Skenridge, I. and Lennie, P. 1978, 'Social work: the wolf in sheep's clothing', *Arena*, No. 51, pp. 47–92.

Simpkin, M. 1979, *Trapped Within Welfare*, 1st edn, Macmillan, London.

Simpkin, M. 1983, *Trapped Within Welfare*, 2nd edn, Macmillan, London.

Smid, G. and Van Krieken, R. 1984, 'Notes on theory and Practice in social work: a comparative view', *British Journal of Social Work*, vol. 14, pp. 11–22.

Soyer, D. 1963, 'The right to fail', *Social Work*, pp. 72–8.

Spitzer, K. and Welsh, B. 1979, 'A problem–focused model of practice', *Social Work Processes*, eds B. R. Compton and B. Galaway, Dorsey, Illinois, pp. 257–68.

Stanley, L. and Wise, S. 1983, *Breaking Out: Feminist Consciousness and Feminist Research*, Routledge, London.

Statham, D. 1978, *Radicals in Social Work*, Routledge & Kegan Paul, London.

Steer, M. 1989, 'A powerful concept for disability and service provision', *Australian Social Work*, vol. 42, no. 1, pp. 43–5.

Stevenson, O. and Parsloe, P. 1978, *Social Service Teams: the Practitioner's View*, Her Majesty's Stationery Office, London.

Stuart, A. 1976, 'Advocacy, judgement and professional social work practice', *Social Work in Australia*, eds P. Boas and J. Crawley, Australian International Press & Publishing, Sydney.

Sturdivant, S. 1980, *Therapy With Women*, Springer Publishing Co., New York.

Terrell, P. 1973, 'The social worker as radical: roles of advocacy', ed. J. Fischer, *Interpersonal Helping: Emerging Approaches for Social Work Practice*, Charles C. Thomas, Illinois.

The Ad Hoc Committee on Advocacy 1969, 'The social worker as advocate: the champion of social victims', *Social Work*, pp. 16–22.

Thomas, S. A. 1977, 'Theory and practice in feminist therapy', *Social Work*, pp. 447–54.

Thorpe, R. 1981, 'Front line work in state departments of child welfare', unpublished.

Thorpe, R. and Petruchenia, J. 1990, 'Introduction', *Social Change and Social*

Welfare Practice, eds J. Petruchenia and R. Thorpe, Hale & Iremonger, Sydney.

Throssell, H. 1975, 'Social work overview', *Social Work: Radical Essays*, ed. H. Throssell, University of Queensland Press, St Lucia.

Tilbury, D. E. F. 1977, *Casework in Context: A Basis for Practice*, Pergamon, Oxford.

Tilley, N. 1977, 'No Marx for clients', *Community Care*, 2 March, P. 17.

Tomlinson, J. 1977, *Is Band-aid Social Work Enough?*, Wobbly Press, Darwin.

Walker, H. and Beaumont, H. 1981, *Probation Work: Critical Theory and Socialist Practice*, Basil Blackwell.

Wearing, B. 1984, *The Ideology of Motherhood*, George Allen & Unwin, Sydney.

Wearing, B. 1985, 'Gender and power in social work', *Australian Social Work*, vol. 38, no. 1, pp. 11-18.

Wearing, B. 1986, 'Feminist theory and social work', *Gender Reclaimed*, eds H. Marchant and B. Wearing, Hale & Iremonger, Sydney.

Webb, D. 1981, 'Themes and continuities in radical and traditional social work', *British Journal of Social Work*, no. 11, pp. 143-58.

Webb, D. 1985, 'Social work and critical consciousness: rebuilding orthodoxy', *Issues in Social Work Education*, vol. 5, no. 2, pp. 89-102.

Webb, D. and Evans, R. 1978, 'Developing a client-centred sociology', *Community Care*, 22 February, pp. 20-2.

Williams, R. A. 1982, 'Client self-determination in social casework: fact or fancy? An exploratory study', *Australian Social Work*, vol. 35, no. 3, pp. 27-34.

Wilson, E. 1980, 'Feminism and social work', *Radical Social Work and Practice*, eds R. Bailey and M. Brake, Edward Arnold, London.

Wolfensberger, W. 1983, 'Social role valorisation: a proposed new term for the principle of normalisation', *Mental Retardation*, vol. 21, no. 6, pp. 234-9.

Wootton, B. 1959, *Social Science and Social Pathology*, George Allen & Unwin, London.

Zastrow, C. 1981, *The Practice of Social Work*, Dorsey, Homewood.

찾아보기

내 용

저│자│약│력│

Janis Fook
현 Southhampton University Social Work Studies 교수

역│자│약│력│

김성천   중앙대학교 문학 박사
　　　　　현 중앙대학교 아동복지학과 교수

박순우   런던정경대학교 사회정책학 박사
　　　　　현 공주대학교 사회복지학과 전임강사

장혜림   서울대학교 사회복지학과 박사과정
　　　　　현 중앙대학교 아동복지학과 강사

이현주   중앙대학교 사회복지학과 박사 수료
　　　　　현 중앙대학교 사회복지학과 강사

이해령   중앙대학교 사회복지학과 석사
　　　　　현 세이브더칠드런코리아 사회복지사

역자와의
협약으로
인지생략

급진사회복지실천

Radical Casework: A Theory of Practice

2007년   1월 25일 1판 1쇄 인쇄
2007년   1월 31일 1판 1쇄 발행

지은이 • Janis Fook
옮긴이 • 김성천 · 박순우 · 장혜림 · 이현주 · 이해령
펴낸이 • 김진환
펴낸곳 • **학지사**
121-837 서울특별시 마포구 서교동 352-29 마인드월드빌딩 5층
대표전화 • 02)326-1500 / 팩스 02)324-2345
홈페이지 • http://www.hakjisa.co.kr
등   록 • 1992년 2월 19일 제2-1329호

ISBN   978-89-5891-396-2 93330

정가   13,000원

잘못 만들어진 책은 구입처에서 교환하여 드립니다.